福島県の教員採用試験過去問シリーズ⑫

2025年度版

# 福島県の
# 論作文・面接

過 去 問

協同教育研究会 編

協同出版

# はじめに～「過去問」シリーズ利用に際して～

　教育を取り巻く環境は変化しつつあり，日本の公教育そのものも，教員免許更新制の廃止やGIGAスクール構想の実現などの改革が進められています。また，現行の学習指導要領では「主体的・対話的で深い学び」を実現するため，指導方法や指導体制の工夫改善により，「個に応じた指導」の充実を図るとともに，コンピュータや情報通信ネットワーク等の情報手段を活用するために必要な環境を整えることが示されています。

　一方で，いじめや体罰，不登校，暴力行為など，教育現場の問題もあいかわらず取り沙汰されており，教員に求められるスキルは，今後さらに高いものになっていくことが予想されます。

　本書の基本構成としては，論作文・面接試験の概要，過去数年間の論作文の過去問題及びテーマと分析と論点，面接試験の内容を掲載しています。各自治体や教科によって掲載年数をはじめ，論作文の書き方や面接試験対策を掲載するなど，内容が異なります。

　また原則的には一般受験を対象としております。特別選考等については対応していない場合があります。なお，実際に出題された順番や構成を，編集の都合上，変更している場合があります。あらかじめご了承ください。

　みなさまが，この書籍を徹底的に活用し，教員採用試験の合格を勝ち取って，教壇に立っていただければ，それはわたくしたちにとって最上の喜びです。

協同教育研究会

# C O N T E N T S

# 第1部

# 論作文・面接試験
# の概要

# 論作文試験の概要

## ■ 論作文試験の意義

　近年の論作文では，受験者の知識や技術はもちろんのこと，より人物重視の傾向が強くなってきている。それを見る上で，各教育委員会で論作文と面接型の試験を重視しているのである。論作文では，受験者の教職への熱意や教育問題に対する理解や思考力，そして教育実践力や国語力など，教員として必要な様々な資質を見ることができる。あなたの書いた論作文には，あなたという人物が反映されるのである。その意味で論作文は，記述式の面接試験とは言え，合否を左右する重みを持つことが理解できるだろう。

　論作文には，教職教養や専門教養の試験と違い，完全な正答というものは存在しない。読み手は，表現された内容を通して，受験者の教職の知識・指導力・適性などを判定すると同時に，人間性や人柄を推しはかる。論作文の文章表現から，教師という専門職にふさわしい熱意と資質を有しているかを判断しているのである。

　論作文を書き手，つまり受験者の側から見れば，論作文は自己アピールの場となる。そのように位置付ければ，書くべき方向が見えてくるはずである。自己アピール文に，教育評論や批判，ましてやエッセイを書かないであろう。論作文は，読み手に自分の教育観や教育への熱意を伝え，自分を知ってもらうチャンスに他ならないのである

　以上のように論作文試験は，読み手(採用側)と書き手(受験者)の双方を直接的につなぐ役割を持っているのである。まずはこのことを肝に銘じておこう。

## ■ 論作文試験とは

　文章を書くということが少なくなった現在でも，小中学校では作文，

大学では論文が活用されている。また社会人になっても，企業では企画書が業務の基礎になっている。では，論作文の論作文とは具体的にはどのようなものなのだろうか。簡単に表現してしまえば，作文と論文と企画書の要素を足したものと言える。

　小学校時代から慣れ親しんだ作文は，自分の経験や思い出などを，自由な表現で綴ったものである。例としては，遠足の作文や読書感想文などがあげられる。遠足はクラス全員が同じ行動をするが，作文となると同じではない。異なる視点から題材を構成し，各々が自分らしさを表現したいはずである。作文には，自分が感じたことや体験したことを自由に率直に表現でき，書き手の人柄や個性がにじみ出るという特質がある。

　一方，作文に対して論文は，与えられた条件や現状を把握し，論理的な思考や実証的なデータなどを駆使して結論を導くものである。この際に求められるのは，正確な知識と分析力，そして総合的な判断力と言える。そのため，教育に関する論文を書くには，現在の教育課題や教育動向を注視し，絶えず教育関連の流れを意識しておくことが条件になる。勉強不足の領域での論文は，十分な根拠を示すことができずに，説得力を持たないものになってしまうからである。

　企画書は，現状の分析や把握を踏まえ，実現可能な分野での実務や計画を提案する文書である。新しい物事を提案し認めてもらうには，他人を納得させるだけの裏付けや意義を説明し，企画に対する段取りや影響も予測する必要がある。何事においても，当事者の熱意や積極性が欠けていては，構想すら不可能である。このように企画書からは，書き手の物事への取り組む姿勢や，将来性が見えてくると言える。

　論作文には，作文の経験を加味した独自の部分と，論文の知識と思考による説得力を持つ部分と，企画書の将来性と熱意を表現する部分を加味させる。実際の論作文試験では，自分が過去にどのような経験をしたのか，現在の教育課題をどのように把握しているのか，どんな理念を持ち実践を試みようと思っているのか，などが問われる。このことを念頭に置いた上で，論作文対策に取り組みたい。

# 面接試験の概要

## ■ 面接試験の意義

　論作文における筆記試験では，教員として必要とされる一般教養，教職教養，専門教養などの知識やその理解の程度を評価している。また，論作文では，教師としての資質や表現力，実践力，意欲や教育観などをその内容から判断し評価している。それに対し，面接試験は，教師としての適性や使命感，実践的指導能力や職務遂行能力などを総合し，個人の人格とともに人物評価を行おうとするものである。

　教員という職業は，児童・生徒の前に立ち，模範となったり，指導したりする立場にある。そのため，教師自身の人間性は，児童・生徒の人間形成に大きな影響を与えるものである。そのため，特に教員採用においては，面接における人物評価は重視されるべき内容であり，最近ではより面接が重視されるようになってきている。

## ■ 面接試験とは

　面接試験は，すべての自治体の教員採用選考試験において実施されている。最近では，教育の在り方や教師の役割が厳しく見直され，教員採用の選考においても教育者としての資質や人柄，実践的指導力や社会的能力などを見るため，面接を重視するようになってきている。特に近年では，1次選考で面接試験を実施したり，1次，2次選考の両方で実施するところも多くなっている。

　面接の内容も，個人面接，集団面接，集団討議(グループ・ディスカッション)，模擬授業，場面指導といったように多様な方法で複数の面接試験を行い，受験者の能力，適性，人柄などを多面的に判断するようになってきている。

　最近では，全国的に集団討議(グループ・ディスカッション)や模擬授

業を実施するところが多くなり，人柄や態度だけでなく，教員としての社会的な能力の側面や実践的な指導能力についての評価を選考基準として重視するようになっている。内容も各自治体でそれぞれに工夫されていて，板書をさせたり，号令をかけさせたりと様々である。

　このように面接が重視されてきているにもかかわらず，筆記試験への対策には，十分な時間をかけていても，面接試験の準備となると数回の模擬面接を受ける程度の場合がまだ多いようである。

　面接で必要とされる知識は，十分な理解とともに，あらゆる現実場面において，その知識を活用できるようになっていることが要求される。知っているだけでなく，その知っていることを学校教育の現実場面において，どのようにして実践していけるのか，また，実際に言葉や行動で表現することができるのか，といったことが問われている。つまり，知識だけではなく，智恵と実践力が求められていると言える。

　なぜそのような傾向へと移ってきているのだろうか。それは，いまだ改善されない知識偏重の受験競争をはじめとして，不登校，校内暴力だけでなく，大麻，MDMA，覚醒剤等のドラッグや援助交際などの青少年非行の増加・悪質化に伴って，教育の重要性，教員の指導力・資質の向上が重大な関心となっているからである。

　今，教育現場には，頭でっかちのひ弱な教員は必要ない。このような複雑・多様化した困難な教育状況の中でも，情熱と信念を持ち，人間的な触れ合いと実践的な指導力によって，改善へと積極的に努力する教員が特に必要とされているのである。

## ■ 面接試験のねらい

　面接試験のねらいは，筆記試験ではわかりにくい人格的な側面を評価することにある。面接試験を実施する上で，特に重視される視点としては次のような項目が挙げられる。

　① 　人物の総合的評価　面接官が実際に受験者と対面することで，容姿，態度，言葉遣いなどをまとめて観察し，人物を総合的に評価することができる。これは面接官の直感や印象によるところが大きい

　が，教師は児童・生徒や保護者と全人的に接することから，相手に好印象を与えることは好ましい人間関係を築くために必要な能力と言える。

② 性格・適性の判断　面接官は，受験者の表情や応答態度などの観察から性格や教師としての適性を判断しようとする。実際には，短時間での面接のため，社会的に，また，人生の上でも豊かな経験を持った学校長や教育委員会の担当者などが面接官となっている。

③ 志望動機・教職への意欲などの確認　志望動機や教職への意欲などについては，論作文でも判断することもできるが，面接では質問による応答経過の観察によって，より明確に動機や熱意を知ろうとしている。

④ コミュニケーション能力の観察　応答の中で，相手の意思の理解と自分の意思の伝達といったコミュニケーション能力の程度を観察する。中でも，質問への理解力，判断力，言語表現能力などは，教師として教育活動に不可欠な特性と言える。

⑤ 協調性・指導性などの社会的能力(ソーシャル・スキル)の観察　ソーシャル・スキルは，教師集団や地域社会との関わりや個別・集団の生徒指導において，教員として必要とされる特性の一つである。これらは，面接試験の中でも特に集団討議(グループ・ディスカッション)などによって観察・評価されている。

⑥ 知識・教養の程度や教職レディネスを知る　筆記試験において基本的な知識・教養については評価されているが，面接試験においては，さらに質問を加えることによって受験者の知識・教養の程度を正確に知ろうとしている。また，具体的な教育課題への対策などから，教職への準備の程度としての教職レディネス(準備性)を知る。

第 2 部

# 福島県の
# 論作文・面接
# 実施問題

# 2024年度　論作文実施問題

【小学校・2次試験】

## ●テーマ

> 　昨今，本県では，算数科の学力向上が喫緊の課題となっており，県内全ての小学校教員に算数科の授業改善が求められております。
>
> 　あなたは，このことをどのように受け止め，算数科の学力向上について，担任として具体的にどのように取り組んでいきますか。あなたの考えを800字程度で述べなさい。

## ●方針と分析

（方針）

　まず，本県の算数科の学力向上が喫緊の課題であり，全教員に授業改善が求められている現状に対する考えを述べる。次に，その考えを基にした算数科の学力向上を図る担任としての具体的な取組みを述べる。

（分析）

　令和5年実施の全国学力・学習状況調査の本県の結果は，本年も算数科が全国平均を下回る状況であり，合わせて行われた学習環境などの調査で，授業中にパソコンやタブレットなどのICT機器の活用は全国平均を大きく下回っていた。

　県教育委員会は今後の課題として，算数科で育成すべき資質・能力を明確にするとともに，ICT機器の効果的な活用と話し合う内容の焦点化など，「個別最適な学び」と「協働的な学び」の一体的な充実による「主体的・対話的な深い学び」を実現する授業改善が重要であると指摘している。

　具体的に授業改善の視点として，授業中にパソコンやタブレットなどのICT機器を活用することについては，教材・単元などにより，「どの場面で，どのように活用するか」が問われる。

　また，「主体的な学び」については，子どもが主体的に学習に取り組めるよう学習の見通しを立て粘り強く取り組み，学習の振り返りを通して自己の学びや変容を自覚できる場面の設定が必要である。

　さらに，「対話的な学び」については，子ども間の対話や教師との対話によって，自分の考えを広げたり深めたりする場面をどのように組み立てるかが大切となる。

　「深い学び」としては，日常の事象や数学の事象について，数学的な見方・考え方を働かせて問題を解決するより良い方法を見付けたり，意味の理解を深めたり，新たな知識・技能を見出す授業が重要である。このような授業の実現が学力向上につながると考える。

## ●作成のポイント

　論文の構成は，序論・本論・結論とする。記述前に構想する時間を十分にとり，その内容を簡潔にまとめることが重要である。800字程度であることから，文量を序論(約15〜20％程度)・本論(約65〜75％程度)・結論(約10〜15％程度)の目安をもって臨むことも大切である。

　序論では，本県の算数科の学力の向上が喫緊の課題であり，授業改善の取組の必要性を述べることが必要である。

　本論では，本県教育委員会が提示したICT機器の効果的な活用とともに，「主体的・対話的で深い学び」の 学力向上につながる授業改善の具体的な実践策を記述することが求められる。多くの具体策を記述するのではなく，主たる2点ぐらいに具体策を絞って論じるほうが適切である。

　結論では，本論で述べた授業改善以外の具体策として家庭学習や個別指導等の実践の重要性にも言及し，福島県の教員としての算数科の学力向上への意欲と決意を論じてまとめるとよい。

【中学校・2次試験】

# ●テーマ

　「生徒指導提要」(令和4年12月改訂)によると，生徒指導の目的を達成するためには，児童生徒一人一人が「自己指導能力」を身に付けることが重要であるとされています。
　あなたは，中学校教員として，生徒に，「自己指導能力」を身に付けさせるため，どのような取組をしていきますか。あなたの考えを800字程度で具体的に述べなさい。

# ●方針と分析

(方針)

　「改訂生徒指導提要」に示された，生徒指導の目的である，生徒に「自己指導能力」を育成することの重要性を述べるとともに，具体的な取組について論じる。

(分析)

　「改訂生徒指導提要」では，予防的・未然防止的な対応に力を入れる積極的生徒指導を求めている。特に，生徒指導の目的を達成するためには，生徒一人一人が「自己指導能力」を身に付けることが重要であるとしている。この「自己指導能力」を獲得することは，生徒が深い自己理解に基づき，「何をしたいのか」，「何をするべきか」，主体的に問題や課題を発見し，自己の目標を選択・設定して，この目標の達成のため，自発的，自律的，かつ，他者の主体性を尊重しながら，自らの行動を決断し，実行する力としている。

　指導に当たっての基本は，全ての生徒が対象であり，全ての教育活動の中で，全ての教職員で実践することである。また，下記の三つの視点に基づいた生徒指導の機能をポイントにすることが重要である。
①生徒に自己存在感を与えること(自分がここで役に立っている存在であることを実感させる)

②自己決定の場を与えること(生徒の気づきをより具体化させて，自分のことは自分で決めさせる)

③共感的な人間関係を育成すること(自分の気持ちを分かってもらえたり，相手の気持ちが分かる経験をさせたりすることで一緒に頑張れるように感じさせる)

　これら3点に基づく生徒指導の実践が，生徒に「自己指導能力」を身に付けさせることになると考える。

## ●作成のポイント

　論文の構成は，序論・本論・結論とする。記述前に構想する時間を十分に取り，その内容を簡潔にまとめることが重要である。800字程度であることから，文量を序論(約15〜20％程度)・本論(約65〜75％程度)・結論(約10〜15％程度)の目安をもって臨むことも大切である。

　序論では，「改訂生徒指導提要」に提示された予防的・未然防止的な対応に力を入れる積極的生徒指導を求め，生徒指導の目的を達成するために，「自己指導能力」の育成の重要性と3つの視点をもとに実践することの大切さを述べることが必要である。

　本論では，序論を受けて，①生徒に自己存在感を与えること，②自己決定の場を与えること，③共感的な人間関係を育成することの3つの視点に基づく「自己指導能力」を育成する具体的な取組を論じる。全教育活動であるから，教科や総合的な学習の時間等の授業や学校行事などの特別活動，学級づくり等の多種多様な場面，機会が想定できる。例えば，一つの行事(体育祭)の準備から，話し合い，実践，反省(振り返り)の一連の指導を通した具体的な取組であってもよい。

【高等学校・2次試験】

# ●テーマ

　文部科学省は，令和4年12月に「生徒指導提要」を改訂し，その中で，生徒が遵守すべき学習上，生活上の規律として定められる校則について，「学校や地域の状況，社会の変化等を踏まえて，(中略)絶えず見直しを行うことが求められます。」としています。

　校則に基づく指導や，校則の見直しを行うに当たり，学校及び教員として取り組むべきことや留意点について，具体的な例を示しながらあなたの考えを900字程度で述べなさい。

# ●方針と分析

(方針)

　「改訂生徒指導提要」における校則の見直しのポイントを述べ，校則に基づく指導や校則の見直しを行うに当たり，学校及び教員として取り組むべきことや留意点について具体的に述べる。

(分析)

　今までの「生徒指導提要」でも示されている通り，校則は，学校が教育目的を達成するために必要かつ合理的な範囲内において定められるものであるとされている。

　しかし，「今の時代に合う校則に見直すべき」との声もあり，学校を取り巻く社会環境や児童生徒の状況の変化に応じて校則の見直し等の取組が注目され，令和3年6月に文部科学省は「校則の見直し等に関する取組事例について」を提示した。

　これらを受けて「改訂生徒指導提要」では，校則の制定にあたっては，少数派の意見も尊重しつつ，児童生徒個人の能力や自主性を伸ばすものとなるように配慮することも必要であると示している。

　また，校則の運用については，教職員は校則を守らせることばかりにこだわることなく，何のために設けたきまりであるのか教職員がそ

の背景や理由について理解しつつ，児童生徒が自分事としてその意味を理解して自主的に校則を守るように指導することが重要であるとしている。

　さらに，学校のホームページ等を公開し児童生徒が主体的に校則を順守するようになることを促すことのほか，児童生徒の保護者や学校内外の人と校則の共通理解を図ることも求めている。校則の制定後，一定の期間が経過し，学校や地域の状況，社会の変化等を踏まえて，その校則が適切な内容か，現状に合う内容に変更する必要がないか，また，本当に必要なものか，絶えず検証・見直しを行うことが重要である。校則の見直しの過程には，児童生徒の参画は身近な課題を自ら解決するといった教育的意義を有するものであることから，大切にしたいものである。

　なお，子どもの権利を擁護するとともに意見を表明する機会の確保等が，令和5年4月施行の「子ども基本法」に位置づけられたことにも注力したい。

## ●作成のポイント

　論文の構成は，序論・本論・結論とする。記述前に構想する時間を十分にとり，その内容を簡潔にまとめることが重要である。900字程度であることから，文量を序論(約15〜20％程度)・本論(約65〜75％程度)・結論(約10〜15％程度)の目安をもって臨むことも大切である。

　序論では，「改訂生徒指導提要」に示された校則の意義と校則の見直しのポイントを述べ，校則の見直しの重要性についてまとめることが必要である。

　本論では，序論を受けて，教員としての校則の指導を行う場合，重視すべきことと校則の見直しをするにあたっての学校及び教員としての留意点や取組を具体的に述べる。高等学校の取組であることから，その発達段階や生徒会の動向，社会情勢等を十分見極めた取組が望まれる。例えば，①見直しのための校則に関する生徒・保護者・地域へのヒアリング(学級・生徒会・PTA・学校評議員会等)，②見直し意識

を高める校則のホームページへの掲載，③入学希望者(中学生)への校則周知等の取組も参考にするとよい。

　結論では，序論・本論をもとに，「改訂生徒指導提要」が示す「積極的生徒指導」を推進する中で，校則の見直しを時代の要請や保護者・生徒の意見を取り入れながら，生徒が主体的に校則を順守することを促す指導に力点を置くことを，決意を込めて論じる。

## 【高等学校・2次試験】

## ●テーマ

> 　「『令和の日本型学校教育』を担う新たな教師の学びの実現に向けて(審議まとめ)」(令和3年11月15日中央教育審議会)において，「学び続ける教師」，「教師の継続的な学びを支える主体的な姿勢」，「個別最適な教師の学び，協働的な教師の学び」などの「『令和の日本型学校教育』を担う新たな教師の学びの姿」が示されました。
>
> 　これらを踏まえ，あなたは「新たな教師の学びの姿」を実現するために，高等学校の教員として，どのように自己研鑽していくか，あなたの考えを900字程度で述べなさい。

## ●方針と分析

(方針)

　「令和の日本型学校教育」を担う新たな教師の学びの姿についてポイントを整理し述べたうえで，教員としての自己研鑽の考えと実践への決意を述べる。

(分析)

　教員は絶えず研究と修養に励み職責の遂行に努めなければならないことが教育基本法と教育公務員特例法に定められている。さらに，「『令和の日本型学校教育』を担う教師の学び(新たな姿の構想)」(教員

免許更新制小委員会)に,「教師が技術の発達や新たなニーズなど学校教育を取り巻く環境の変化を前向きに受け止め,教職生涯を通じて探究心をもちつつ自律的かつ継続的に新しい知識・技能を学び続け,子ども一人一人の学びを最大限に引き出す教師としての役割を果たす。その際,子どもの主体的な学びを支援する伴走者としての能力も備えている」と示している。

つまり,「学び続ける教師」であり,時代の変化が大きくなる中で常に学び続けなければならないのである。「『令和の日本型学校教育』を担う新たな教師の学びの姿」として必要なことは,変化を前向きに受け止め,探究心をもちつつ自律的に学ぶという教師の主体的な姿勢が重要である。

また,学校は多様な知識・経験を持った人材の教師集団であり,より多様な専門性を有する教師集団を構築するためには,一人一人の教師の個性に即した「個別最適な教師の学び」として,教師自身が新たな領域の専門性を身に付けるなど強みを伸ばすことが必要である。自己研鑽が必然的に求められているのである。

「個別最適な教師の学び」として求められる自己研鑽については,教員としての資質・能力を向上するために,課題意識をもって様々な研鑽と修養に自ら励むことである。この内容は,自らが興味・関心を持つ教科・領域について,書物を読んだり,セミナーや研修会等に参加したり,研修動画を視聴することなどが考えられる。この効果としては,自己研鑽で得られた知識・技能等を生徒の教育やOJTとしての校内研修やグループ研修などに還元することができる。

自己研鑽の実践には,何よりも「自分には今どのような力が身に付いているのか,これからどのような力を身に付ける必要があるのか」さらに,「自分の強みをいかに伸ばすか」等の個性に即した「個別最適な学び」のマイ研修計画の作成が必要である。当然,社会の変化や自己のキャリアステージに求められる資質・能力を生涯にわたって身に付けていくものでなくてはならない。

# ●作成のポイント

　　論文の構成は，序論・本論・結論とする。記述前に構想する時間を十分にとり，その内容を簡潔にまとめることが重要である。900字程度であることから，文量を序論(約15〜20％程度)・本論(約65〜75％程度)・結論(約10〜15％程度)の目安をもって臨むことも大切である。

　　序論では，あなたが考える「令和の日本型学校教育」を担う「新たな教師の学びの姿」について，ポイントを整理し端的に述べる。あれもこれも述べずに，キーワードを意識した記述が大切である。

　　本論では，序論を受けて「教員の個別最適な学び」に焦点化し，その重要性を述べるとともに，自身が考える「自己研鑽」としての2〜3の実践策について述べるとよい。具体的な視点としては，1つは，自分の強みを伸ばしたい視点であり。2つ目は，課題に対する力を身に付けたい視点が考えられる。

　　結論では本論で述べた筆者の自己研鑽の実践への意欲と決意を示してまとめる。

【特別支援学校教諭・2次試験】　(50分　900字以内)

# ●テーマ

> 　本県では，第7次福島県総合教育計画において，福島の良さを大切にした「福島ならでは」の教育を進めるとともに，個別最適化された学び，探究的な学びへと変革していく「学びの変革」を掲げています。このことを踏まえ，あなたはどのように考え，特別支援学校での授業を実践していくのか，記述しなさい。

# ●方針と分析

　(方針)

　　第7次福島県総合教育計画における「学びの変革」である「個別最

適な学び」と「協働的な学び」と「探究的な学び」の重要性について論じるとともに，その学びをもとに特別支援学校の授業をどのように実践(改善)するのか述べる。

(分析)

　「福島ならでは」の教育を標榜し，第7次福島県総合教育計画が掲げた「学びの変革」は，すべての子どもに必要な資質・能力を育成するため，一方通行の画一的な授業から，「個別最適な学び」，「協働的な学び」，「探究的な学び」へと変革することであり，このためには，「子どもたち一人一人に必要な力を確実に育成していく」としている。

　とりわけ，特別支援教育については，学びのセーフティネット(多様な学びの場の整備)と個性を伸ばす教育によって多様性を力に変える土壌をつくるとし，誰ひとり取り残すことなく，すべての子どもたちが可能性や個性を伸ばすことができるよう，子どもたちの状況に応じた教育機会の提供や支援を行うことで，多様性の力に変える土壌をつくるとしている。この土壌をもとに，「学びの変革」を特別支援学校の授業でどのように実践していくのかが問われている。

　「個別的な学び」は，「指導の個別化」として，支援が必要なその子の特性や学習進度に応じた効果的な指導と「学習の個性化」として，その子の興味・関心に応じた学習活動や課題に取り組む機会の提供である。「協働的な学び」は，探究的な学びや体験的な活動などを通じ，子ども同士，地域の人々など多様な他者と協働できるようにし，より良い学びを生み出すことである。この「個別最適な学び」と「協働的な学び」の一体的な充実には，ICT機器の活用も有効であるといえる。

　いずれにしても，発達段階に即し，一人一人の児童生徒の学びの連続性の確保は必要であり，「指導の個別化」として，「個別の指導計画」をもとに各教科等における育成を目指す資質・能力を明確にすることが大切である。

　また，「学習の個別化」として，①一人一人の児童生徒の実態把握(心身の状況・動き・語彙等)，②興味や関心・得意なこと等，③過去に有効であった学習活動(支援・指導)などが考えられる。さらに，「協

働的な学び」としては，一人一人のねらいに応じたグループ分け・お互いが見える座席の配置等の環境構成も重要である。

　「探究的な学び」は，一人一人の児童生徒が，「やりたいこと・知りたいことなど」自己の意思・問いかけに基づき，正解を探すのでなく主体的に学びを進めていくことであり，「個別最適な学び」と「協働的な学び」のプロセスの中で進められるものである。

## ●作成のポイント

　論文の構成は，序論・本論・結論とする。記述前に構想する時間を十分にとり，その内容を簡潔にまとめることが重要である。900字以内であることから，文量を序論(約15〜20％程度)・本論(約65〜75％程度)・結論(約10〜15％程度)の目安をもって臨むことも大切である。

　序論では，一人一人の教育的ニーズに応じ，可能性や個性を伸ばす「学びの変革」であり，「個別最適な学び」と「協働的な学び」と「探究的な学び」の重要性について論じる。

　本論では，序論で述べた考えの具体的な実践(授業改善)を中心に述べる。その内容として，例えば，小学部の算数科「測定」「みんなで大きさくらべをしよう」3・4年生5名，中学部の国語科「話すこと」「写真を見て，楽しかったことをみんなに伝えよう」5名といった教科・特別活動等の授業を一例に述べることは具体性があり，理解しやすい。簡潔な記述が求められる。なお，学習過程の中で，ICT機器の活用が有効な場面があれば活用することも大切である。

　結論では，誰一人取り残さないで一人一人の児童生徒の可能性を伸ばすために，「学びの変革」の考えに基づき，本論で述べた授業の実践に取り組む意欲と決意を述べてまとめたい。

【養護教諭・2次試験】

## ●テーマ

　近年，ICT機器の急速な普及発展に伴い，その活用が私たちの社会生活をより便利にし，欠かせないものとなってきました。しかし，その反面，児童生徒の健康面に様々な影響が懸念されており，学校としても見過ごすことができない事態となっております。

　あなたは，養護教諭として，このことをどう受け止め，学校においてどのように指導をしていきますか。あなたの考えを800字程度で具体的に述べなさい。

# ●方針と分析

(方針)

　ICT機器及びインターネットの急速な普及が進む生活の中で，現代的健康課題として，児童生徒の健康面への影響の重要性をまず述べる。次に，この課題を養護教諭としてどのように指導するか論じる。

(分析)

　学校においては，文部科学省が打ち出したGIGAスクール構想により，2020年から世界的に流行した新型コロナウイルス感染症の流行が拍車をかけたこともあり，情報機器の使用が急速に広まった。小学生から一人一台端末を使用できるようになるとともに，スマホやパソコンなどが児童生徒の生活には欠かせないものとなった。そのために，情報機器の使用についてのルールづくりなどの情報モラル教育は十分ではない状況である。

　とりわけ，情報機器の普及による児童生徒の心身の健康面への様々な影響が懸念されている。視力低下，頭痛，寝不足，体力低下などの身体的健康面と思考力の低下，感情の不安定，無感情，イライラなどの心の健康面への影響である。中には，生活習慣の乱れ，成績低下，不登校等によるインターネット依存に陥る児童生徒が増加し，児童生徒の健康上の問題だけでなく社会的な問題にもなっている。

　このような学校の実態から，養護教諭の児童生徒の心身の健康に関する専門家としての役割は，変化をきたし，ますます大きくなってきている。養護教諭は，①情報機器の活用が児童生徒の体と心に及ぼす影響や有効的な使用についての情報モラル教育を行い未然・予防教育に携わることが求められている。また，②個別の健康指導として，ゲームやインターネットに依存傾向の児童生徒の早期発見と，治療が必要な児童生徒に対する専門医療機関へのコーディネートも大きな役割となっている。③究極的には，児童生徒自らが情報機器を有効活用し，心身ともに健康な生活のために，自ら考えて行動できる力の育成の予防教育が最も重要である。

　これら①②③に係る具体的な指導について，情報モラル教育，健康指導，自己指導能力育成から論述することがポイントである。

## ●作成のポイント

　論文の構成は，序論・本論・結論とする。記述前に構想する時間を十分にとり，その内容を簡潔にまとめることが重要である。800字程度であることから，文量を序論(約15〜20％程度)・本論(約65〜75％程度)・結論(約10〜15％程度)の目安をもって臨むことも大切である。

　序論では，ICT活用が有効であり，児童生徒の日常生活だけでなく学校生活にも欠かせない状況であることを端的にまとめることが肝要である。反面，児童生徒の健康面で様々な影響が懸念されている状況を具体的に述べる。ここで，養護教諭の役割りの変化と重要性について述べる。

　本論では，養護教諭の具体的な情報モラル教育(全体指導)として，未然防止を主とした予防教育の取組を論じる。二つ目は，日常の健康相談や観察を通してネット依存傾向の兆候のある児童生徒の健康指導(個別指導)が考えられる。

　結論では，序論・本論を踏まえ，児童生徒が情報機器を有効活用し，心身ともに健康な生活のために，自ら考えて行動できる力を育成するため，福島県の養護教諭になる決意などを述べて論文をまとめる。

## 2023年度 | 論作文実施問題

【特別選考Ⅰ(小中学校)・1次試験】 50分

## ●テーマ

> 文部科学省では，個別最適な学びと協働的な学びの一体的な充実
> など，教育の質を向上させることを目的に，「GIGAスクール構想」
> を推進し，児童生徒への1人1台端末の整備を本格的に進めていると
> ころです。
> そこで，あなたはICT環境を活用した授業の充実のために，どのよ
> うに取り組んでいきますか。あなたのこれまでの実践にも触れなが
> ら，具体的に述べなさい。

## ●方針と分析

(方針)

　GIGAスクール構想の施策が重視されていることを踏まえて，ICT環
境を活用した授業の充実のために，どのように取り組んでいきたいか。
受験者のこれまでの実践にも触れながら，指定の様式の範囲内に任意
の字数で具体的に述べなければならない。

(分析)

　具体的な実践例，実際の活用状況を探すには，県教育委員会の「福
島県版ICT活用ハンドブック2022」などが参考になるだろう。福島県
では全児童生徒への学習用端末の導入を踏まえ，デジタルとリアルの
双方の良さを生かした学びの変革に取り組んでいる。学びの変革を実
現する上で，児童生徒一人一人の発達段階を考慮しながらICT機器を
有効に活用し，個々の興味・関心・意見などを踏まえてきめ細かく指
導・支援する「個別最適化された学び」，一人一人の良い点や可能性
を生かすことで異なる考え方が組み合わさり，より良い学びを生み出

す「協働的な学び」，新たな価値を創造する深まりのある「探究的な学び」を実現することが重要である。

　たとえば社会科などで，情報が人々の生活に様々な影響を与えることを理解し，調査内容や考えを自分の言葉で表現することができるという目標を掲げる授業を例にとってみると，児童生徒がICT機器を活用して，幅広い調査活動を行えるようにする必要がある。そして，子どもたちの興味・関心，学び方に応じて調査の方法を選択できる学びの場を設定する必要がある。そうすることで，子どもたちがより詳しく調べたいことについて，自分に合った方法を選んで学習を進めることができる。また，地域の人々と連携して地域の課題について考えることで，深い学びにつなげることも期待できる。その際，遠隔会議アプリを用いて学校外にいる企業の担当者に聞き取りをできるようにする，インターネット上で動画を見て調べることができるようにする，図書資料と情報検索サイトを使って活用する知識を入手できるようにする，といった取り組みが考えられる。成果発表の際に(表現・発表・公開の過程で)，音楽アプリを用いてBGMを効果的に活用したり，動画を編集し学校紹介を公開したりするなど，現代の児童生徒の感覚に合ったアプリやソフトの使用も考えられる。また，実務経験のある受験者は，聞き手と発表者の双方が学びを深め，かつ自己肯定感を高められるような成果発表を可能にするソフト・アプリの活用方法に精通しているだろう。さらに，具体的な事実などを構造化・抽象化・関連付けていく上で，スライドの中に文字や図を配置し関係を線でつなぐことで，聞き手に分かりやすい資料やグループ分けした図を参考に意見をノートに書き取ることなど，子どもたちの振り返りに役立つノウハウを身に付けさせる指導などへの期待も大きいといえる。

## ●作成のポイント

　横書きの罫線用紙であり，明確な字数指定はない。よって，解答用紙の最終行まで活用することが望ましい。その上で，序論・本論・結論の三段構成を意識し，適宜項目建てをしたり改行をしたりして，分

かりやすい構成を意識するようにしたい。

　序論では，児童生徒一人一人の発達段階を考慮しながらICT機器を有効に活用し，個々の興味・関心・意見などを踏まえてきめ細かく指導・支援する「個別最適化された学び」，一人一人の良い点や可能性を生かすことで異なる考え方が組み合わさり，より良い学びを生み出す「協働的な学び」，新たな価値を創造する深まりのある「探究的な学び」を実現することの重要性を簡単に述べる。

　本論では，序論で述べた内容を実現するために必要な取り組みについて述べる。その際，ある一つの教科での使用場面を想定し，具体的な使用機器やソフト，アプリについて述べるとよい。自らのICT機器を実務で使用し，第三者に対してプレゼンテーションをした経験なども振り返りながら，子どもたちの自己肯定感を高めるような授業実践について述べていきたい。

　結論では，福島県公立学校教員として，デジタルとリアルの双方の良さを生かした学びの変革に取り組んでいくという決意を述べて論文をまとめる。

## 【特別選考Ⅰ(高等学校)・1次試験】　50分

## ●テーマ

　中央教育審議会答申「『令和の日本型学校教育』の構築を目指して(令和3年1月26日)」において提起された「個別最適な学び」と「協働的な学び」について，これからの教育においては，これら二つの学びを一体的に充実し，「主体的・対話的で深い学び」につなげて子供たちの資質・能力を育成していくことが重要とされています。

　このことを踏まえて，全ての子供たちの可能性を引き出し，急激に変化する時代の中で必要となる資質・能力を育むために，あなたはどのような授業を実践していきたいですか。具体例を示しながら900字程度で述べなさい。

## ●方針と分析

(方針)

　「個別最適な学び」と「協働的な学び」について，これからの教育においてはこれら二つの学びを一体的に充実し，「主体的・対話的で深い学び」につなげて子供たちの資質・能力を育成していくことが重要である。以上の点を踏まえながら，「全ての子供たちの可能性を引き出し，急激に変化する時代の中で必要となる資質・能力を育むために，どのような授業を実践していきたいか。具体例を示しながら900字程度で説明する。

(分析)

　学習に当たって参考にしたい資料は，設問の答申に加えて，文部科学省初等中等教育局教育課程課「学習指導要領の趣旨の実現に向けた個別最適な学びと協働的な学びの一体的な充実に関する参考資料(令和3年3月版)」や「学習指導要領」，「新高等学校学習指導要領について」の中の「主体的・対話的で深い学びの実現(「アクティブ・ラーニング」の視点からの授業改善)について(イメージ)」などである。本設問は，授業の中で「個別最適な学び」の成果を「協働的な学び」に生かし，さらにその成果を「個別最適な学び」に還元するなど，「個別最適な学び」と「協働的な学び」を一体的に充実していくことの大切さを理解できているかを問うものと思われる。

　まず，主体的な学びの視点は，学ぶことに興味や関心を持ち，自己のキャリア形成の方向性と関連付けながら，見通しを持って粘り強く取り組み，自己の学習活動を振り返って次につなげるものである。たとえば，学ぶことに興味や関心を持ち，毎時間見通しを持って粘り強く取り組むとともに，自らの学習をまとめ振り返り次の学習につなげること，「キャリア・パスポート」などを活用し，自らの学習状況やキャリア形成を見通したり，振り返ったりすることなどが挙げられる。

　次に，対話的な学びの視点は，子供同士の協働，教職員や地域の人との対話，先哲の考え方を手掛かりに考えること等を通じ，自己の考えを広げ深める「対話的な学び」を実現するものである。たとえば，

実社会で働く人々が連携・協働して社会に見られる課題を解決している姿を調べたり，実社会の人々の話を聞いたりすることで自らの考えを広めること，あらかじめ個人で考えたことを意見交換したり，議論したりすることで新たな考え方に気がつき，自分の考えをより妥当なものとしたりすること，子供同士の対話に加え，子供と教員，子供と地域の人，本を通して本の作者などとの対話を図ることなどが挙げられる。

　深い学びの視点は，習得・活用・探究という学びの過程の中で，各教科等の特質に応じた「見方・考え方」を働かせながら，知識を相互に関連付けてより深く理解したり，情報を精査して考えを形成したり，問題を見いだして解決策を考えたり，思いや考えを基に創造したりすることを可能にするものである。たとえば，ある事象の中から自ら問いを見いだし，課題の追究，課題の解決を行う探究の過程に取り組むこと，精査した情報を基に自分の考えを形成したり，目的や場面，状況等に応じて伝え合ったり，考えを伝え合うことを通して集団としての考えを形成したりしていくことなどが挙げられる。

　上記の学び，取り組みの実現のために，各教科等の特質に応じ，地域・学校や児童生徒の実情を踏まえながら，ICTを活用した新たな教材や学習活動等も積極的に取り入れることが求められる。それにより実現される新しい学習活動について，「個別最適な学び」や「協働的な学び」の充実に効果を上げているか確認しながら，主体的・対話的で深い学びの実現に向けた授業改善につなげていくことが期待される。このことを通じて，学習指導要領前文に記載されている「一人一人の児童(生徒)が，自分のよさや可能性を認識するとともに，あらゆる他者を価値のある存在として尊重し，多様な人々と協働しながら様々な社会的変化を乗り越え，豊かな人生を切り拓き，持続可能な社会の創り手となることができるよう」に育成していくことが求められている。

## ●作成のポイント

　900字程度という明確な字数指定があるので，全体を序論・本論・結論の三つのパートに分けて構成し，場合によっては四〜五つ程度の段落に分けてもよいだろう。

　序論では，受験者が福島県の高等学校教員として実現したい主体的・対話的・深い学びについて簡潔に述べる。

　本論では，受験者の担当科目に合わせて取り組みたい授業実践について，具体例を挙げて説明をする。その際，各教科等の特質に応じ，地域・学校や児童生徒の実情を踏まえること，ICT機器を活用した新たな教材や学習活動について，教科ごとの工夫に触れていくのもよいだろう。

　結論では，未来の福島県を担う人材育成ということを意識しながら，上記の授業実践を確実に進めていくという決意を述べて論文をまとめる。

【特別選考Ⅰ(養護教諭)・1次試験】　50分

## ●テーマ

　児童生徒の問題行動等の要因や背景が複雑化・多様化している中，不登校やいじめ，児童虐待などの問題が起きており，ますます児童生徒の心のケアが求められています。

　そこで，あなたは養護教諭として，児童生徒の心のケアを充実させるために，どのように取り組んでいきますか。あなたのこれまでの実践にも触れながら，具体的に述べなさい。

# ●方針と分析

(方針)

　養護教諭として児童生徒の心のケアを充実させるために，どのように取り組んでいきたいか。自身のこれまでの実践にも触れながら，指定の様式の範囲内に任意の字数で具体的に述べなければならない。

(分析)

　活用する知識を仕入れるのに，文部科学省の「学校における子供の心のケア－サインを見逃さないために－」，福島県教育委員会の「子どもの心のケアとサポートのために」などを参照するとよい。

　まず，「学校における子供の心のケア－サインを見逃さないために－」によると，学校保健安全法第9条を踏まえて，養護教諭が取り組むべき「心のケア」について，次のようなことが重要であるという。「心のケア(ストレスケア)の基本は，かかっているストレス因と反対のことである。たとえば，対人関係に疲れたら自然の中に行って自分のペースを取り戻すといったイメージであり，指導者である養護教諭自身がこのイメージを持つことが重要である。その際，基本的に児童生徒が自分のペースで話せるように傾聴を心がけ，結論を急ぎすぎないようにする。子供の話の内容が分かりにくいときは，事実関係を確認しながら進める。自分の気持ちや困っていることをはっきり言えない児童生徒に対しては，健康観察の項目を参考にして具体的に聞くことが大切である。聞き取りについては，子どもをせかさず複数回面接を行うことが必要となる。子供にとって健康相談は関心を向けられて話を聞いてもらえたことで安心することも多く，教職員が行う心のケアとしての効果を持つ。健康相談では個別の健康相談で状況を確認するだけではなく，積極的に子どもを励ますようなメッセージを伝えることも大切である。相談の終わりには，話の内容をまとめたり，次につなぐ対応を心がけたりします。」

　また，特に話の内容が深刻な場合，その場で解決を示せなくても，他の教職員や専門家と一緒に考えたいということを伝え，子どもとの接点を持ち続けることを心がけることが大切である。その場合，福島

県内の学校では，日常からスクールソーシャルワーカーとの連携により，養護教諭が支援に自信を持てるようになっているケースが紹介されている(福島県教育委員会「子どもの心のケアとサポートのためにVol.2」)。このように組織的に対応することで，深刻なケースへの対応ばかりでなく，早期発見・早期対応を的確な把握，日常の様子との変化への気づき，きめ細かな健康観察の実施が可能になる。加えて，養護教諭は，子どもの心理的なストレスに関わる項目についても観察し，記録に残すことが大切である。

## ●作成のポイント

　横書きの罫線用紙であり，明確な字数指定はない。よって，解答用紙の最終行まで活用することが望ましい。その上で，序論・本論・結論の三段構成を意識し，適宜項目建てをしたり改行をしたりして，分かりやすい構成を意識するようにしたい。

　序論では，参考資料を踏まえて，心のケアの基本的な内容，養護教諭としての役割について説明する。

　本論では，序論で述べた内容について具体的な実践，取り組みについて説明する。その際，子どもに対する具体的な対応，学校の組織体制について，詳しく書くとよいだろう。ここでは，自身の実務経験を述べることを求められているが，その部分だけが多くなりすぎると，独りよがりの自己主張のような印象を与えかねないので注意するようにしたい。

　結論では，昨今のコロナ禍や被災県としての福島県の置かれた現状を鑑み，子どもの心身が危機に直面しやすことを踏まえて，上記の実践・取り組みを確実にしていくという決意を述べて論文をまとめる。

【特別選考Ⅰ(特別支援学校)・1次試験】 50分

# ●テーマ

　本県では，令和4年度の学びの変革推進プラン及び学校教育指導の重点において，特別支援学校と小・中学校，高等学校における「交流及び共同学習」を推進することを掲げています。

　あなたは，「交流及び共同学習」の意義をどのように捉えていますか。また，特別支援学校で学ぶ幼児児童生徒の「交流及び共同学習」を実施するに当たって，どのようなことを踏まえて計画し，どのように実践していくことが必要だと考えますか。これまでの実践や経験等を踏まえ，800字以内で書きなさい。

# ●方針と分析

(方針)

　「交流及び共同学習」の意義をどのように捉え，特別支援学校で学ぶ幼児児童生徒の「交流及び共同学習」を実施するに当たって，どのようなことを踏まえて計画し，どのように実践していくことが必要だと考えるか。これまでの実践や経験等を踏まえながら，800字以内でまとめなければならない。

(分析)

　活用できる知識を得るには，文部科学省の「交流及び共同学習ガイド(平成31年3月)」や福島県特別支援教育センターの多様な学びの場の普及啓発資料である「『交流及び共同学習』に取り組む際に」などを参考にするとよいだろう。本分析ではこれらの資料を参考に執筆している。

　まず，交流及び共同学習の意義は何か。それは，特別支援学級に在籍する障がいのある児童生徒にとっても，障がいのない児童生徒にとっても，共生社会の形成に向けて経験を広め，社会性を養い，豊かな人間性を育てることができる，というものである。それによって，人

間の多様性を尊重する心を育むことができる。

　しかし，現状の交流及び共同学習は，子どもたちにとって抽象的で漠然とした精神論に陥ったり，一過性の行事体験で終わってしまったりしがちである。そこで，具体的にどのような計画を立て，実践することが必要か。計画段階で一人一人の違いを認め合いそれぞれが精一杯努力することの尊さを学ぶ，仲間として互いに認め合い思い合う心を育む，集団活動を通して社会性を育む，豊かな学習集団の中で学習することで持てる力を最大限に伸ばす，障がいを持った子どもの自立への自信を高めることなどを意識した活動にする必要がある。さらには，障がいを有する子どもたちの学びにおける合理的配慮を学習計画に盛り込むことも重要だろう。実践に当たっては，以下のようなことが考えられる。たとえば「特別活動」では，特別支援学校の子どもたちは，お楽しみ会や行事関係で通常学級の子どもたちと一緒に活動することが楽しみになる。ただし，気持ちが盛り上がりすぎて約束やルールを破ることが多々あり，通常学級の子どもたちに不満が残る可能性がある。そこで，自立活動の時間で，対人関係やルール等を守りながら楽しく活動できるように指導していくことが求められるだろう。また，交流の際には担任も同行し，支援等をしながら本人が取り組めるような配慮をすることが考えられる。

## ●作成のポイント

　800字以内という明確な字数指定があるので，全体を序論・本論・結論の三つのパートに分けて構成する。

　序論では，「交流及び共同学習」の意義について説明をする。

　本論では，計画時に踏まえることと，具体的な実践について説明する。分析では最も実施される可能性が高い特別活動を例に挙げたが，他の教科学習を挙げてもよい。たとえば，「社会」であれば，歴史についてとても興味を示している特別支援学校の子どもは，指示を受けて資料集などから必要な部分を探すことに時間がかかると思われる。しかし，今見るべき場所を個別に指示したり，隣の席の友達から教え

てもらうとできるという場合がある。このような学びが可能になるよう，事前に通常学級の子どもたちの理解を得るか担任が同行して，現場で支援を依頼することなどが考えられる。このパートの記述内容は，受験者の教育・福祉の現場などにおける実務経験をもっとも生かせるだろう。

結論では，教員として採用されたあと，上記の計画や実践を確実に実施し，障がいのある児童生徒にとっても，障がいのない児童生徒にとっても有益な学びの機会を提供していくという決意を述べて論文をまとめる。

## 【小学校・2次試験】

## ●テーマ

> 小学校学習指導要領(平成29年3月告示)では，教科等横断的な視点に立って育成すべき資質・能力の一つに言語能力を挙げています。さらに，この言語能力の育成を図るため，各学校において必要な言語環境を整えるとともに，国語科を要としつつ各教科等の特質に応じて，児童の言語活動を充実することが示されています。
> あなたは，小学校教員として，言語活動の充実に向けて，どのような取組をしていきますか。あなたの考えを800字程度で具体的に述べなさい。

## ●方針と分析

(方針)

小学校学習指導要領(平成29年3月告示)の内容を踏まえて，小学校教員として言語活動の充実に向けてどのような取組をしていきたいのか，800字程度で具体的に説明する。

(分析)

　　活用すべき知識を仕入れるには，小学校学習指導要領(平成29年3月告示)を確認しておくとよい。言語は，知的活動(論理や思考)の基盤であるとともに，コミュニケーションや感性・情緒の基盤でもある。豊かな心を育む上でも，言語に関する能力を高めていくことが重要であるといえる。また，言語活動は，思考力・判断力・表現力等の育成に深くかかわっている。学力に関する各種の調査の結果により，我が国の子どもたちの思考力・判断力・表現力等は不十分である。そこで，課題発見・解決能力，論理的思考力，コミュニケーション能力や多様な観点から考察する能力(クリティカル・シンキング)などの育成・習得が求められている。このような能力を身に付けることを目指した言語活動を，各教科等において行うことが求められている。

　　具体的には以下の実践が考えられるが，答案作成に当たっては，下記のうち二～三つ程度を選んで，説明するとよいだろう。

(1)　体験から感じ取ったことを表現すること。たとえば，日常生活や体験的な学習活動の中で感じ取ったことを言葉や歌，絵，身体などを用いて表現する。

(2)　事実を正確に理解し伝達すること。たとえば，身近な動植物の観察や地域の公共施設等の見学の結果を記述・報告する。

(3)　概念・法則・意図などを解釈し，説明したり活用したりすること。たとえば，需要，供給などの概念で価格の変動をとらえて生産活動や消費活動に生かす。また，衣食住や健康・安全に関する知識を活用して自分の生活を管理する。

(4)　情報を分析・評価し，論述すること。たとえば，学習や生活上の課題について，事柄を比較する，分類する，関連付けるなど考えるための技法を活用し，課題を整理する。

(5)　課題について，構想を立て実践し，評価・改善すること。たとえば，理科の調査研究において，仮説を立てて観察・実験を行い，その結果を整理・考察し，まとめや表現をしたり，改善を加えたりする。芸術表現やものづくり等において，構想を練り，創作活動を行

い，その結果を評価し，工夫・改善すること。

## ●作成のポイント

800字程度という明確な字数指定があるので，全体を序論・本論・結論の三つのパートに分けて構成する。

序論では，言語活動の充実が要求されている背景について，子どもたちの状況とかかわらせながら説明する。ここは，200〜250字程度でまとめるとよいだろう。

本論では，言語活動の充実のために必要な実践について説明する。分析で挙げた内容を参考に，実践の取り組みを三つ程度書くとよい。なお，教科固有の実践として，たとえば国語科において，互いの考えを伝え合い，自らの考えや集団の考えを発展させることで，互いの立場や考えを尊重して伝え合う能力の育成につなげることなどを書くのもよい。ここは，400〜450字程度でまとめる。

結論では，言語活動の充実を通じ，子どもたちの課題発見・解決能力，論理的思考力，コミュニケーション能力や多様な観点から考察する能力を伸ばしていくという決意を100〜150字程度でまとめる。

## 【中学校・2次試験】

## ●テーマ

「令和2年度児童生徒の問題行動・不登校等生徒指導上の諸課題に関する調査」(令和3年10月13日文部科学省)の結果によると，不登校児童生徒数は全国においては，8年連続で増加しており，本県では，小中学校において過去最多となっています。

あなたは，中学校教員として，このことをどう受け止め，不登校傾向の生徒に対してどのような取組をしていきますか。あなたの考えを800字程度で具体的に述べなさい。

# ●方針と分析

(方針)

　本県において，小中学校の子どもたちの不登校が過去最多となっていることを，中学校教員としてどう受け止めるか，不登校傾向の生徒に対してどのような取組をしていきたいか。受験者自身の考えを，800字程度で具体的に述べる。

(分析)

　設問の調査により，福島県内の小中学校で不登校になっている子供の数は2900人余りと，過去最多・全国最多となっている。福島県教育委員会「ふくしまサポートガイド～ふくしまのすべての子どもたちのために～(令和3年1月)」では，「児童生徒を取り巻く問題行動等の要因やその背景が複合化・多様化していること，東日本大震災及び福島第一原子力発電所の事故による環境の変化等に加え，新型コロナウイルスの感染拡大に伴う長期に及ぶ学校の臨時休業等である。本県は，課題先進県と言わざるを得ない状況下にある」と分析している。

　こうした状況を踏まえて，福島県教育委員会「不登校対応資料Vol.5豊かな学校生活のために～チームで切れ目のない援助を～(平成29年2月23日)」において，教員は以下のことに留意する必要があると述べられている。「児童生徒が抱える様々な課題や多様なニーズに対して丁寧に寄り添い，児童生徒の個に応じた学習活動を展開することができるよう配慮することが求められる。そのために，教員は，児童生徒の実態に応じて学習計画を作成し，個々の状況に応じきめ細かに対応する必要がある。また，学習面以外でも，スクールカウンセラーやスクールソーシャルワーカーとの定期的な面談による心のケア，自己肯定感を高めさせるような体験活動の意図的な設定など，『特別な教室』の運営に様々な工夫と配慮が必要となる。」

　ただこうした「特別な教室」は，最終的な目的ではないし，学校に登校させることを目指すものでもない。児童生徒が自らの進路を主体的に捉えて，社会的に自立することを目指すためのものである。また，児童生徒によっては不登校の時期が休養や自分自身を見つめ直す積極

的な意味を持つことがある一方で，学業の遅れや進路選択上の不利益や社会的自立へのリスクもあることも留意させる必要があるといえる。

## ●作成のポイント

　800字程度という明確な字数指定があるので，全体を序論・本論・結論の三つのパートに分けて構成する。

　序論では，福島県の小中学校に通う子どもたちの不登校が過去最多・全国最多であることの背景を説明する。ここは，県教育委員会の資料の分析などを参考に200〜250字程度でまとめる。

　本論では，具体的な不登校対応について説明する。保健室や職員室登校の容認など，「特別な教室」の設置に触れながら，その設置の目的は当該生徒の社会的な自立であることを踏まえ，学業の遅れや進路選択の不利益をできるだけ抑えるような指導計画が重要であることなどを述べる。また，教員単独ではなく，養護教諭やカウンセラー，ソーシャルワーカーとの連携も重要であるということにも触れておきたい。ここは，県教育委員会の資料などを踏まえて400字程度で説明する。

　結論では，数日の欠席理由や学校内での言動の変化などを早期に把握し，そもそも中長期の不登校にならないような対策の重要性を述べたり，本人，家庭，学校など多岐にわたる要因や背景が複雑に絡み合っていることを教員自身が理解したりすることの重要性に触れる。その上で，個々の子どもたちに寄り添っていくという決意を示して，150字程度でまとめる。

【高等学校・2次試験】

## ●テーマ

福島県教育委員会では，令和3年12月に策定した第七次福島県総合教育計画において，目指すべき姿を「個人と社会のWell・being(一人一人の多様な幸せと社会全体の幸せ)」の実現とし，急激な社会の変化の中で，自分の人生を切り拓くたくましさを持ち，社会や地域を創造することができる人を育成することを中核的な理念としています。

これを踏まえて，あなたは本県の教員としてどのような教育を実現したいと考えますか。具体例を挙げながら900字程度で述べなさい。

## ●方針と分析

(方針)

県教育委員会は，「個人と社会のWell・being(一人一人の多様な幸せと社会全体の幸せ)」の実現を目指すこと，急激な社会の変化の中で自分の人生を切り拓くたくましさを持ち，社会や地域を創造することができる人の育成を中核的な理念としている。このことを踏まえて，受験者は本県教員としてどのような教育を実現したいか。具体例を挙げながら，自身の考えを900字程度で述べなければならない。

(分析)

活用する知識を仕入れるために，福島県教育委員会がホームページ上で公開している，「教育長メッセージ」や「『学びの変革』実現ビジョン」など，設問で示された第七次福島県総合教育計画(以下，同計画と記す)に関連する資料を参考にしたい。

昨今，急速に進む少子高齢化，Society 5.0の到来が予想される中でのDX(デジタル・トランスフォーメーション)の進展など急激な社会変化の中で，変化に対応するだけではなく，新たな変革を生み出す人材の育成が求められている。本県では全国を上回るスピードで人口減少

や高齢化が進んでおり，東日本大震災と原子力災害からの復興・再生，廃炉と汚染水・処理水対策，風評・風化対策，さらには近年の相次ぐ自然災害への対応など，複雑で困難な課題に直面している。そのため，これらの社会課題の解決を目指す人材の育成が求められている。

　同計画の理念は，経済協力開発機構(OECD)における議論と大きくか関わっている。同機構は，2030年という近未来において子どもたちに求められるのは，不確実で複雑な誰も正解を知らない予測不可能な課題に向き合うことだという。そのためには，(1) 新たな価値を創造する力，(2) 対立やジレンマを克服する力，(3) 責任ある行動をとる力の3つの力が必要であると述べられている。こうした力は，解決困難な課題を抱える福島でも求められるもので，未来を担う子どもたちが身につけるべき力であるといえる。

　こうした力をつけるためには，何よりも学校の各教科における授業が重要である。AIが社会の在り方を変える時代において，人間の強みである文章や情報を正確に読み解き対話する力，教科固有の見方・考え方を働かせて考え表現する力，対話や協働を通じ新しい解や納得解を生み出す力などの非認知能力を育成することがますます重要となる。そこで，「多様な個性」を生かし，「対話と協働」を通して，「多様性を力に変える」教育へと教育の質的な転換を成し遂げることが求められている。ここには，子どもを未熟な受け身の存在としてだけ見るのではなく，「子どもは一人一人が未来の創り手」，「全ての子どもは学びたがっているし学ぶ力を持っている」，「子どもは一人一人違っているし，違っていていい」という子ども観を根幹に据えて，授業を進めていくことが必要である。本論文は，以上の内容について受験者が理解と関心を持っているかどうかを試す意図があると思われる。

## ●作成のポイント

　900字程度という明確な字数指定があるので，全体を序論・本論・結論の三つのパートに分けて構成し，場合によっては四～五つ程度の段落に分けてもよいだろう。

　序論では，受験者が福島県の高等学校教員として実現したい教育の内容を簡潔に記す。ここでは，「多様な個性」を生かし，「対話と協働」を通して「多様性を力に変える」教育の実現などを書くとよいだろう。

　本論では，受験者が序論で述べた教育を実現するための授業実践について，具体例を挙げて説明をする。受験者が専門としている教科ごとに，人間の強みである文章や情報を正確に読み解き対話する力，教科固有の見方・考え方を働かせて表現する力，対話や協働を通じて新しい解や納得解を生み出す力などの非認知能力を伸ばす具体的な取り組みを，二つ程度述べるよいだろう。

　結論では，OECDが提唱する三つの力に触れ，不確実で複雑な誰も正解を知らない予測不可能な課題に向き合う力を育んでいくという決意を述べて論文をまとめる。

**【高等学校・2次試験】**

## ●テーマ

　令和3年12月に改定された「ふくしま男女共同参画プラン」では，男女共同参画を推進し，人格形成過程において，固定的な性別役割分担意識が形成されることがないように，人権尊重を基盤とし，男女平等・自立意識の確立に向けた多様な選択を可能にする学校教育の充実を目標の一つに掲げています。児童・生徒が性別にとらわれず，個性を生かせる生き方を主体的に選択し，自立して生きることができるようにするために，学校及び教員として取り組むべきことについて，具体的な取組の例を示しながら，あなたの考えを900字程度で述べなさい。

# ●方針と分析

(方針)

　児童・生徒が性別にとらわれず，個性を生かせる生き方を主体的に選択し，自立して生きることができるようにするために，学校及び教員として取り組むべきことは何か，具体的な取組の例を示しながら，自身の考えを900字程度で説明する。

(分析)

　活用する知識を仕入れるために，「ふくしま男女共同参画プラン」などを参考にしたい。福島県の意識調査によれば，県民の62.7％が学校教育の場では「男女平等である」と回答している。反面，教育の現場では，教職員が無意識のうちにジェンダーにとらわれたまま生徒に指導を行うなどのいわゆる「潜在的カリキュラム」の存在が指摘されている。潜在的カリキュラムとは，教職員の言動や学校での活動を通して，意図的ではないが結果として一定の意識や態度を伝えていたり，男女を必要以上に区別しジェンダーにとらわれた男性像や女性像を子供達に伝えていたりすることを指す。同じ調査で，「子どもに受けさせたい教育の程度について」の県民の回答を見ると，「大学」は女子，男子いずれの場合も多くなっているが，「短期大学」「各種専門学校・専修学校」は女子が多いなど，子どもの性別により差が見られる。また，学校統計要覧(令和元年 福島県教育委員会)によると，大学への進学者数は女性の方が多い反面，理工系学部への進学は男性の方が多い傾向がある(同プランP37)。

　こうした状況を踏まえて，児童・生徒が性別にとらわれず，個性を生かせる生き方を主体的に選択し自立して生きることができるよう，男女平等の視点に立った教育的施策につき，同プラン(P38)では，「まず，児童生徒に対して，男女共生センターと学校が連携し，男女共同参画についての理解や自己実現についての意識啓発につながる機会を提供することである。次に，学校において固定的な性別役割分担意識や男子向き女子向きといった固定観念にとらわれず，専攻分野や職業について広く情報提供するとともに，将来の経済的自立を念頭に置い

て，児童生徒が自主的に進路の適正な選択を行えるように，進路指導を行うことであると」述べられている。なお，こうした施策の方向性は，文部科学省の学習指導要領上の男女共同参画に関する内容を踏まえたものである。

　以上の施策を授業において具体的にどう進めるのか。福島県男女共生センターでは，「次世代スクールプロジェクト」を進めており，高校生向けに男女の経済的格差が生じる原因を類推する教材などを提供している。この教材は，学校では男女格差を感じることが少なく，男女格差について実感を持ちづらいため，実際の事例から理由の探求をし，興味をもたせやすい内容になっている。たとえば，女性のライフイベントによるキャリアの断絶や男性との賃金格差の相関性を挙げ，男女共同参画の重要性に触れている。こうした教材を活用しながら，学校教育を生徒向けの普及啓発の機会として捉えていくことが重要である。

## ●作成のポイント

　900字程度という明確な字数指定があるので，全体を序論・本論・結論の三つのパートに分けて構成し，場合によっては四〜五つ程度の段落に分けて構成してもよいだろう。

　序論では，福島県教員として，学校での授業を男女共同参画の普及啓発の有効な機会と捉えていくことの重要性を述べる。

　本論では，教員自身が「潜在的カリキュラム」に繋がる発言や助言，生徒を誘導するような進路指導をしないことや，県男女共生センターの教材の積極活用や同センターの講師を招いたキャリア教育機会の充実など，具体的な取り組みについて述べる。

　結論では，生徒個人のライフプラン，キャリア設計は多様であり，個々人が平等であることなどを実感できる学びを提供していくという決意を述べて，論文をまとめる。

【特別支援学校教諭・2次試験】 50分 900字以内

## ●テーマ

　GIGAスクール構想による児童生徒1人1台端末の整備が進められています。
　あなたは，特別支援学校における授業の中で，どのようにICT機器を活用し，障がいのある子どもの学習意欲や学習活動の充実を図っていこうと考えますか。「令和4年度学校教育指導の重点＜特別支援学校教育版＞」(福島県教育委員会版)を踏まえ，任意の指導場面を想定し記述しなさい。

## ●方針と分析

(方針)

　GIGAスクール構想が進む中，特別支援学校における授業において，どのようにICT機器を活用し，障がいのある子どもの学習意欲や学習活動の充実を図っていきたいか。「令和4年度学校教育指導の重点＜特別支援学校教育版＞」(福島県教育委員会版)を踏まえ，任意の指導場面を想定し説明する。

(分析)

　参照すべき資料は，「令和4年度学校教育指導の重点＜特別支援学校教育版＞」(福島県教育委員会版)である。特に同資料の「情報教育」の節を重点的に読み込んでおきたい。概要としては，情報化の進展に対応した教育の充実に向け，児童生徒の障がいの状態や特性及び心身の発達の段階に応じてコンピュータ等の教材・教具を創意工夫することが述べられている。そして，それらを活用する環境を整え，教育機器を適切に利用することで，児童生徒一人一人にとっての「わかる授業」を実現しながら，情報活用能力(情報モラルや著作権法などの理解も含め)の育成に努めることが書かれている。

　また，その具体的な実践例，実際の活用状況を探すには，県教育委

員会の「福島県版ICT活用ハンドブック2022」などが参考になるだろう。同資料では，「令和4年度学校教育指導の重点＜特別支援学校教育版＞」の方針，目標を踏まえた県内の特別支援学校の取り組みの事例が書かれている。例えば，国語の授業で，2つの写真やイラストが示されたタブレット端末を見ながら，教員の指示した方に注目することで，児童生徒が感覚的に選択することができる。そこでは，写真やイラストをタッチすると音楽や映像が流れるようにするとともに，子どもの視界に入る位置にＴＶモニターを設置，タブレット端末の画面を映して，友達の操作画面を見られるようにすることで，教員と対話しながら教員の指示した方の写真・イラストを選択しやすくする，という工夫がある。こうしたICT機器を積極的に活用することで，子どもの参加意欲や学びから得られる達成感を引き出すという効果を高めることができよう。また，この事例は，視覚障害を持つ子ども向けには音声や音楽を多めに活用することによって，聴覚障害を持つ子ども向けには映像を多用することで，対応が可能であることを示唆している。

## ●作成のポイント

　900字程度という明確な字数指定があるので，全体を序論・本論・結論の三つのパートに分けて構成し，場合によっては四〜五つ程度の段落に分けて構成してもよいだろう。

　序論では，児童生徒の障がいの状態や特性及び心身の発達の段階に応じてコンピュータ等の教材・教具を創意工夫することの重要性を述べる。

　本論では，特別支援学校におけるICT機器の活用の現場を想定し，その場における教材・教具の創意工夫について説明する。ここでは，障がいを持つ子どもへの合理的配慮も含んでいることを書いてもよい。

　結論では，福島県教員として採用された後，上記の取り組みを着実に実践するという決意や，児童生徒一人一人にとっての「わかる授業」を実現しながら，情報モラルや著作権法などの理解も含めた情報活用

能力，メディアリテラシーの育成に努めていくことなどを述べて論文をまとめる。

【養護教諭・2次試験】

# ●テーマ

「性同一性障害に係る児童生徒に対するきめ細かな対応の実施等について」(平成27年4月30日文部科学省)によると，学校における性同一性障害に係る児童生徒への支援についての社会の関心も高まり，その対応が求められるようになってきたとされています。

あなたは，養護教諭として，このことをどう受け止め，どのような取組をしていきますか。あなたの考えを800字程度で具体的に述べなさい。

# ●方針と分析

(方針)

学校における性同一性障害に係る児童生徒への支援について，社会の関心が高まりその対応が求められるようになって来ている。養護教諭としてこのことをどう受け止めるか，また実際にどのような取組をしていきたいか，自身の考えを800字程度で具体的に述べる。

(分析)

設問でも示されている文部科学省の公開資料「性同一性障害や性的指向・性自認に係る，児童生徒に対するきめ細かな対応等の実施について(教職員向け)」を参考とする。性同一性障害とは，生物学的な性と性別に関する自己意識(以下，「性自認」と言う)が一致しないため，社会生活に支障がある状態とされる。このような性同一性障害に係る児童生徒については，学校生活を送る上で特有の支援が必要な場合があるため，個別の事案に応じて児童生徒の心情等に配慮した対応を行

45

うことが求められている。性同一性障害に関しては，社会的偏見や差別，法制度上の不利益取り扱いなど，社会生活上様々な問題を抱えている状況にあり，その治療の効果を高め，社会的な不利益を解消する必要がある。そのため，性同一性障害に係る児童生徒，さらには「性的マイノリティ」とされる児童生徒の悩みや不安を受け止める必要性がある。養護教諭は，学校現場における心身の専門家として，こうした役割を担うことを期待されている。

特に期待が大きいのは，性同一性障害に係る児童生徒の支援である。養護教諭は，児童生徒から最初に相談(入学等に当たって児童生徒の保護者からなされた相談を含む)を受けることが多いと予想される。その際，自分だけで抱え込むことなく，学校という組織全体で取り組むことが重要で，学校内外に「サポートチーム」を作り，「支援委員会」(校内)やケース会議(校外の医療機関，専門研究機関も含め)等を適時開催しながら対応を進めることが求められる。教職員等の間における情報共有に当たっては，いじめや差別などを懸念して児童生徒が自身の性同一性を可能な限り隠しておきたい場合があること等に注意しながら，学校として効果的な対応を進めるために，教職員等の間で情報共有し，チームで対応することが欠かせない。そのため，当事者である児童生徒やその保護者に対し，情報を共有する意図を十分に説明・相談して理解を得つつ，対応を進める必要がある。

## ●作成のポイント

800字程度という明確な字数指定があるので，全体を序論・本論・結論の三つのパートに分けて構成する。

序論では，現状の受け止めについて簡単にまとめる。その際，漠然とした印象ではなく，当該児童生徒の不安や悩みに丁寧に寄り添うこと，他の児童生徒からのいじめや差別を生まないように，校内外で組織的な支援の仕組みづくりの重要性を述べるようにする。

本論では，分析で示したように，その支援のあり方について詳しく説明する。なお，分析では触れられなかったが，他の児童生徒への普

及啓発や多様な他者への寛容性を教える授業の重要性を述べるのも一手である。

　結論では，組織的な支援の仕組みづくりの中で，養護教諭は専門的な知見を有するコーディネーターであり，受験者自身が採用後にそのような役割を積極的に担っていくという決意を述べて，論文をまとめる。

# 2022年度　論作文実施問題

【特別選考Ⅰ(小・中学校)・1次試験】　50分

## ●テーマ

現行学習指導要領の改訂の基本方針では，基本的な考え方として，知識及び技能の習得と思考力，判断力，表現力等の育成のバランスを重視しながらも，知識の理解の質をさらに高め，確かな学力を育成することが示されています。そこで，あなたは知識の理解の質をさらに高めるために，授業の中でどのような工夫をしていきますか。あなたのこれまでの実践にも触れながら，具体的に述べなさい。

## ●方針と分析

(方針)

確かな学力を育成するためには，質の高い知識を身に付けることが重要であることを論じたうえで，身に付ける知識の理解の質の向上を図るために授業の中で，どのような工夫をしていくかについて，具体的に論述する。

(分析)

今回改訂の学習指導要領では，確かな学力を育成するために身に付けさせる資質・能力を，(1)知識及び技能が習得されるようにすること，(2)思考力，判断力，表現力等を育成すること，(3)学びに向かう力，人間性等を涵養することの，三つに整理している。この知識に関わって，小学校学習指導要領解説総則編(平成29年7月)では，「児童が学習の過程を通して個別の知識を学びながら，そうした新たな知識が既得の知識及び技能と関連付けられながら，各教科等で扱う主要な概念を深く理解し，他の学習や生活の場面でも活用できるような確かな知識とし

て習得されるようにしていくことが重要となる」，さらに「教科の特質に応じた学習過程を通して，知識が個別の感じ方や考え方等に応じ，生きて働く概念として習得されることや，新たな学習過程を経験することを通して更新されていくことが重要となる」と述べている。そのうえで，「このように，知識の理解の質を高めることが今回の改訂においては重視されており」としている。

その実現を図るための学びが「主体的・対話的で深い学び」である。言い換えると，本設問は「主体的・対話的で深い学び」を，授業の中でどのように実現するかということでもある。

## ●作成のポイント

序論・本論・結論の3部構成でまとめるのがよい。

序論では，確かな学力を育成するために，質の高い知識を身に付けさせることの重要性を論じ，質の高い知識の理解とはどのような知識の理解なのかを示す。学習指導要領では，「生きて働く知識・技能」という言葉を使っていることに着目したい。

本論は，知識の理解の質を高めるために，どのような取組をしていくか，2つ程度に整理して論述する。その視点は，あなたが専門とする教科で「主体的・対話的で深い学び」を具体化することである。

結論は，本論で取り上げた2つの方策を貫く基本的な考え方などに触れ，知識の理解の質を高め，確かな学力を育成していくという決意を示して，論作文をまとめる。

## ●テーマ

> 　選挙権年齢や成年年齢が18歳に引き下げられることなどを踏まえ，生徒が高等学校在学中に主権者の一人としての自覚を深めていくための学びが求められています。このため，高等学校においては，社会経済の変化を踏まえながら，自己のキャリア形成と関連付けて生涯にわたって学び続けていけるよう，学びに向かう力の育成やキャリア教育の充実を図ることが必要とされています。
> 　生徒一人一人が学びに向かう力を身に付け，自己のキャリアを作り上げていくために，あなたはどのような授業を実践していきたいですか。具体例を示しながら900字程度で述べなさい。

## ●方針と分析

(方針)

　社会的背景やこれからの社会を担っていく生徒に身に付けさせるべき力を踏まえ，将来にわたって学び続ける資質・能力を身に付けさせることの必要性について，整理して述べたうえで，特に「学びに向かう力・人間性」を育成することの重要性について論じる。そのうえで，そうした資質・能力を育成するためにどのように取り組んでいくかについて，具体的に論じる。

(分析)

　生産年齢人口の減少，グローバル化の進展や絶え間ない技術革新等により，社会構造や雇用環境が大きく変化している。その結果，子どもたちが大人になって就くことになる職業についても，現在とは様変わりすることが想定される。そうした社会で生きていく子どもたちは，希望をもって自立的に自分の未来を切り拓いていくために，変化を恐れず，様々な状況に柔軟に対応していく態度と能力を身に付ける必要がある。

　高等学校学習指導要領(平成30年告示)総則には，生徒の発達の支援に関する配慮事項として，「生徒が，学ぶことと自己の将来とのつながりを見通しながら，社会的・職業的自立に向けて必要な基盤となる資質・能力を身に付けていくことができるよう，特別活動を要としつつ各教科・科目等の特質に応じて，キャリア教育の充実を図ること」と示されている。キャリア教育を通して，将来の良き社会人，職業人を育てることが期待されているのである。キャリア教育は進路指導と一体をなす部分もあり，特別活動の領域に含まれる。しかし，道徳科や総合的な探究の時間などを含めて，学校における全ての教育活動を通して推進すると考えることが適切である。単なる進学指導，就職指導としての進路指導ではなく，自分らしく生きるための人間形成を図るためのキャリア教育にしていくことが大切である。

## ●作成のポイント

　序論，本論，結論の三段構成で論じる。

　序論では，社会構造や雇用環境の変化を踏まえ，「社会的・職業的自立に向けて必要な基盤となる資質・能力」を身に付けさせることの重要性を述べる。そのうえで，これまでの進路指導や進学・就職指導と異なるキャリア教育の意味と意義を押さえたうえで，「学びに向かう力・人間性」を育成することの重要性について論じる。

　本論では，あなたが志望する高等学校においてキャリア教育をどのようにして進めていくか，具体的な方策を2～3つに整理して論述する。特に，学びに向かう力・人間性の育成について論じなければならないことは言うまでもない。その際，キャリア教育を通して自分らしく生きる力とともに，将来の良き社会人を育てるという考えを基本に据えることが重要である。

　結論では，キャリア教育の推進に関して本文では触れられなかった視点や，これからの自分自身の研修課題などを含めて論述する。出題内容のキャリア教育に対応させて，自分自身のキャリアアップを図る決意を述べて，論作文を結ぶことも効果的である。

【特別選考Ⅰ(養護教諭)・1次試験】　50分

## ●テーマ

> 　福島県企画調整部統計課発行の「令和元年度学校保健統計(学校保健統計調査報告書)」によると，福島県内の児童生徒の虫歯の被患率(治療済みの者も含む)は，全国との比較でみると，小学校で8.5ポイント，中学校で11.0ポイント上回っており，学校における歯と口の健康づくりを効果的に推進することが求められています。
>
> 　そこで，あなたは養護教諭として，児童生徒の歯と口の健康づくりに，どのように取り組んでいきますか。あなたのこれまでの実践にも触れながら，具体的に述べなさい。

## ●方針と分析

(方針)

　生きる力の一つとして，健康で安全な生活を送るために，歯と口の健康づくりに取り組むことの重要性を述べたうえで，養護教諭としてどのように歯と口の健康づくりに取り組んでいくかについて，具体的に論じる。

(分析)

　中央教育審議会答申「子どもの心身の健康を守り，安全・安心を確保するために学校全体としての取組を進めるための方策について(平成20年1月17日)」では，子どもの健康・安全に関する基本的な考え方として，「生涯にわたり，自らの心身の健康をはぐくみ，安全を確保することのできる基礎的な素養を育成していくことが求められる」ことが示されている。学習指導要領においては，世界保健機構のオタワ憲章において「人々が自らの健康をコントロールし，改善することができるようにするプロセス」として表現されたヘルスプロモーションの考え方を取り入れ，体育・健康に関する指導は「学校の教育活動全体を通じて適切に行うことにより，健康で安全な生活と豊かなスポーツ

ライフの実現を目指した教育の充実に努めること」と示されている。

　歯・口の健康づくりは，健康づくりに関する多くの題材の中で，生活習慣病の学習教材として適している。健康教材の題材としても，鏡を見れば自らが観察できる対象であること，歯が生えることを容易に実体験することができ，生への興味・関心が持ちやすいこと，知識・理解が容易であることなどのことから，有効なものとなっている。

　各学校においては，発達の段階や特別な配慮のあり方を踏まえながら，一貫した歯・口の健康づくりに努める必要がある。学校における歯・口の健康づくりの諸活動は，家庭及び地域の関係機関・団体との密接な連携を推進しながら，各教科，道徳科，総合的な学習の時間，特別活動，課外活動など学校の教育活動全体を通じて，様々な機会をとらえて計画的，組織的に実施する必要がある。その中心となるのが，子どもの健康教育に携わる養護教諭である。

## ●作成のポイント

　序論，本論，結論の三段構成で論じる。

　序論では，自ら健康で安全な生活を送るための重要性について，ヘルスプロモーションの考え方から論述する。そのうえで，歯・口の健康づくりは，健康教育題材として有効であることを指摘する。

　本論では，あなたが志望する校種において，歯・口の健康づくりにどのように取り組んでいくか，具体的な方策を2～3つに整理して論述する。担任や栄養教諭との協力，家庭および地域の関係機関・団体との密接な連携は欠かせない方策となる。

　結論では，本文では触れられなかった視点やこれからの自分自身の研修課題などを含め，子どもたちの歯・口の健康づくりのため努力していくことを述べて，論作文をまとめる。

【小学校・2次試験】

# ●テーマ

　学力向上を支える基礎づくりのひとつとして，家庭学習の質的向上があげられます。あなたは，小学校教員として，このことをどう受け止め，家庭学習の質的向上を図るために，どのような取組をしていきますか。あなたの考えを800字程度で具体的に述べなさい。

# ●方針と分析

(方針)

　子どもたちの学力向上を図るために家庭学習が果たす役割の重要性を論じたうえで，家庭学習の質的向上を図っていくための具体的な方策を論述する。

(分析)

　教育基本法には，「学校，家庭及び地域住民その他の関係者は，教育におけるそれぞれの役割と責任を自覚するとともに，相互の連携及び協力に努めるものとする」と規定されている。学校がその目的を達成するためには，家庭や地域の人々とともに児童を育てていくという視点に立ち，家庭，地域社会との連携を深め，学校内外を通じた児童の生活の充実と活性化を図ることが大切である。

　福島県教育委員会は，子どもの家庭学習の充実に向けて「ふくしまの『家庭学習スタンダード』」というリーフレットを作成し，今後の家庭学習の目指すべき方向性，家庭・地域の関わりや学校の取組などを示している。見開きでは自己マネジメント力を育成する観点から，「学校の取組」「期待する子どもの姿」「家庭・地域の関わり」について例示。裏表紙では家庭学習を充実させるため，家庭・地域における3つの視点と学校の4つの取組を挙げている。学校の取組としては，全教員が共通理解を図って指導することや，地区の小学校同士や小中連携で家庭学習の内容や方法の共通理解を図ること等を求めている。

## ●作成のポイント

　序論・本論・結論の3段落構成でまとめるのがよい。

　序論では，子どもの学力向上のために家庭学習の質的向上が必要であることを論じる。その際，家庭学習の3つの視点として「ふくしまの『家庭学習スタンダード』」が示す「心の支え」「環境づくり」「習慣づくり」の必要性について論及したい。

　本論は，家庭学習の質的向上を図るために，どのような方策をとっていくか，2つ程度に整理して論述する。その視点は，「家庭学習スタンダード」に示されている4つの取組を意識したものにする。1つの方策を250字程度，合計500字程度で論じる。

　結論は，本論で取り上げた方策を貫く基本的な考え方などに触れ，家庭学習の質的向上を図り，確かな学力を保障していくという決意を示して，論作文をまとめる。

【中学校・2次試験】

## ●テーマ

　「日本の特別支援教育の状況について」(令和元年9月25日　文科省)によると，通常の学級に在籍する特別な支援を要する児童生徒数は増加傾向にあります。
　あなたは，学級担任として，一人一人が互いの特性を認め合い，どの生徒も安心して学べる学級づくりのために，どのような取組をしていきますか。あなたの考えを800字程度で具体的に述べなさい。

## ●方針と分析

(方針)

　通常の学級に在籍する，特別な支援が必要な児童生徒が増加している現状において，どの生徒も安心して学べる学級づくりをしていくこ

との重要性と，そのための視点を論じる。そのうえで，どのようにそうした学級づくりを進めていくかについて，具体的な方策を論述する。
(分析)

　令和元(2019)年9月25日，新しい時代の特別支援教育の在り方に関する有識者会議は「日本の特別支援教育の状況について」を取りまとめ，公表した。そこでは，「障害のある子どもについては，障害の状態に応じて，その可能性を最大限に伸ばし，自立と社会参加に必要な力を培うため，一人一人の教育的ニーズを把握し，適切な指導及び必要な支援を行う必要がある」としたうえで，「特別支援教育は，発達障害のある子どもも含めて，障害により特別な支援を必要とする子どもが在籍する全ての学校において実施されるものである」ことを強調している。

　言うまでもなく，特別支援教育は，児童生徒一人一人のニーズに応じて，適切な支援を行う教育である。児童生徒一人一人のニーズは，校種や児童生徒の発達段階，障害の状況によって異なる。また，通常の学級に在籍する「特別な教育的支援を必要とする児童生徒」の数が増えており，それへの対応が課題となっている。中学校ではそれに加え，卒業後の進路の選択などが課題となる。特別支援学校や特別支援学級では，障害の重度・重複化への対応が大きな課題である。こうした課題の解決に向け，適切な環境を整えるとともに，必要な対応をしていくことが重要である。具体的には，一人一人の障害の状況に応じた教育を進めること，積極的に社会に出ていくことを可能にすること，組織的に取り組んでいくこと，保護者や地域の理解を得ることなどが重要である。また，学校として，保護者の考えや思いを受け止めるとともに，必要に応じて医師やカウンセラーといった専門家の力を借りることも重要である。

## ●作成のポイント

　序論・本論・結論の3段落構成でまとめるのがよい。
　序論では，通常の学級に在籍する特別な支援が必要な児童生徒が増

加している現在，インクルーシブ教育の視点に立って，どの児童生徒も安心して学べる学級づくりをしていくことが重要であることを指摘する。

　本論は，そうした学級づくりを進めていくために，学級担任としてどのような取組をしていくかを，具体的に論じる。具体的には，自己有用感や自己肯定感を高めることが重要であり，そのためにユニバーサルデザインによる全体への支援をしていくという視点から，具体的な方策を導き出す。

　結論は，本論で取り上げた方策を貫く基本的な考え方などに触れ，どの生徒も安心して学べる学級づくりに取り組んでいくという決意を示して，論作文をまとめる。

**【高等学校教諭・2次試験】**

# ●テーマ

　文部科学省は，令和3年3月から厚生労働省と連携し，ヤングケアラー※の支援に向けた福祉・介護・医療・教育の連携プロジェクトチームを設置しました。ヤングケアラーの問題を解決するためには，子どもたちの心に寄り添うことに加え，家庭や友人関係を含めた環境へのアプローチが必要であり，学校内外の関係者が，望ましい支援体制を構築した上，それぞれの強みを活かしながら協働することが求められます。

　あなたは，そのような生徒の学級担任となった場合，問題解決のために，どのような役割を果たして他者と協働していきますか。具体的方法を挙げて900字程度で述べなさい。

※18歳未満でありながら，本来大人が担うべき家族の介護や世話をすることで，自らの育ちや教育に影響を及ぼしている子ども

# ●方針と分析

(方針)

　全ての子どもの学ぶ機会が平等に保障されるように，ヤングケアラーに対する支援を充実させることの必要性を論じたうえで，そうした生徒の学級担任になった場合に，どのような取組をしてヤングケアラーの問題に解決に取り組んでいくかを，具体的に述べる。

(分析)

　ヤングケアラーに法令上の定義はないが，一般的に，本来大人が担うと想定されている家事や家族の世話などを日常的に行っている子どもとされている。

　令和3(2021)年5月17日，厚生労働省・文部科学省合同のヤングケアラーの支援に向けた福祉・介護・医療・教育の連携プロジェクトチームの報告書が公表された。それによると，ヤングケアラーは，家庭内のデリケートな問題であることなどから表面化しにくい構造となっており，福祉，介護，医療，教育等，関係機関が連携し，ヤングケアラーを早期に発見して適切な支援につなげることが必要であるとしている。

　具体的には，福祉・介護・医療・教育等関係機関，専門職やボランティア等へのヤングケアラーに関する研修・学ぶ機会を推進するとともに，地方自治体における現状把握を推進して，早期発見・把握に努めることを提言している。そのうえで，悩み相談支援，関係機関連携支援といった支援策を推進すべきであるとしている。学校教育に対しては，スクールソーシャルワーカー等の配置支援，民間を活用した学習支援事業と学校との情報交換や連携の促進などを提言している。

　教師としての対応に関しては，日頃から子どもや保護者と信頼関係を構築する努力，観察力・洞察力を磨く努力，カウンセリングマインドなどに触れて述べると効果的である。論述に当たっては，字数の許す限りできるだけ具体例を挙げ，分かりやすく説得力をもって述べることが肝要である。

## ●作成のポイント

序論・本論・結論の3段落構成でまとめるのがよい。

序論では，家庭内のデリケートな問題であることなどから，表面化しにくいヤングケアラーの問題に，教育の分野から関わることの重要性を論じる。その視点は，全ての子どもの学ぶ機会が平等に保障されるようにすることである。

本論は，この問題に教育関係者としてどのように対応していくか，2つ程度の方策に整理して論述する。スクールソーシャルワーカー等と連携した生活支援，民間を活用した学習支援などが考えられる。1つの方策を250字程度，合計500字程度で論述する。

結論は，本論で取り上げた2つの方策を貫く基本的な考え方などに触れ，ヤングケアラーの学びと生活を保障していくという決意を示して，論作文をまとめる。

**【高等学校教諭・2次試験】**

## ●テーマ

「学習指導」と「学習評価」は学校の教育活動の根幹であり，教育課程に基づいて組織的かつ計画的に教育活動の質の向上を図る「カリキュラム・マネジメント」の中核的な役割を担っています。

生徒の学習改善及び教師の指導改善につながるものにしていくため，学校において，どのように組織的かつ計画的な「カリキュラム・マネジメント」を推進し，学習評価の改善に取り組むことが必要だと考えますか。具体的方法を示しながら，あなたの考えを900字程度で述べなさい。

## ●方針と分析

(方針)

　学習指導と学習評価は一体のものであり，教育活動の充実を図るためには学習評価を充実させることが不可欠である。そのために，カリキュラム・マネジメントの考え方に立って，子どもの学習改善や教師の指導改善につながる評価にしていくことの重要性を論じる。そのうえで，どのように組織的なカリキュラム・マネジメントに取り組んでいくかについて，具体的に論述する。

(分析)

　平成31(2019)年1月，中央教育審議会初等中等教育分科会教育課程部会は「児童生徒の学習評価の在り方について(報告)」を取りまとめ，公表した。この報告は，学習指導要領の全面改訂に伴う評価の在り方を示したものである。

　本報告における学習評価の基本的な考え方において，テーマにある「学習指導」と「学習評価」がカリキュラム・マネジメントの中核的役割を担うことが示されている。

　小学校学習指導要領(平成29年告示)総則では，カリキュラム・マネジメントについて，「児童や学校，地域の実態を適切に把握し，教育の目的や目標の実現に必要な教育の内容等を教科等横断的な視点で組み立てていくこと，教育課程の実施状況を評価してその改善を図っていくこと，教育課程の実施に必要な人的又は物的な体制を確保するとともにその改善を図っていくことなどを通して，教育課程に基づき組織的かつ計画的に各学校の教育活動の質の向上を図っていくこと」として，今回の改訂で新たに示している。各学校においては，学習の基盤となる資質・能力や諸課題に対応して求められる資質・能力の育成のため，「主体的・対話的で深い学び」の実現に向けた授業改善等を求めており，示されたカリキュラム・マネジメントは，それらの取組を実現するためのものであると言える。

　こうした内容を踏まえ，組織的かつ計画的な「カリキュラム・マネジメント」を推進し，学習評価の改善にどのように取り組むかについて，論述することが必要である。

## ●作成のポイント

　序論・本論・結論の3段落構成でまとめるのがよい。

　序論では，学習指導と学習評価は一体のものであり，教育活動の充実を図るためには学習評価を充実させることが不可欠であり，カリキュラム・マネジメントの考え方に立って，子どもの学習改善や教師の指導改善につながる評価にしていくことの重要性を論じる。

　本論では，カリキュラム・マネジメントの考え方に立って，どのように学習評価の改善に取り組んでいくか，2つ程度の方策に整理して論述する。評価の観点や方法の事前の共有，評価結果のフィードバックの方法の工夫などが，具体的な視点として考えられる。

　結論は，本論で取り上げた2つの方策を貫く基本的な考え方などに触れ，学習評価の改善に組織的に取り組んでいく決意を示して，論作文をまとめる。

**【特別支援学校教諭・2次試験】　50分　900字以内**

## ●テーマ

　障がい者のライフステージ全体を豊かにするためには，障がいのある児童生徒に対して学校教育段階から将来を見据えた教育活動の充実を図ることが必要と言われています。

　あなたは，特別支援学校の教員として，「生涯を通じた多様な学習活動の充実」を図るために，どのようなことを大切にして日々の指導に取り組んでいくのか，「令和3年度学校教育指導の重点」(福島県教育委員会版)を踏まえ，任意の指導場面を想定し記述しなさい。

## ●方針と分析

　(方針)

　障がいのある児童生徒に対して，学校教育段階から生涯を見据えた

教育活動を充実させていくことの重要性を論じたうえで，特別支援学校の教員としてどのような指導に取り組んでいくかについて，具体的に述べる。

(分析)

　特別支援教育においては，就学前から学齢期，社会参加までの切れ目ない支援の充実が求められている。それは，一人一人の教育的ニーズに対応した指導であり，一人一人の障害の状態及び発達段階や障害の特性に応じた専門性の高い教育である。保護者の我が子にかかわる願いや関心は，これまで以上に高まっている。それは，特別支援教育の指導内容や指導方法に対する改善要求の増加という形になって表れている。また，インフォームドコンセントの精神を基盤に，子どもの教育についての保護者のニーズを指導に反映していくことが必要である。一人一人の教育的ニーズに対応した指導は，「個に応じた指導の充実」「家庭との連携の推進」「生きる力の育成」というテーマにつながり，小学部，中学部，高等部と切れ目のない支援に結びつく。これらを，特別支援学校の教育活動としてどのように具現化していくかという考え方，具体的な方策が求められている。

　福島県教育委員会「令和3年度指導の重点」では，特別支援教育に関して「地域で共に学び，共に生きる教育」の推進を基本理念として掲げている。「生涯を通じた多様な学習活動の充実」は，特別支援学校における重点指導の一つである「職業教育の充実」の1項目として示されている。具体的には，「各教科等の教育活動全体を通じて生涯学習への意欲を高めるとともに，地域の社会教育施設等における様々な学習機会に関する情報提供を行うなど，社会教育との連携を図った教育活動を推進する」ことが記述されている。

　こうした内容を踏まえ，組織的かつ計画的な「カリキュラム・マネジメント」を推進し，イメージしやすい指導場面を想定して，論述することが必要である。

## ●作成のポイント

　序論・本論・結論の3段落構成でまとめるのがよい。

　序論では，障がいのある児童生徒に学校教育段階から生涯を見据えた教育活動を充実させていくことの重要性を論じる。その際，福島県教育委員会が指導の重点で強調している「地域で共に学び，共に生きる教育」の実現という考え方に立つことが必要である。

　本論では，序論で述べた考え方を踏まえ，どのような教育活動に取り組んでいくか，2つ程度の方策に整理して論述する。生涯学習への意欲を高める指導の工夫や社会教育との連携を図った教育活動の推進等が具体的な視点となる。個別の教育支援計画の活用，合理的配慮，交流及び共同学習の推進などの視点を組み込むことも考えられる。

　結論は，本論で取り上げた2つの方策を貫く基本的な考え方などに触れ，特別支援教育の充実に取り組んでいく決意を示して，論作文をまとめる。

【養護教諭・2次試験】　50分　800字以内

## ●テーマ

> 　養護教諭は，健康相談や健康状態の日常的な観察により，身体的な不調やいじめ，不登校などの心の健康問題のサインにいち早く気付くことができる立場にあります。
> 　あなたは，養護教諭として，このことをどう受け止め，どのような取組をしていきますか。あなたの考えを800字程度で述べなさい。

## ●方針と分析

（方針）

　他の職種にはない養護教諭の職務の特質を生かした児童虐待やいじめ，不登校などの心の健康問題に関わるサインの早期発見のための視

点や方法，養護教諭が果たすべき役割の重要性を整理して述べたうえ
で，どのように取り組んでいくかについて，具体的に論じる。
(分析)
　平成20(2008)年の中央教育審議会答申「子どもの心身の健康を守り，
安全・安心を確保するために学校全体としての取組を進めるための方
策について」では，養護教諭の役割について，「深刻化する子どもの
現代的な健康課題の解決に向けて，学級担任や教科担任等と連携し，
養護教諭の有する知識や技能などの専門性を保健教育に活用すること
がより求められていることから，学級活動などにおける保健指導はも
とより，専門性を生かし，ティーム・ティーチングや保健の領域にか
かわる授業を行うなど，養護教諭の保健教育に果たす役割が増してい
る」と記述されている。
　深刻化するいじめや不登校，自傷・自死に至ってしまう現状などは，
子どもの心が健康な発達をしていないことに起因している。その根本
的な原因は，学校や家庭等での人間関係にある。
　養護教諭は，その職務の性質上学業の成績とは直接関わることはな
く，子どもが心を開放して自らの悩みなどを相談しやすい環境をつく
ることが可能である。また，身体を直接観察できる機会も多く，身体
の痣や傷の様子，栄養状況などから，虐待の兆候を発見しやすい立場
にある。そうした兆候を発見した場合は，迅速に管理職に報告し，組
織的な対応につなげていくことが必要である。
　養護教諭は，そうした職務の特性を生かして，心の健康に問題を抱
えた子どもにとっての学級とは異なる居場所の提供に努めるととも
に，一人一人の子どもに関わる様々な情報の収集と提供，担任教諭と
は異なる視点からの指導・助言などに努めることが求められている。
また，当人はもとより保護者も含めた，教育相談的手法を活用した相
談機能を充実させることも必要である。

## ●作成のポイント

　序論，本論，結論の3段落構成で論じる。

　序論では，子どもの心身の健康管理を担う養護教諭は，その職務の特性を生かして一人一人の子どもの心身の健康に関わる，様々な情報の収集と提供に努めなければならないことを指摘する。そのうえで，そうした子どものサインを見逃さず，いじめや虐待などの兆候の早期発見のための視点や方法を整理して述べる。

　本論では，そうした基本的な考え方に立って，養護教諭としてとるべき具体的な方策について，2つ程度に整理して論述する。この2つは，異なる視点から述べ，様々な対応策をもっていることを示すことが重要である。また，小学生，中学生，高校生では発達段階が異なり，その具体的な方策も異なってくる。したがって，どの校種を想定するのかを特定し，発達段階に即した論述にすることも考えられる。

　結論では，子どもの心身の健康問題をもう一度俯瞰的に捉え，本論で述べられなかった方策や自分自身の研修課題なども含めて，いじめや虐待などの早期発見と早期解決を図っていくことに努力するという決意を述べ，論作文をまとめる。

## 2021年度　論作文実施問題

【特別選考Ⅰ(小・中学校)・1次試験】　50分

## ●テーマ

　小学校では平成30年度から，中学校では平成31年度から，新学習指導要領(平成29年3月告示)に基づく道徳科の授業が全面実施されており，よりよく生きるための基盤となる道徳性を養うことが重要視されています。

　そこで，あなたは，このことをどのように受け止め，道徳的な判断力，心情，実践意欲と態度を育てる道徳科の授業づくりのために，どのように取り組んでいきますか。あなたのこれまでの実践にも触れながら，具体的に述べなさい。

## ●方針と分析

(方針)

　よりよく生きるための基礎となる道徳性を養う道徳科を重視することについて，受験者が考えたことを述べる。次に，道徳的な判断力，心情，実践意欲と態度を育てる授業づくりへの取り組みにつき，自身の指導経験を示しながら，具体的に説明する。

(分析)

　道徳に関する資料は文部科学省等にもあるが，ここでおさえておきたい資料は「道徳の礎」(福島県教育委員会)であろう。本資料では道徳教育を充実させるための方策や授業の実践例などが豊富に示されているので，自身の経験を踏まえながら考えるとよい。例えば，本資料では問題解決的な学習など多様な方法を取り入れた指導例として「問題解決的な学習の工夫」「道徳的行為に関する体験的な学習を取り入

れる工夫」「特別活動等の多様な実践活動等を生かす工夫」をあげている。これらは，学習指導要領でも示されているが，ここでは表形式まとめられているので理解しやすいと思われる。

　そもそも道徳とは，規範意識や社会において当然のこととして要求される善悪の区別の理解をもとにしながら，他者との関わりの中で自己を見つめ，客観的に考えを深めていくことである。では，義務教育課程の子供たちに対しては，道徳科の学びがなぜ重要か。生命を尊重する心，他者を思いやる心などを体系的に学べること，教科という系統的・発展的な指導が可能になるために，いじめ防止に繋がる期待が大きくなることなどがある。こうした中で，児童生徒に明確に考えさせる取り組みは何かをまとめていきたい。

## ●作成のポイント

　論文形式で解答する必要があるので，ここでは序論・本論・結論で考える。なお，解答用紙はマス目ではなく行形式なので，文字量の調整がある程度可能である。ただし，採点者が見やすい文字の大きさ，文字間を確保すること。

　序論では，取り組みの概略について述べる。このようなテーマでは先に具体的内容に入る構成が，採点者に伝わると思われる。文字量は14行を目安とする。

　本論では，序論の内容を受け，そこに至った理由などをまとめる。自身の経験，特に失敗経験がある人は，内容と反省点をまとめると説得力が増すだろう。文字量は10行を目安とする。内容的には序論と本論をまとめて示すこともできるので，あわせて書くことも考えられる。

　結論では，道徳科の趣旨である，児童生徒が主体的に「多面的・多角的に考える」「自己を見つめる」ことができるようになる授業への決意を示そう。文字量は3行を目安とする。

【特別選考Ⅰ(高等学校)・1次試験】　50分

## ●テーマ

　　新しい時代に対応した高等学校教育の在り方として，いわゆる文系・理系の類型に関わらず学習指導要領に定められた様々な科目をバランスよく学ぶことや，STEAM教育※の推進が指摘されています。
　　これらを踏まえて，あなたは本県の職員として，どのような教育を実現したいと考えていますか。具体例を示しながら900字程度で述べなさい。
※Science，Technology，Engineering，Art，Mathematics等の各教科での学習を実社会での課題解決に生かしていくための教科横断的な教育。

## ●方針と分析

(方針)
　　新しい時代に対応した高等教育の在り方について考えていく。このとき，学習指導要領に定められた様々な科目をバランスよく学ぶことやSTEAM教育の推進が指摘されることを踏まえて，福島県の教員として実現したい教育につき，900字以内で説明する。
(分析)
　　まず，バランスよく学習することについて，「新時代に対応した高等学校教育の在り方(これまでの議論を踏まえた論点整理)」(文部科学省)では「普通科においては，多くの生徒がいわゆる文系・理系に分かれ，2年次以降，特定の教科について十分に学習しない傾向があるとの指摘があるが，専門学科及び総合学科も含め，大学への入学や就職等の高等学校の「出口」のみを目標とした学習ではなく，卒業後の大学等において学びを深めたり，実社会で様々な課題に接したりする際に必要となる力を身に付けるための学習が高等学校教育の全体を通じて行われなければならない」としている。

そして，STEAM教育については，文部科学省資料で「国は，幅広い分野で新しい価値を提供できる人材を養成することができるよう，初等中等教育段階においては，STEAM教育を推進するため，「総合的な学習の時間」や「総合的な探究の時間」，「理数探究」等における問題発見・解決的な学習活動の充実を図る」としている。なお，前者の資料については普通科に限定しているように見えるが，高等学校の生徒の約7割が普通科の生徒であり，また人間としての成長という長期的視点を考慮するならば，バランスよく学習することは，すべての高校生に該当するといえるだろう。高等学校が大学入学，就職のための学校ではなく，思春期における人間形成の場として機能するよう示されたものと考えられる。これらを踏まえ，論文を考えるとよいだろう。

## ●作成のポイント

論文なので，ここでは序論・本論・結論の三部構成で考えることにする。

序論では，バランスよく学習することについて述べる。分析で述べた資料等を踏まえ，知識が偏らないようにすることのメリットなどを展開するとよいだろう。文字数は100字程度を目安とする。

本論では，実現したい教育について述べる。設問では「具体例を示しながら」とあるので総合的な探究の時間を中心に，余裕があれば自身の担当する教科を題材として示すことも考えられる。文字数は650字程度を目安とする。

結論では序論・本論を踏まえ，高校生の主体的な学びの意欲を高めることへの決意，全人的な発達を目指す学びを具現化することへの意欲などを述べるとよいだろう。文字数は150字程度を目安とする。

【特別選考Ⅰ(養護教諭)・1次試験】 50分

# ●テーマ

> 福島県企画調整部統計課発行の「令和元年度学校保健統計(学校保健統計調査報告書)」によると、福島県内の児童生徒の裸眼視力1.0未満の者の割合は、全国との比較でみると、小学校で1.9ポイント、中学校で5.3ポイント上回っています。
>
> そこで、あなたは養護教諭として、この課題をどう受け止め、児童生徒の視力低下の予防のために、どのように取り組んでいきますか。あなたのこれまでの実践にも触れながら、具体的に述べなさい。

# ●方針と分析

(方針)

　福島県内の小中学校の児童生徒が、裸眼視力が全国平均よりも低い現状を踏まえて、視力低下予防への取り組みを説明する。

(分析)

　視力低下の要因はさまざまあるが、現代における大きな要因の一つとしてパソコンのディスプレイやスマートフォンをみている時間が多くなっていることがあげられる。児童生徒の中には、これらの要因を「ゲームのやりすぎ、テレビの見すぎ」として、自覚するものもいることから注意すべきであろう。特に近年では、新型コロナウイルスの影響による外出自粛等の影響で、家にいる機会が多くなっていること、学習塾でオンラインを採用しているところもあることを踏まえて考えていきたい。

　また、養護教諭として可能性を考慮したいのが心因性視力障害、つまり心理的ストレスと視力障害の関連性であろう。日常生活でのストレスはもちろん、東日本大震災から10年が経過するが、小学校高学年以降の児童生徒は物心がついている年齢であり、大規模な地震が今も起きていることは考慮に入れるべきだろう。これらの可能性を踏まえて、考えるとよい。

## ●作成のポイント

　論文なので，ここでは序論・本論・結論で考えることにする。なお，解答用紙はマス目ではなく行形式なので，文字量の調整がある程度可能である。ただし，採点者が見やすい文字の大きさ，文字間を確保すること。

　序論では，自身が考える視力低下の要因について述べる。本論で述べる取組は一点に絞ったほうがよいが，さまざまな可能性を考慮することは知識が十分であること等のアピールにもつながる。文字量は8行を目安とする。

　本論では，要因の一つについて，取組を述べる。書く際はいつ，どんなときに，何をといった，いわゆる「5W1H」を意識するとよいだろう。また，他の要因と関連するものであれば，それを示すことで，より効果的な取組であることを採点者にアピールすることもできるだろう。文字量は16行を目安とする。

　結論では，序論・本論の内容を受け，児童生徒の健康的な生活の実現に貢献するといった意志を述べ，論文をしめることが考えられる。文字量は3行を目安とする。

【小学校・2次試験】

## ●テーマ

　令和2年度から全面実施となった小学校学習指導要領(平成29年3月告示)では，第3・4学年で「外国語活動」，第5・6学年で「外国語科」が新設され，外国語で多様な人々とコミュニケーションを図る基礎的な力の育成が求められています。

　あなたは，このことをどう受け止め，「外国語活動」や「外国語科」の授業を行う上で，どのような取組をしていきますか。あなたの考えを800字程度で具体的に述べなさい。

# ●方針と分析

(方針)

　「外国語活動」や「外国語」の目標の中でコミュニケーションを図る素地・基礎となる資質・能力を育成するための授業を行う上で，求められる取組について説明する。

(分析)

　今回の学習指導要領改訂で新設された外国語科と従来の外国語活動との相違点が整理できているかが問われるだろう。

　文部科学省の「小学校外国語活動・外国語研修ガイドブック」によると，外国語活動は「外国語を用いたコミュニケーションを図る素地となる資質・能力の育成」をねらいとしており，外国語科は，外国語活動で学習した内容に加え，言語活動を通して，文や文構造への理解を図ることも求められる。つまり，外国語活動は「聞くこと」「話すこと［やり取り］」「話すこと［発表］」の３領域に力点があり，外国語科は「聞くこと」「読むこと」「話すこと［やり取り］」「話すこと［発表］」「書くこと」の５領域をバランスよく学習する。これらを踏まえ，授業の取り組みを考えるとよい。

　上述の資料では具体的な活動例も示されているので，参照するとよいだろう。

# ●作成のポイント

　論文なので，ここでは序論・本論・結論の三部構成で考えることにする。

　序論では，外国語活動では「聞くこと」と「話すこと」，外国語科では「読むこと」と「書くこと」が加わる点を確認する。文字数は150字を目安とする。

　本論では，外国語活動と外国語において，それぞれ求められる取組について説明する。前者では，視聴覚に訴えた授業内容の工夫を述べたい。英語の音声に十分触れること，十分な時間を経てから実際に使ってみる場面をつくることの重要性を述べるとよいだろう。このとき，

英語に初めて触れる児童が多いことに留意する点も述べる。後者では，読み書きが加わるため，自分のことと学校生活の関わり，日付や時刻・値段など日常生活に関する身近で簡単な内容，友達や家族など，他者との関連を前提にする内容が増えてくる。単純な文字の書写や表現の暗記など学習意欲を削ぐような指導を避けること，視聴覚に訴える指導を生かし，慣れ親しんだ表現の活用法に注力した指導の重要性を述べるとよい。文字数は500字を目安とする。

　結論では，外国語活動や外国語の目標の中でコミュニケーションを図る素地・基礎となる資質・能力を育成するのは言語活動を通してのものである点を再確認したい。文字数は150字を目安とする。

【中学校・2次試験】

# ●テーマ

　令和3年度から完全実施となる中学校学習指導要領(平成29年3月告示)では，「情報活用能力」が学習の基盤となる資質・能力と位置付けられ，教科等横断的にその育成を図ることが求められています。
　あなたは，このことをどう受け止め，生徒の「情報活用能力」を育成するために，どのような取組をしていきますか。あなたの考えを800字程度で具体的に述べなさい。

# ●方針と分析

(方針)
　教科等横断的に「情報活用能力」を育成するために，授業の中でどのような取組をしたいのかについて，説明する。
(分析)
　中学校学習指導要領解説(総則編)によると，情報活用能力とは「世の中の様々な事象を情報とその結び付きとして捉え，情報及び情報技

術を適切かつ効果的に活用して，問題を発見・解決したり，自分の考えを形成したりしていくために必要な資質・能力」であり，具体例として，「学習活動において必要に応じてコンピュータ等の情報手段を適切に用いて情報を得る力」「情報を整理・比較する力」「得られた情報を分かりやすく発信・伝達する力」「必要に応じて保存・共有できる力」などをあげている。さらに，このような学習活動を遂行する上で必要となる情報手段の基本的な操作の習得，プログラミング的思考，情報モラル等に関する資質・能力等も含まれる。情報活用能力の育成について，中学校では技術・家庭科(技術分野)においてプログラミング，情報セキュリティに関する内容を充実するとしているが，「各教科等の特質に応じて適切な学習場面で育成を図ることが重要」とも示されている。

　自身の受験する科目において「情報活用能力」をどう育成するのか，言語活動の充実等と関連させながら考えるとよいだろう。

## ●作成のポイント

　論文なので，ここでは序論・本論・結論の三部構成で考える。

　序論では，将来の予測が難しい社会において，生徒が情報を主体的に捉えながら，何が重要かを主体的に考え，得た情報を活用できるようにするという，情報活用能力の目的について書く。文字数は150字を目安にする。

　本論では，情報活用能力を，どのように育成するのかを具体的に論述する。上述の通り，言語活動の充実や数学的な見方・考え方を通して，どのように取り組むのかを考えていきたい。文字数は550字を目安にする。

　結論では，序論・本論の内容を踏まえ，学習意欲をより高めていく工夫の重要性を述べ，まとめとする。文字数は100字を目安にする。

【養護教諭・2次試験】

# ●テーマ

新型コロナウイルス感染症拡大防止のために，断続的な臨時休業が余儀なくされました。また，日常の学校生活と家庭生活が一変し，今後児童生徒にもたらされる健康への影響が心配されます。

あなたは，養護教諭として，このことをどう受け止め，どのような取組をしていきますか。あなたの考えを800字程度で述べなさい。

# ●方針と分析

(方針)

断続的な休校措置による児童生徒への健康の影響について，受験者の考えを述べる。次に，そこから考えたことを踏まえて，具体的な取組を説明する。

(分析)

断続的かつ長期の休校措置を経て，学校が再開した場合に顕在化する問題について，受験者が考察できるかどうかを問う設問だと思われる。文部科学省の「新型コロナウイルス感染症に対応した小学校，中学校，高等学校及び特別支援学校等における教育活動の再開後の児童生徒に対する生徒指導上の留意事項について」を参照してみよう。典型例は，長期の在宅で生活リズム(睡眠や食生活を含む)が乱れたことによる身体的な影響である。このほか，自宅学習の遅れによる学習面の不安や進学・進路への不安，規則的な登校への不安，楽しみにしていた学校行事の削減による気分の落ち込みといった心理的な影響も懸念される。また，保護者の収入が減ったことによる家庭の経済状況の変化，長期の外出自粛による家庭内の不和といった家庭に係る状況の悪化が，心身に影響する可能性もある。以上のように，学校再開後を見据えた内容を中心に，まとめていこう。

## ●作成のポイント

　論文形式で解答する必要があるので，ここでは序論・本論・結論で考える。

　序論では，学校再開後に顕在化する問題としては心身両面考えられることを述べる。文字数は100字を目安にする。

　本論では，身体的な影響，心理的な影響に分けて，それぞれ必要な取り組みを説明する。身体的な影響については，睡眠時間や食生活の乱れに触れ，その建て直しについて，児童生徒を支援していく必要性を述べてみよう。また，貧困家庭の児童生徒に対しては栄養不良がないかどうかをチェックすることなどを述べる。心理的な影響については，学習面や登校すること自体への不安があることを踏まえて，個別指導機会の充実，保健室登校の容認などを視野に入れた対応などを述べていこう。文字数は600字を目安にする。

　結論では，管理職や担任教員も含めた，学校全体としての支援体制づくりに尽力する意欲を示すとよいだろう。文字数は100字を目安にする。

## 2020年度　論作文実施問題

【特別選考Ⅰ(小・中学校)・1次試験】　50分

## ●テーマ

平成29年度に文部科学省が実施した調査によると，いじめの認知件数は約41万4千件と過去最多であり，また，いじめを背景とした自殺等の重大事態も後を絶ちません。

そこで，あなたは担任として，このことをどのように受け止め，いじめのない学級をつくるために，どのように取り組んでいきますか。あなたのこれまでの実践にも触れながら，具体的に述べなさい。

## ●方針と分析

(方針)

いじめは，いつでもどこでも起きる可能性があるという基本的な考え方に立って，いじめを防止していくことの重要性を述べる。そのうえで，これまでの経験も踏まえて，いじめ防止に取り組む具体的な方策を論じる。

(分析)

いじめの問題は，社会的な注目を集めており，平成25(2013)年9月に「いじめ防止対策推進法」が施行された。しかし，いじめは一向に減少の気配を見せず，平成30(2018)年度に認知されたいじめ件数が前年度から約13万件増加し，54万3933件と過去最多を更新した(文部科学省調査)。また，心身に大きな被害を受けるなどの「重大事態」の件数も602件と，過去最多となっており，福島県でも「福島県いじめ防止基本方針」を策定しているほか，福島県のホームページでは，いじめ・不登校・教育相談(SC・SSW)関係についての情報を随時更新しており，その取り組みの強化を図っている。

　いじめが起こる原因については，多くの人が様々な立場から様々な見方や考え方を述べているが，論述にあたっては，それらはいったんリセットして，教育者としてこの問題の原因をどう捉えるのか，あなた自身の考え方を整理しておくことが必要である。

　解答にあたっては，いじめ問題をどのように考えるのか，あなたの考え方をしっかり論述することが大事である。いじめは「子どもの基本的な人権を否定する行為」であり，単なる「いけない行為である」という論述では不十分である。いじめの原因として，「いじめられる方にも問題がある」という考え方については，いじめられてよい理由が存在するかという問いかけに向き合うことが必要である。いじめの根本的な原因は，子どもたちを取り巻く社会の変化にあると捉えるとともに，あくまでもいじめられた側に立って，教育者として「いじめられた者を守り抜く」という強い姿勢を示すことが必要である。

## ●作成のポイント

　序論，本論，結論の三段構成で論じるとよい。

　序論で，いじめは子どもの基本的人権を侵害する行為であり，絶対にあってはならないことを述べる。その際，「いじめ防止対策推進法」に触れるようにする。そのうえで，いじめの原因について，いじめの本質的な原因は子どもの心の在り方にあることを指摘する。

　本論では，いじめの問題にどのように対応していくか，具体的な方策を2つから3つに整理して論述する。いじめの未然防止，早期発見，早期対応などの視点が考えられる。特に，いじめを防止するための方策としては，「道徳教育の充実」「より良い人間関係の構築」「支持的風土のある学級づくり」「いじめに負けない強い心の育成」など，幅広く考えられる。受験する校種に応じて，自分自身の経験に基づいた具体的な方策を論述することが重要である。

　結論は，本論では取り上げられなかった視点を含め，いじめのない学級づくり，集団づくりを進めるという強い決意を述べて論作文をまとめる。

## 【特別選考Ⅰ(高等学校)・1次試験】　50分

# ●テーマ

　生徒が主体的に問題を発見し解決を見いだしていく能動的学習(アクティブ・ラーニング)の教育方法として，問題解決型学習(Problem Based Learning)が注目されている。授業にPBLを取り入れた際の工夫や指導方法を具体的に記述し，アクティブ・ラーニングによって，生徒にどのような力を身に付けさせることができるか。900字程度で述べなさい。

# ●方針と分析

(方針)

　新学習指導要領の趣旨を踏まえ，授業に問題解決型学習を取り入れることの必要性とその基本的な考え方や具体的な指導方法を示す。そのうえで，実際にどのように問題解決型の学習に取り組み，どのような力を身に付けさせていくかについて論じる。

(分析)

　変化の激しい現代社会において，学校教育に対しては，そうした社会を主体的に生きていく力を育成することが求められている。そのための学習方法として注目されているのが設問の問題解決型学習である。

　問題解決型学習とは，児童一人一人が自らの問題意識をもち，学習問題に対しての見通しを立て，それに従って必要な情報を収集し，それらを活用して問題を解決していく一連の学習活動である。アクティブ・ラーニングは，新学習指導要領で重視している「主体的・対話的で深い学び」を実現するための視点である。その「主体的・対話的で深い学び」の基本となる学習課程が，この問題解決型学習である。新学習指導要領の解説では，「主体的・対話的で深い学び」における思考・判断・表現の過程として次の3つが示されている。

①　物事の中から問題を見いだし，その問題を定義し解決の方向性を決定し，解決方法を探して計画を立て，結果を予測しながら実行し，振り返って次の問題発見・解決につなげていく過程

②　精査した情報を基に自分の考えを形成し，文章や発話によって表現したり，目的や場面，状況等に応じて互いの考えを適切に伝え合い，多様な考えを理解したり，集団としての考えを形成したりしていく過程

③　思いや考えを基に構想し，意味や価値を創造していく過程

こうしたことから，新学習指導要領において問題解決型学習の重要性が指摘されていることがわかる。

## ●作成のポイント

序論，本論，結論の三段構成で論じる。

序論では，まず，新学習指導要領の趣旨を踏まえ，授業に問題解決型学習を取り入れることの必要性とその基本的な考え方や具体的な指導方法を示す。今回の学習指導要領の改訂で強調されている「主体的・対話的で深い学び」に関わって示されている思考・判断・表現の過程を踏まえて論述することが重要である。

本論では，実際にどのように問題解決型の学習に取り組み，どのような力を身に付けさせていくか，2つ程度の学習場面を取り上げて述べる。そこで身に付けさせる力の中心は，思考力・判断力・表現力等であることを外すことはできないであろう。

結論では，問題解決型学習の実現を通して変化の激しいこれからの社会を主体的に生きていく力を育成するという決意を述べて論作文をまとめる。

【特別選考Ⅰ(養護教諭)・1次試験】　50分

## ●テーマ

　児童虐待が全国的な社会問題として大きく取り上げられ，その中で教職員は，児童虐待を発見しやすい立場にあることを深く自覚し，児童虐待の早期発見に努めることが求められています。
　あなたは養護教諭として，児童虐待への対応にどのように取り組みますか。あなたのこれまでの実践にも触れながら，具体的に述べなさい。

## ●方針と分析

(方針)

　養護教諭の職務の特質を生かした児童虐待の早期発見のための視点や方法，養護教諭が果たすべき役割の重要性を整理して述べたうえで，児童虐待へどのように対応していくかについて具体的に論じる。

(分析)

　児童虐待の防止等に関する法律(児童虐待防止法)では，児童虐待について，身体的虐待，性的虐待，ネグレクト，心理的虐待の4つの分類で定義している。その中で最も多いのは身体的虐待であるが，厚生労働省の『子ども虐待対応の手引き』では，身体的虐待について「外傷とは打撲傷,あざ(内出血)，骨折，頭蓋内出血などの頭部外傷，内臓損傷，刺傷，たばこなどによる火傷など」と，具体例を挙げて解説している。また，近年の家庭環境の変化に伴って，食事や衣服の世話を怠るなどのネグレクトも増えてきている。

　養護教諭は，その職務の性質上，児童の身体を直接観察できる機会が多く，身体のあざや傷の様子，栄養状況などから，虐待のサインを発見しやすい立場にある。そうしたサインを発見した場合は，迅速に管理職に報告し，組織的な対応につなげていくことが必要である。

## ●作成のポイント

　序論，本論，結論の三段構成で論じる。

　序論では，児童虐待防止法などの定義を基に児童虐待を防止することの重要性を論じ，そのために学校が果たすべき役割は大きいことを主張する，そのうえで，養護教諭は児童虐待のサインを発見しやすい職務に当たっていることを指摘し，早期発見のための視点や方法を整理して述べる。

　本論では，児童虐待の問題にどのように対応していくか論じることになる。その基本は，養護教諭の職務の特質を生かして，虐待の兆候の早期発見・早期対応につなげていくことである。虐待の兆候が発見されたら，迅速に管理職に報告し，組織的な対応につなげていくことが重要である。報告に当たっては，過去に遡って身体のあざや傷の状況，栄養状況などを正確に記録することの必要性を論じる。そのために，健康診断の記録，健康観察票などを整備しておくことの重要性についても論及したい。

　結論では，児童虐待の早期発見，早期対応に資するための養護教諭としての基本的な考え方を述べたうえで，本論で述べられなかった方策，自分自身の研修課題などを含めて，養護教諭の役割を果たしていく決意を述べてまとめとする。

【小学校・2次試験】　50分

## ●テーマ

> 平成31年度全国学力・学習状況調査の福島県の結果を見ると,「習得・活用及び探究の学習過程を見通した指導改善や工夫が見られる学校の割合」が大きく減少するなど, 授業改善をさらに進める必要があります。
>
> あなたは,「主体的・対話的で深い学び」の実現に向け, 授業の中でどのような取組をしていきますか。あなたの考えを800字程度で述べなさい。

## ●方針と分析

(方針)

「主体的・対話的で深い学び」とはどのような学びなのかを整理して述べたうえで, なぜ, そうした学びが求められているのか, 社会的背景やこれからの社会を担っていく児童生徒たちに身に付けさせるべき力を中心に論じる。そのうえで, そうした学びをどのように実現していくのかについて具体的に述べる。

(分析)

文部科学省は,「主体的・対話的で深い学び」とは, 教育のプロセスを通じて, 基礎的な知識・技能を習得するとともに, 実社会や実生活の中でそれらを活用しながら, 自ら課題を発見し, その解決に向けて主体的・協働的に探究し, 学びの成果等を表現し, 更に実践に生かしていけるようにすることが重要であるという視点である。「主体的な学び」,「対話的な学び」,「深い学び」の視点は, 各教科等における優れた授業改善等の取組に共通し, かつ普遍的な要素である, と説明している。

主体的・対話的で深い学びの実現に向けた授業改善については, 改訂された学習指導要領において, 資質・能力を育成する三つの柱をは

じめとして，言語能力，情報活用能力，問題発見・解決能力等の充実が示されている。

　こうした学びを実現するためには，教師としての深い児童生徒理解，教科内容に関する確かな理解，さらには児童生徒に真摯に向き合う態度が不可欠である。

## ●作成のポイント

　序論，本論，結論の三段構成で論じる。

　序論では，今回の学習指導要領の改訂で強調されている「主体的・対話的で深い学び」とはどのような学びなのか，何故そうした視点に立った授業改善が求められるのかという背景に触れ，これからの社会を担っていく児童生徒に身に付けさせるべき力を論じる。その際，「主体的な学び」，「対話的な学び」，「深い学び」の三つを個々に論じるのではなく，「主体的・対話的で深い学び」を総体として捉え，具体的にどのような学びなのか，児童生徒にどのような力が身に付いていくのかを論じるようにする。

　本論では，「主体的・対話的で深い学び」を実現するために，教師としてどのような取り組みをしていくか，2つ程度を取り上げて述べる。それを選択した理由を明確にするとともに，どのように指導していくのかについて具体的に論じる。

　結論では，そうした教師としての指導力を身に付けて，「主体的・対話的で深い学び」を実現していくという決意を述べて，論作文をまとめる。

【中学校・2次試験】　50分

# ●テーマ

> 　児童生徒が，学ぶことと自己の将来とのつながりを見通しながら，社会的・職業的自立に向けて必要な基盤となる資質・能力を身に付けていくことができるよう，キャリア教育の充実を図ることが大切です。あなたは，自分らしい生き方を実現する力を育むため，どのようにキャリア教育を進めていきますか。あなたの考えを800字程度で述べなさい。

# ●方針と分析

(方針)

　社会的背景やこれからの社会を担っていく児童生徒に身に付けさせるべき力を踏まえ，キャリア教育の重要性について整理して述べたうえで，キャリア教育をどのように進めていくかについて具体的に論じる。

(分析)

　生産年齢人口の減少，グローバル化の進展や絶え間ない技術革新等により，社会構造や雇用環境が大きく変化している。その結果，児童生徒が大人になって就くことになる職業についても現在とは様変わりすることが想定される。そうした社会で生きていく児童生徒たちは，希望をもって自立的に自分の未来を切り拓いていくために，変化を恐れず，様々な状況に柔軟に対応していく態度と能力を身に付ける必要がある。

　新学習指導要領解説では，「子どもたちに将来，社会や職業で必要となる資質・能力を育むためには学校で学ぶことと社会との接続を意識し，一人一人の社会的・職業的自立に向けて必要な基盤となる資質・能力を育み，キャリア発達を促すキャリア教育の視点も重要である」としている。キャリア教育を通して，将来の良き社会人，職業人

を育てることが期待されているのである。キャリア教育は進路指導と一体をなす部分もあり，特別活動の領域に含まれる。しかし，道徳科や総合的な学習の時間などを含めて，学校における全ての教育活動を通して推進すると考えることが適切である。単なる進学指導，就職指導としての進路指導ではなく，自分らしく生きるための人間形成を図るためのキャリア教育にしていくことが大切である。

## ●作成のポイント

　序論，本論，結論の三段構成で論じる。

　序論では，社会構造や雇用環境の変化を踏まえ，これまでの進路指導や進学・就職指導と異なるキャリア教育の意味と意義について論述する。その際，あなたが経験した現在の児童生徒の実態や現状を基にして，その必要性について述べることで説得力のある論作文となる。

　本論では，中学校においてキャリア教育をどのようにして進めていくか，具体的な方策を2つから3つに整理して論述する。その際，キャリア教育を通して自分らしく生きる力とともに，将来の良き社会人，職業人を育てるという考えを基本に据えることが重要である。

　結論では，児童生徒のキャリア教育を推進するための本文では触れられなかった視点やこれからの自分自身の研修課題などを含めて論述する。出題内容のキャリア教育に対応させて，自分自身のキャリアアップを図る決意を述べて論作文を結ぶことも効果的である。

【高等学校・2次試験】　50分

## ●テーマ

　選挙権年齢が満18歳以上に引き下げられたことを踏まえて，高校生の間から有権者となりうる高校生世代が，国家・社会の形成者として現在から未来を担っていくという公共の精神を育み，行動につなげていく主権者教育の重要性が叫ばれています。主権者教育によって生徒にどのような資質を身に付けさせるべきだと考えますか。また，そのような資質を身に付けさせるために，高等学校の教員として，どのように指導しますか。あなたの考えを900字程度で述べなさい。

## ●方針と分析

(方針)

　選挙権年齢や民法の改正による成人年齢の18歳への引き下げといった社会的背景や社会構造の変化などに対応して，主権者教育でどのような資質能力を育てるのかを述べたうえで，主権者教育をどのように進めていくかについて具体的に論じる。

(分析)

　2016年に公職選挙法が改正され，選挙権年齢が18歳に引き下げられた。それに加え，2019年6月に改正民法法案が可決され，成人年齢も18歳に引き下げられることになった。イギリスやフランスをはじめとする世界の多くの国では，18歳成人を採用している。成人年齢を18歳に引き下げることで，18・19歳の若者の自己決定権を尊重し，かつ若者の積極的な社会参加を促すことが期待されている。成人年齢が18歳に引き下げられることによって，様々なことが保護者の同意なしにできるようになる。一方，成人としての権利の獲得に伴い，成人になるが故の義務も生じる。

　主権者教育については，政治に関わる主体として適切な判断を行う

ことができるようになることが求められている。主権者として必要な資質・能力の具体的な内容としては，国家・社会の基本原理となる法やきまりについての理解や，政治，経済等に関する知識を習得させるのみならず，事実を基に多面的・多角的に考察し，公正に判断する力や，課題の解決に向けて，協働的に追究し根拠をもって主張するなどして合意を形成する力，よりよい社会の実現を視野に国家・社会の形成に主体的に参画しようとする力である。これらの力を教科横断的な視点で育むことができるよう，教科等間相互の連携を図っていくことが重要である。これらの力を育んでいくためには，発達段階に応じて，家庭や学校，地域，国や国際社会の課題の解決を視野に入れて，現実の社会的事象を取り扱っていくことが求められるのである。

## ●作成のポイント

　序論，本論，結論の三段構成で論じる。

　序論では，社会環境の変化や選挙権年齢・成人年齢の引き下げに伴って求められている主権者教育の重要性について述べたうえで，主権者教育によってどのような資質・能力を育てる必要があるのかを示す。

　本論では，高等学校で主権者教育をどのように進めていくか，専門とする教科の指導も含めた具体的な方策を，現実の社会的事象を取り扱うことを絡めて，2つから3つに整理して論述する。その際，主権者教育を通してこれからの日本を担っていく社会人を育てるという考えを基本に据えることが重要である。

　結論では，主権者教育を推進するための本文では触れられなかった視点やこれからの自分自身の研修課題などを含めて論述する。

【高等学校・2次試験】　50分

## ●テーマ

> 　教育再生実行会議第10次提言(平成29年6月決定)では，地域の教育力を向上させていくための一つの方策として，高校生が地域の大人とともに地域課題を解決する取組等を促進，支援することが提言されました。
>
> 　あなたは教科担当又は学級担任として，どのように地域課題を解決する取組を設定し，指導しますか。具体的な取組と指導の方法について900字程度で述べなさい。

## ●方針と分析

(方針)

　地域の教育力を向上させていくために，高校生が地域課題の解決に取り組んでいくことの重要性を述べる。そのうえで，どのように地域課題を解決する取組を進めていくかについて具体的に論じる。

(分析)

　平成27年12月の中央教育審議会の答申「新しい時代の教育や地方創生の実現に向けた学校と地域の連携・協働の在り方と今後の推進方策について」では，様々な学校教育を巡る教育改革の方向性や地方創生の動向において，学校と地域の連携・協働の重要性が指摘されているとしたうえで，学校と地域はパートナーとして相互に連携・協働していく必要があることが述べられている。学校を核とした協働の取組を通じて，将来を担う人材を育成し，自立した地域社会の基盤を構築する『学校を核とした地域づくり』の推進が求められていると捉えることができる。更に本答申では，これからの学校が目指すべき連携・協働の姿を「地域とともにある学校への転換」「子供も大人も学び合い育ち合う教育体制の構築」「学校を核とした地域づくりの推進」の三つに整理し，学校と地域をパートナーとして捉え，学校を核とした地

89

域づくりに言及している。

　総務省では，地方創生に関わって「地域経済の好循環の拡大に向け，地域の人材，組織の育成強化を図り，地域への『ヒト・情報』の流れを創出する」という観点から「チャレンジ・ふるさとワーク」などいくつかの取組を実施している。

　文部科学省でも，平成30年に告示された高等学校学習指導要領を踏まえ，Society 5.0の社会を地域から分厚く支える人材の育成に向けた教育改革を推進するため，地域課題の解決等の探究的な学びを実現する取組を推進している。

## ●作成のポイント

　序論，本論，結論の三段構成で論じる。

　序論では，設問のテーマである「高校生が地域課題の解決に取り組んでいくこと」の重要性を述べる。学校を核とした地域づくりの重要性を論じたい。その際，文部科学省や総務省の考え方に触れることが必要である。

　本論では，高校生が地域課題の解決に取り組んでいく教育活動をどのように進めていくか，専門とする教科の指導も含めた具体的な方策を2つから3つに整理して論述する。その際，こうした活動を通してこれからの地域社会を担っていく人材を育てるという考えを基本に据えることが重要である。

　結論では，高校生が地域課題の解決に取り組んでいくための本文では触れられなかった視点やこれからの自分自身の研修課題などを含めて論述してまとめとする。

【特別支援学校(小・中・高)・2次試験】

# ●テーマ

障がいのある子どもたちが充実した生活を送るためには，児童生徒一人一人の教育的ニーズに応じた指導が大切です。

あなたは，特別支援学校の教員として，家庭や医療，福祉，労働等の関係機関と連携した幼児期から学校卒業後までの切れ目のない支援をどのように行っていくのか，「平成31年度学校教育指導の重点」(福島県教育委員会版)を踏まえ，任意の指導場面を想定し記述しなさい。　(50分　900字以内)

# ●方針と分析

(方針)

特別支援教育を進めるにあたって，幼児期から学校卒業までの切れ目のない支援をしていくことの重要性を述べる。そのうえで，そうした切れ目のない支援をどのように行っていくのかについて具体的に論じる。

(分析)

特別支援教育は，一人一人の子どもたちが自立した生活を送り，社会の一員として社会参加することのできる力を身に付けさせることを最終的な目的としている。それは，日本国憲法で保障された基本的人権を保障するための営みであり，いかなる障がいがあろうと人間として尊重され，社会の一員として主体的に社会参加できる力を身に付けさせることを意味している。そのために，特別支援教育においては，一人一人の教育的ニーズに対応した支援を学校種を越えて継続的に実施していくことが求められている。教育的ニーズに対応した支援とは，「個に応じた指導の充実」「家庭との連携の推進」「生きる力の育成」という特別支援教育の課題につながり，小学部，中学部，高等部に共通する教育課題である。これらを，特別支援学校の教育活動としてど

のように具現化していくかという基本的考え方，具体的な方策が求められている。

具体的には「個別の教育支援計画」や「個別の指導計画」の作成とそれに基づく指導，家庭や地域と連携・協力した指導の充実，学校種間で連携した柔軟な対応などが必要となる。いずれにしても，インクルーシブ教育の考え方に立った指導，支援の充実が求められる。

「平成31年度学校教育指導の重点」(福島県教育委員会版)では，特別支援教育については，「地域で共に学び，共に生きる教育」を推進する教育という柱で示し，指導の重点として，学びの連続性を重視した対応，一人一人に応じた指導の充実，自立と社会参加に向けた教育の充実を柱に掲げ，取組の内容を示している。

## ●作成のポイント

序論，本論，結論の三段構成で論じる。

序論では，特別支援教育において，一人一人の教育的ニーズに対応した支援を継続的に実施していくことの重要性を述べる。特に特別支援教育の最終的な目標は，一人一人の子どもたちが自立した生活を送り，社会の一員として社会参加することのできる力を身に付けさせることであることを強調したい。

本論では，一人一人の教育的ニーズに対応した支援を継続的に実施していくためにどのようにしていくかについて，「平成31年度学校教育指導の重点」(福島県教育委員会版)を踏まえながら，異なる観点から2つから3つの方策を述べるようにする。その際，設問で示されている「特定の指導場面を想定して論述」することで，具体的な方策にする。方策としては，個別の指導計画と関連させた担当する教科の指導，多様な人々との交流や体験活動，教師集団や保護者との連携などの観点が考えられる。

結論では，本論で述べられなかった方策，今後の研修課題などを含めて，特別支援教育に対する意欲と，不断の努力を続けていくという決意を述べてまとめとする。

【養護教諭・2次試験】　50分

## ●テーマ

　平成30年度学校保健統計によると，本県の肥満傾向の出現率は，ほとんどの年齢で全国平均を上回っています。子どもの肥満は将来の生活習慣病発症の温床となるだけでなく，現在の児童生徒自身の身体活動や健康状態にも大きな影響を与えるものです。あなたは，養護教諭として，この課題をどう受け止め，どのような取組をしていきますか。あなたの考えを800字程度で述べなさい。

## ●方針と分析

(方針)

　福島県における児童生徒の肥満傾向の出現率の高さを踏まえ，肥満対策に取り組んでいくことの重要性を述べる。そのうえで，養護教諭として肥満に関わる問題にどのように取り組んでいくのかについて具体的に論じる。

(分析)

　食生活を取り巻く社会環境の変化の中で，児童生徒の食事のとり方やその内容などに問題があることが指摘されており，学校教育において食育を充実させることが求められている。特に，福島県では大震災による原発事故以降，屋外での活動の減少が指摘されている。小学校学習指導要領解説総則編(平成29年7月)では，このことに関して，学校における食育の推進においては，偏った栄養摂取などによる肥満傾向の増加など食に起因する健康課題に適切に対応するため，「児童が食に関する正しい知識と望ましい食習慣を身に付けることにより，生涯にわたって健やかな心身と豊かな人間性を育んでいくための基礎が培われるよう，栄養のバランスや規則正しい食生活，食品の安全性などの指導が一層重視されなければならない」としている。

　平成21(2009)年には学校給食法が改正され，法の目的として従来の

「学校給食の普及充実」に加え，「学校における食育の推進」が新たに規定された。また食育の観点から，同法の第2条の目標に，食に関する適切な判断力の涵養，伝統的な食文化の理解，食を通じた生命・自然を尊重する態度の涵養等が新たに追加された。論述する際には，こうした目標を実現するために，養護教諭としてどのように取り組んでいくかを加味して構成するとよい。

## ●作成のポイント

　序論，本論，結論の三段構成で論じる。

　序論では，肥満傾向の児童生徒の増加に関して，養護教諭としてどのように受け止めているのかを論述する。直接の設問のテーマは「肥満傾向」であるが，その本質は「望ましい食習慣や生活習慣についての指導」である。したがって，そのことに対する考えをしっかりと述べる必要がある。その際，福島県の調査データなどを織り込むことで，説得力のある論作文となる。

　本論では，序論で述べた考え方を踏まえ，食習慣や生活習慣の改善に向けた今後の取組について，学校給食法の改正内容を織り込みながら，具体的な方策を述べる。その方策は，児童生徒の発達段階を考慮することが必要である。校種を特定して異なる視点から2つ程度の方策を設定して論述する。

　結論では，本論で述べられなかった方策，自分自身の研修課題などを含めて，食習慣や生活習慣の改善に取り組んでいく決意を述べてまとめとする。

# 2019年度　論作文実施問題

【特別選考Ⅰ(小・中)・1次試験】　50分

## ●テーマ

> 　文部科学省が実施した平成28年度「児童生徒の問題行動・不登校等生徒指導上の諸課題に関する調査」の結果によると，福島県の小中学校における1,000人当たりの不登校の児童生徒数は12.7人となっており，平成23年度以降，増加傾向が続いています。
> 　そこで，あなたの勤務する学校から新たな不登校児童生徒を出さないために，あなたが取り組んでいくことを，これまでの実践に触れながら具体的に述べなさい。

## ●方針と分析

(方針)

　受験者の勤務校から，新たな不登校児童生徒を出さないための取り組みについて，これまでの実践を踏まえて具体的に述べる。

(分析)

　まず，知識として福島県における不登校の状況を知っておきたい。テーマにある資料によると，日本全国における小中学校での不登校率は約1.3％となっており，福島県は全国平均レベルであるといえる。ただし，学校種別に1,000人当たりの不登校の児童生徒数を見ると，小学校は5人未満であるのに対し，中学校は25人超で，しかも増加傾向にある(平成27年度)。このことから，中学校における不登校の未然防止策が重要と考えられる。さらに，不登校原因を見ると，中学校では「いじめを除く友人関係」「学業不振」が約50％となっている。したがって，中学校だけでなく，学力の基礎となる小学校においても児童生

徒がきちんと理解できる授業への改善が一つのカギを握るといえる。また，福島県の資料によると不登校数は東日本大震災以降に漸増していることから，震災の影響の可能性を指摘しており，心理的ケアの必要性を述べている。

　福島県では不登校の対策に力を入れており，「不登校対応資料」を作成している。本テーマは未然防止なので，直接参考になる箇所は少ないが，不登校への援助や対応は未然防止策の参考になるので，一読するとよいだろう。一方，国立教育政策研究所では「不登校の未然防止のために」「不登校の予防」といった資料を公表している。これらの資料を参考にしながら，これまでの実践を踏まえて考えるとよいだろう。

## ●作成のポイント

　解答シートには横罫だけ示されており，行数は28行ある。つまり，文字を小さくすればそれだけ文字数を多くとれるが，読み手(採点者)のことを考慮して，客観的に見て読みやすい大きさを確保しておきたい。ここでは，「序論・本論・結論」形式で一例を考えたい。

　序論では，不登校の発生原因を考察する。分析で述べたような一般論でもよいし，自身が経験した内容について述べてもよい。本論で取組を述べるので，その内容につながるようにすること。文量は10行を目安とする。

　本論では，取組の内容を述べる。ここで注意したいのは「これまでの実践に触れながら」とあるので，自身がどのような経験・実践をしてきたのかを述べる必要があることである。その効果や反省，改善点を踏まえた上で展開するとよいだろう。文量は15行を目安とする。

　結論では序論・本論の内容を踏まえ，福島県の教員になる決意などを述べ，論文をしめるとよい。文量は3行を目安とする。

【特別選考Ⅰ(高)・1次試験】　50分

## ●テーマ

> 　国立青少年教育振興機構による「高校生の生活と意識に関する調査報告書(平成27年8月)」によると，アメリカ・中国・韓国の生徒に比べ，日本の生徒は，「私は人並みの能力がある」「自分は，体力に自信がある」「自分は，勉強は得意な方だ」といった自己肯定感や自尊感情について割合が低いという調査結果がある。
> 　高校生の自己肯定や自尊に関する意識を醸成するために，高等学校の教員として，どのような授業を実践していきたいか。あなたの経験を踏まえて900字程度で述べなさい。

## ●方針と分析

(方針)

　高校生の自己肯定感と自尊心を高めるために，どのような授業実践をしたいか。自分の経験を踏まえて述べる。

(分析)

　自己肯定や自尊感情の醸成について，中央教育審議会答申「幼稚園，小学校，中学校，高等学校及び特別支援学校の学習指導要領等の改善及び必要な方策等について」では，「教育界には，…子供たちが自信を持って自分の人生を切り拓き，…必要な力を確実に育んでいくことが期待されている」とあり，今回の学習指導要領改訂では「子供の学びへの積極的関与と深い理解を促すような指導や学習環境を設定することにより，…自信を育み必要な資質・能力を身に付けていくことができるようにする」としている。つまり，学習指導要領には，生徒の自信につながるような内容が含まれていると解してよいだろう。ただし，それらを生かせるかどうかは現場の教員にかかっていることから，学習内容を踏まえ，それをどういった授業で行うか，自身の教員経験から考えるとよいだろう。

## ●作成のポイント

　本問は900字程度と指定されており，原稿用紙のマス目は1,000字までであることを踏まえると，800〜1,000字が適切な文字量と考えられる。ここでは900字で「序論・本論・結論」をまとめる論文例として考えてみたい。

　序論では，自己肯定感や自尊心の重要性を述べる。分析にあるとおり，学習指導要領などで示されている内容を踏まえまとめるとよい。文字数は200字を目安とする。

　本論では実践したい授業の具体的内容を述べる。注意したいのは「あなたの経験を踏まえて」とあるので，自身がどのような経験・実践をしてきたのかを述べる必要があることである。その効果や反省，改善点を踏まえた上で展開するとよいだろう。文字数は600字を目安とする。

　結論では序論・本論の内容を踏まえ，福島県の教員になる決意などを述べ，論文をしめるとよい。文字数は100字を目安とする。

【特別選考Ⅰ(特別支援学校)・1次試験】　50分

## ●テーマ

> 　特別支援学校の各教科等の指導に当たっては，児童生徒一人一人の教育的ニーズ応にじた指導の充実を図り基礎的・基本的な知識・技能を習得させ，それらを活用し課題を解決するために必要な思考・判断・表現力等を育成すること，また，学習意欲を向上させ，主体的に学習に取り組む態度を養うことを，本県は，指導の重点としております。
> 　そこで，あなたは，特別支援学校の担任として，各教科等の指導をどのように進めていくのか。これまでの実践を踏まえ，具体例をあげて800字以内で書きなさい。

## ●方針と分析

(方針)

　特別支援学校の担任として，各教科の指導をどのように進めていくかを述べる。

(分析)

　本テーマに関して，特別支援教育における平成30年度の「学校教育の重点」の一つに「一人一人の教育的ニーズに応じた指導の充実」があり，具体的事例として「個別の教育支援計画」の作成と効果的な活用，「個別の指導計画」の作成が示されている。重点については他もあるので参照されたい。

　特別選考Ⅰの対象が現役教員であることを踏まえると，福島県の施策と大きくずれることがなければ自身が行ってきたことは何か，その効果，及び反省点など冷静な分析ができているか，そして有用な業務ができているかといった教員としての資質を見るものと捉えてよいだろう。それだけに，自身が行ってきたことの検証を十分に行うことが，重要な試験対策の一つといえよう。これらを踏まえて考えるとよい。

## ●作成のポイント

　ここでは「序論・本論・結論」でまとめる論文例として考えてみたい。

　序論では，これまでの実践してきた内容を示す。本論で述べる具体策との連動を意識しながら，自己のこれまでの実践をアピールする，と考えればよいだろう。文字量は200字を目安とする。

　本論では，実践内容を述べる。序論との連動や具体例をあげることに注意しながら，内容をまとめるとよい。文字数は500字を目安とする。

　結論では序論・本論の内容を踏まえ，福島県の教員になる決意などを述べ，論文をしめるとよい。文字数は100字を目安とする。

## 【小学校・2次試験】

## ●テーマ

> 「生徒指導リーフ『絆づくり』と『居場所づくり』Leaf.2(文部科学省　国立教育政策研究所)」の中には，『居場所づくり』とは，児童生徒が安心できる，自己存在感や充実感が感じられる場所をつくりだすことであり，教職員がそうした場所づくりを進めることの大切さが書かれています。
>
> あなたは，学級担任として，どのような具体策を講じながら『居場所づくり』に取り組んでいきますか。あなたの考えを800字程度で述べなさい。

## ●方針と分析

(方針)

児童生徒が安心でき，自己存在感，充実感が感じられる「居場所づくり」の具体策について述べる。

(分析)

ここで注意したいこととして，テーマにあるLeaf.2では『絆づくり』は児童生徒同士が行うものであり，『居場所づくり』は教員がつくるものと分けており，教員が『絆づくり』を行うことは「やらせ」であるとしている。しかし，内容は同じ，つまり両者とも「児童生徒が安心できる，自己存在感や充実感が感じられる場所」をつくることであり，相異点は主語だけであること，があげられる。論文の根幹になる定義にあたることなので，きちんと把握しておくこと。

もう一つ，「居場所づくり」はいじめや不登校の未然防止に大きく関与していることである。例えば，Leaf.8「いじめの未然防止Ⅰ」では，いじめの未然防止策について「児童生徒が安心できる、自己存在感や充実感を感じられる、そんな場所を提供できる授業づくりや集団づくりが，未然防止になる」としている。このほか，Leaf.14「不登校

の予防」などにも「居場所づくり」の重要性が述べられているので，これらの内容を踏まえて解答するとよいだろう。

## ●作成のポイント

　ここでは「序論・本論・結論」でまとめる論文例として考えてみたい。

　序論では，『居場所づくり』の必要性について述べる。分析で述べたように『居場所づくり』は不登校やいじめ等の未然防止にも有効であること等を述べるとよいだろう。文字量は200字を目安とする。

　本論では，取組内容を述べる。『居場所づくり』は場づくり，つまり学級の環境整備を指すので，どのような環境を目指すのか，それにはどうすればよいかを具体的に述べることが考えられる。文字数は500字を目安とする。

　結論では序論・本論の内容を踏まえ，福島県の教員になる決意などを述べ，論文をしめるとよい。文字数は100字を目安とする。

【中学校・2次試験】

## ●テーマ

　いじめを苦にした自殺や命に関わる犯罪など，「命」に関わる痛ましいニュースが後を絶たない昨今，学校教育において「生命を大切にする教育」をますます積極的に進めていく必要があります。

　あなたは，学級担任として，「生命を大切にする教育」にどのように取り組み，生徒が「命」の大切さや生きる喜びを実感できるようにしていきますか。具体的な手立てを示しながら，あなたの考えを800字程度で述べなさい。

## ●方針と分析

(方針)

　生徒が命の大切さや生きる喜びを実感できるような学びをどう実現するか，具体的に説明する。

(分析)

　命の教育に関しては，テーマにあるような事件や事故だけでなく，平成23年におきた東日本大震災も意識しておきたい。県の教育に関する基本施策を示した「第6次福島県総合教育計画」(以下，本計画)でも東日本大震災に言及しており，一つのとらえ方として「いのちの尊さや家族の絆の重要性などを改めて考える機会」をあげている。そのためか，命の教育については，基本目標Ⅰの「知・徳・体のバランスのとれた，社会に貢献する自立した人間の育成」で示されており，具体的方法として「子どもたちが，自然と触れ合う体験を通して，自然やいのちの尊さに気づき豊かな感性を育むことができるよう，自然体験活動を進めます」をあげている。

　「生命に関する教育」は道徳教育で扱うのが一般的であろう。本計画でも道徳教育の一環として示されているし，福島県の道徳資料集の一つに「生きぬく・いのち」がある。ただし，道徳教育は道徳の授業だけで行われるものではなく，学校教育全体の中で行われるものであることを確認しておきたい。そのため，総合的な学習の時間や特別活動，そしてホームルーム等で行うことも可能と思われるので，自身の考える「命に関する教育」がどの時間で，どのように行うのが最適であるか検討してみるとよい。

## ●作成のポイント

　論文の形式はいくつかあるが，ここでは「序論・本論・結論」でまとめる論文例を考えてみたい。

　序論では，「命に関する教育」をどのような形で行うか，その概論を述べる。必ずしも本計画に沿った内容である必要はないと思われるが，生徒は10代前半という思春期の人間であることは十分考慮しなけ

ればならないだろう。文字数は200字を目安とする。

　本論では，具体例内容を述べる。実際の授業を想定し，いわゆる「5W1H」を意識しながらまとめるとよい。文字数は500字を目安とする。

　結論では序論・本論の内容を踏まえ，福島県の教員になる決意などを述べ，論文をしめるとよい。文字数は100字を目安とする。

**【高等学校・2次試験】**

## ●テーマ

　平成28年12月に「学校教育法施行規則の一部を改正する省令」が公布され，今年度(平成30年度)から高等学校においても「通級による指導」(大部分の授業を通常の学級で受けながら，一部の授業について障害に応じた特別な指導を特別な場で受ける指導形態)が実施されるようになり，特別支援学校のみならず高等学校の教員にとっても，特別な教育的支援の手立てを身に付けることが急務となっています。

　通常の学級における教科指導の中で，特別な支援を必要とする生徒への対応としてどのようなことに留意する必要がありますか。自分自身の教科指導における対応について具体的に900字程度で述べなさい。

## ●方針と分析

(方針)

　通常学級の教科指導において，特別な支援を必要とする生徒に対応する際の留意点について，受験者自身の担当科目の特質を踏まえて論じる。

(分析)

　テーマにもあるとおり，「通級による指導」は小・中学校で行われ

てきたが，一定の効果が見られた等から，高等学校でも行われるように
なった。テーマでは障害の種類を指定していないので，共通内容を
考えてみたい。また，注意することとして，障害者が通常の学校で授
業を受ける際の対応であることがあげられる。

　考え方としては障害者の特性を知った上で，それにあった配慮をで
きる範囲で行うこと。つまり障害者に共通して注意すべきこと，障害
の特性に合わせて注意することに大別できるだろう。障害者の特性を
知るには個別の教育支援計画，個別の指導計画を確認することがあげ
られる。また，障害者の特徴を知るという点で見ると「中学校等との
連携を図ることが重要であり，通級による指導を受ける生徒の卒業し
た中学校等や近隣の中学校等との間で，通級による指導をはじめとし
た特別支援教育に関する情報交換や研修会の機会を設けることも有
効」としている。障害別の具体的な配慮事項としては「必要に応じて
近づくことや触感覚の併用」(主に視覚障害)，「音声による情報が受容
しにくいことを考慮した学習内容の変更・調整」(主に聴覚障害)等が
あげられる。これらを踏まえて，論文を展開するとよい。

## ●作成のポイント

　論文の形式はいくつかあるが，ここでは「序論・本論・結論」でま
とめる論文例を考えてみたい。

　序論では，対応の概論を述べる。対応すべきことはいくつかあるだ
ろうが，ここでは1〜2に内容を絞って論じるのが適切であろう。文字
数は200字を目安とする。

　本論では，具体的内容を述べる。実際の授業を想定し，いわゆる
「5W1H」を意識しながらまとめるとよい。文字数は500字を目安とす
る。

　結論では序論・本論の内容を踏まえ，福島県の教員になる決意など
を述べ，論文をしめるとよい。文字数は100字を目安とする。

【高等学校・2次試験】

# ●テーマ

2年後に東京で開催される第32回オリンピック競技大会並びに東京2020パラリンピック競技大会では，本県においてもその一部の競技が開催されます。大会組織委員会はこれを機に，「将来の国際社会や地域社会での活動に，主体的，積極的に参加できる人材」を育てていくことをレガシー(遺産)とすることを目指しています。

このような人材を育てるために，あなたは自分自身の教科指導をとおしてどのように取り組みますか。あなたの考えを具体的に900字程度で述べなさい。

# ●方針と分析

(方針)

将来，国際社会や地域社会の活動に主体的かつ積極的に参加できる人材を育てるための教科指導について，具体的に説明する。

(分析)

まず，辞書的な意味から考えてみよう。主体的とは「自分の意志判断によって行動すること」，積極的とは「物事を進んでするさま」をいう。大まかに見て，両者とも同じような意味を持つ言葉と捉えることができるだろう。なお，テーマにある「将来の国際社会や…」レガシーの一部であり，そのほかに「失敗を恐れず自ら行動を起こす人材，将来に向かって自信と勇気を兼ね備えた人材を育てていく(自信と勇気)。」「障害の有無，人種，言語等，様々な違いがあることを理解しつつ，共につながり，助け合い，支え合って生きていく力を身に付ける(多様性の理解)。」がある。

さて，「主体的」というキーワードから，新学習指導要領における「主体的・対話的な学び」を連想した受験生も多いだろう。問題などに自分から関わろうとする態度，問題解決方法について自分なりの考

えをもつこと，その考えに沿って行動することが内容として考えられる。この主体性を育成する方法はいろいろ考えられるが，学習指導要領等では「アクティブ・ラーニングの視点」をもつことがあげられている。

これらの内容，および自身の教科の特性を考えて，具体的な指導法を考えるとよい。

## ●作成のポイント

論文の形式はいくつかあるが，ここでは「序論・本論・結論」でまとめる論文例を考えてみたい。

序論では，指導の概論を述べる。自身の教科と「主体的」との関連性も合わせて述べるのもよい。文字数は200字を目安とする。

本論では，指導の具体例内容を述べる。実際の授業を想定し，いわゆる「5W1H」を意識しながらまとめるとよい。文字数は600字を目安とする。

結論では序論・本論の内容を踏まえ，福島県の教員になる決意などを述べ，論文をしめるとよい。文字数は100字を目安とする。

【養護教諭・2次試験】

## ●テーマ

今日，肥満やアレルギー疾患，性に関する問題など，児童生徒が抱えている健康課題がますます多様化・複雑化していることから，養護教諭には，専門性を生かしつつ，それらの課題への対応において中心的な役割を果たすことが期待されています。

あなたは，養護教諭として，自分の持つ専門性を生かしながら，児童生徒の「健康的な生活を送るために必要な力」をどのように育成していきますか。あなたの考えを800字程度で述べなさい。

## ●方針と分析

(方針)

　自らの専門性を生かしながら，児童生徒の「健康な生活を送るために必要な力」をどう育てるかを述べる。

(分析)

　本テーマについては「現代的健康課題を抱える子供たちへの支援〜養護教諭の役割を中心として〜」を参考にしたい。当該資料では「健康な生活を送る力」を育成する具体的方針として「心身の健康に関する知識・技能」「自己有用感・自己肯定感(自尊感情)」「自ら意思決定・行動選択する力」「他者と関わる力」を育成することをあげており，さらに規則正しい生活習慣を身に付けることの重要性についても触れている。以上のことを踏まえ，どのような力をどのように育成するかを述べるとよい。

## ●作成のポイント

　論文の形式はいくつかあるが，ここでは「序論・本論・結論」でまとめる論文例を考えてみたい。

　序論では，指導の概論を述べる。自身が育成したい力の内容，必要であれば「健康な生活を送るために必要な力」との関連性などを述べるとよい。文字数は200字を目安とする。

　本論では，指導の具体的内容を述べる。実際の授業を想定し，いわゆる「5W1H」を意識しながらまとめるとよい。文字数は500字を目安とする。

　結論では序論・本論の内容を踏まえ，福島県の教員になる決意などを述べ，論文をしめるとよい。文字数は100字を目安とする。

## 【特別支援教諭・2次試験】

# ●テーマ

　児童生徒や学校の実態，指導の内容に応じ，「主体的な学び」，「対話的な学び」，「深い学び」の視点から授業改善を図ることが重要となっています。あなたは，特別支援学校の教員として，どのように授業の改善に取り組んでいくのか，「平成30年度学校教育指導の重点」(福島県教育委員会版)を踏まえ，任意の指導場面を想定して具体的に記述しなさい。(50分　900字以内)

# ●方針と分析

(方針)

　「主体的な学び」，「対話的な学び」，「深い学び」の視点から，どのように授業改善に取り組むのか。「平成30年度学校教育指導の重点」の内容を踏まえて，任意の指導場面を想定して具体的に記述する。

(分析)

　テーマについて「主体的に学習に取り組めるよう学習の見通しを立てたり学習したことを振り返ったりして自身の学びや変容を自覚できる場面をどこに設定するか，対話によって自分の考えなどを広げたり深めたりする場面をどこに設定するか，学びの深まりを作りだすために，児童生徒が考える場面と教師が教える場面をどのように組み立てるかといった観点で進めることが重要」としている。これらの方向性は健常者と大きく変わらないので，授業改善方法についても参考になるだろう。これらを踏まえて，論文を作成するとよい。

# ●作成のポイント

　論文の形式はいくつかあるが，ここでは「序論・本論・結論」でまとめる論文例を考えてみたい。

　序論では，指導場面の設定をする。読み手(採点者)がイメージしや

すいように書くことを心がけること。文字数は200字を目安とする。

　本論では，指導の具体例内容を述べる。いわゆる「5W1H」を意識しながらまとめるとよい。文字数は600字を目安とする。

　結論では序論・本論の内容を踏まえ，福島県の教員になる決意などを述べ，論文をしめるとよい。文字数は100字を目安とする。

2018年度　論作文実施問題

【小・中学校教諭(特別選考)・1次試験】50分

## ●テーマ

　福島県教育委員会が平成29年4月に作成した，ふくしまの「授業スタンダード」では，東日本大震災や原発事故を経験した本県だからこそ，困難な課題に対して，多様な他者と協働しながら粘り強く取り組み，よりよい答えを見いだす力を児童生徒に育んでいくことを重視しています。その力を育む場こそが日々の授業であり，授業の充実や質の向上が，教員一人一人に求められています。

　そこで，授業の質を高めるために，あなたが取り組んでいることを，これまでの実践に触れながら具体的に述べなさい。

## ●方針と分析

(方針)

　困難な課題に他者と協働しながら粘り強く取り組み，よりよい答えを見いだす力を児童生徒に育むため，受験者が，授業の充実，質の向上について，どのように取り組んでいるかを，これまで実践してきたことに触れながら具体的に述べる。

(分析)

　福島県は東日本大震災及び原発事故を経験した県だからこそ，困難な課題に対して，多様な他者と協働しながら粘り強く取り組み，よりよい答えを見いだすことができる力を子どもたちに育む必要があるとして，ふくしま「授業スタンダード」を平成29年に作成している。子どもたちが，課題に主体的に向き合い，一人一人がよさを発揮しなが

ら解決し，自信を深め，また新たな課題を見いだし解決しようとする。こうした授業の積み重ねが，よりよい社会と幸福な人生の創り手を育てることにつながると考えてのことである。

　本設問は，正解がない，または，正解が1つに決まらないことに対して自ら問いを設定し，立てた問いに対して理由を説明しながら，説得力のある意見を，他者に発表するという，主体的な学びの実現への取り組みである。こういう学びの姿勢は，多様な価値観を持つ者が併存し合い，価値観自体の変化が激しい社会にあっては必須のものとされる。主体的な学びのためには，以下のような力を育てることが必要になる。1つは，「思考力・判断力・表現力」を身に付けることである。もう1つは，「主体性をもって多様な人々と協働する態度あるいは意欲」を身に付けることである。これらの力に通底するのは，自らが抱いた問いを出発点としながら目的意識を持って何かを追究するような学びの姿勢である。基礎的な知識を習得することにとどまらず，何かを体得した経験によって，自分は何者で何をしたいのかという問いに対して自信を持って答えられる域を目指すような学びが要求される。

## ●作成のポイント

　一般的な論作文の構成である，序論，本論，結論の三段階構成にすると書きやすい。

　序論では，なぜ今の教育において主体的な学びが必要なのかを述べる。受験者が大切にしていることとして，正解が1つに決まらないことに対して自ら問いを設定し，立てた問いに対して主張と根拠を説明させる指導などを挙げてみよう。文字量は全体の4分の1程度を目安とする。

　本論では，その指導を重視する理由として，多様な価値観を持つ者が併存し合い，価値観自体の変化が激しい社会にあって必須のものであることなどを挙げる。次に，学校生活において「主体的な学びの姿」を引き出すための取り組みと期待される成果の説明である。ここでは，子どもたちが「なぜそうなるのか。そうなる理由や背景を明らかにし

たい」という追究の軸となる思いを自ら引き出す可能性を説明すると
よい。このとき，子どもたちの思考が連続して流れるような授業を構
成してきたという実践，そこから上がった成果を示す。理科の実験レ
ポートの作成，社会科での論作文の作成や集団討論を例にとってもよ
い。これまでの教職経験を踏まえた内容に関わらせて述べる。文字量
は全体の2分の1を目安とする。

　結論では，前述の内容を簡単にまとめ，教員としての意欲を述べる。
文字量は全体の4分の1程度を目安とする。


## 【高等学校教諭(特別選考)・1次試験】50分

## ●テーマ

　社会の急激な変化の中で，新しい時代を乗り越えた新たな価値を
創造していくためには，知識量だけではなく，「知識・技能」「思考
力・判断力・表現力」「主体性を持って多様な人々と協働して学ぶ態
度」の三つの学力の要素を備えた「真の学ぶ力」が必要である。
　生徒一人一人が真の学力を身につけるためには，具体的にどのよ
うな学びを通してどのような力を育成することが必要であると考え
るか。あなたの経験を踏まえて900字程度で述べなさい。


## ●方針と分析

(方針)

　生徒一人一人が真の学力を身につけるためには，具体的にどのよう
な学びを通じて，どのような力を育成することが必要か。受験者の経
験を踏まえて述べる。

(分析)

　文部科学省は，平成29年の学習指導要領改訂に先立ち，平成27年の
教育課程企画特別部会「2. 新しい学習指導要領が目指す姿」で，こ

れからの時代に求められる人間の在り方を以下のように描いた。①社会的・職業的に自立した人間として，郷土や我が国が育んできた伝統や文化に立脚した広い視野と深い知識を持ち，理想を実現しようとする高い志や意欲を持って，個性や能力を生かしながら，社会の激しい変化の中でも何が重要かを主体的に判断できる人間であること。②他者に対して自分の考え等を根拠とともに明確に説明しながら，対話や議論を通じて多様な相手の考えを理解したり自分の考え方を広げたりし，多様な人々と協働していくことができる人間であること。③社会の中で自ら問いを立て，解決方法を探索して計画を実行し，問題を解決に導き新たな価値を創造していくとともに新たな問題の発見・解決につなげていくことのできる人間であること。である。学校教育においては，例えば，国語科では，的確に理解し，論理的に思考し表現する能力，互いの立場や考えを尊重して伝え合う能力を育成することや我が国の言語文化に触れて感性や情緒を育むことである。そのためには，「話すこと・聞くこと」や「書くこと」，「読むこと」に関する基本的な国語の力を定着させるだけではなく，記録，要約，説明，論述といった言語活動を行う能力を培う必要がある。本設問では，こうした取り組みや授業改善の具体例を提示した上で，大学進学や就職を控えた年代の生徒にふさわしい，思考力，判断力，表現力を養うことを目指した内容の論文が求められている。生徒に生きる力を育成するために，創意工夫を生かした教育活動を展開する中で，基礎的・基本的な知識及び技能を確実に習得させること，これらを活用して課題を解決するために必要な思考力，判断力，表現力その他の能力を育むこと，そして，主体的に学習に取り組む態度を養い，個性を生かす教育の充実を目指すこと。こういった内容について説明できれば十分であろう。

## ●作成のポイント

　一般的な論作文の構成である，序論，本論，結論の三段階構成にすると書きやすい。

　序論では，真の学力の定義を説明する。例えば，生徒の生きる力に

ついて，物事を的確に理解し，論理的に思考し表現する能力，互いの立場や考えを尊重して伝え合う能力などとかかわらせて述べる。字数は200字程度とする。

　本論では，受験者なりの創意工夫を生かした指導の中で，主体的に学習に取り組む態度を養い，個性を生かす教育の充実について述べる。受験者の経験を踏まえて述べること。字数は500字程度とする。

　結論では，生徒が主体的に学習に取り組む態度を養い，個性を生かす教育の充実を目指すために，教員として努力することなどを示してまとめる。字数は200字程度とする。

## 【養護教諭(特別選考)・1次試験】

## ●テーマ

　子どもを取り巻く社会環境や生活環境の急激な変化により，生活習慣の乱れ，いじめ，不登校，児童虐待などの問題が顕在化しています。そのため，学校では，児童生徒の発達段階，地域の特性や学校の実態に応じた心のケアが一層求められています。

　そこで，児童生徒の心のサインを見逃さないために，あなたが養護教諭として取り組んでいることを，これまでの実践に触れながら具体的に述べなさい。

## ●方針と分析

（方針）

　児童生徒の心のサインを見逃さないために，受験者が養護教諭として取り組んでいることは何か。児童生徒の発達段階，地域の特性や学校の実態に応じた心のケアがより重要になる現状を踏まえ，これまでの実践も含めて述べる。

（分析）

　文部科学省が平成29年に発行した「現代的健康課題を抱える子供た
ちへの支援〜養護教諭の役割を中心として〜」において，「養護教諭
は，児童生徒の身体的不調の背景に，いじめや不登校，虐待などの問
題が関わっていること等のサインにいち早く気付くことができる立場
であることから，児童生徒の健康相談において重要な役割を担ってい
る。さらに，教諭とは異なる専門性に基づき，心身の健康に課題のあ
る児童生徒に対して指導を行っており，従来から力を発揮していた健
康面の指導だけでなく，生徒指導面でも大きな役割を担っている。」
と新たに位置づけて，その趣旨に沿った養護教諭養成や資質向上を訴
えている。本問は近年多様化する養護教諭への期待について，受験者
がどれだけ理解しているのかを試す出題と思われる。養護教諭として，
先の資料「現代的健康課題を抱える子供たちへの支援」において新た
に期待された生徒指導面での役割に応えるために，問題を抱えた児童
生徒に対して寄り添う姿勢，共感する気持ちがあるかどうか，そうし
た児童生徒への支援を通じて，問題解決をしていくだけの適性がある
かどうかが，評価の対象になるであろう。

## ●作成のポイント

　一般的な論作文の構成である，序論，本論，結論の三段階構成にす
ると書きやすい。
　序論では，来室した児童生徒に対して，寄り添う姿勢，共感する気
持ちの大切さなどを述べる。文字量は全体の4分の1程度を目安とする。
　本論では，そのために受験者が努力してきたことについて，具体例
を示しながら述べる。性急に教室に引き戻すように仕向けることや同
級生との交流を無理強いせず，いつでも話を聞く用意があること，保
健室や事務室でも勉強できる環境づくりをすることなど，児童生徒の
安心と信頼を得るように努力していることを述べる。文字量は全体の
2分の1程度を目安とする。
　結論では，序論の再確認と養護教諭としての決意表明をしてみよう。
文字量は全体の4分の1程度を目安とする。

【特別支援学校(特別選考)・1次試験】

# ●テーマ

特別支援学校では，児童生徒の障がいの状態や特性を理解することはもちろん，一人一人のつまずきの原因や背景を理解した上で，課題を整理し，指導や支援を展開していくことが大切である。

そこで，あなたは担任として，個に応じた適切な指導や必要な支援をどのように進めていくのか。これまでの実践を踏まえ，具体例をあげて800字以内で書きなさい。

# ●方針と分析

(方針)

個に応じた適切な指導や必要な支援とは何かを説明し，これまでの実践を踏まえながら，指導や支援について，特別支援学校の担任として具体的に述べる。

(分析)

文部科学省は「特別支援教育の推進について(通知)」(平成19年)において，特別支援教育の理念として，「特別支援教育は，障害のある幼児児童生徒の自立や社会参加に向けた主体的な取組を支援するという視点に立ち，幼児児童生徒一人一人の教育的ニーズを把握し，その持てる力を高め，生活や学習上の困難を改善又は克服するため，適切な指導及び必要な支援を行うものである。」とし，さらに，「障害のある幼児児童生徒への教育にとどまらず，障害の有無やその他の個々の違いを認識しつつ様々な人々が生き生きと活躍できる共生社会の形成の基礎となるものであり，我が国の現在及び将来の社会にとって重要な意味を持っている。」としている。本問は特別支援学校で求められる合理的配慮や個別指導の意義，目的，効果などを押さえながら説明することが求められる問題である。合理的配慮とは，障がいのある児童

生徒が，他の子どもと平等に教育を受ける権利を享有し，かつ行使することを確保するために，指導する内容を必要かつ適当に変更し，調整を行うことである。それは，障がいのある児童生徒に対して，その状況に応じて学校教育を受ける場合に個別に必要とされるものである。

　今回は，こうした一般的な記述に加えて，具体的な方法論も述べる必要がある。例えば，視覚障害を持つ児童生徒に対する物理的環境への配慮について述べるなら，タブレット端末とプロジェクターの大型スクリーンを組み合わせるなど，児童生徒の置き去りやつまずき防止の対策について書かなくてはならない。以上のことに気をつけながら，論文を作成する必要がある。

## ●作成のポイント

　一般的な論作文の構成である，序論，本論，結論の三段階構成にすると書きやすい。

　序論では，つまずきを防ぐための合理的配慮について述べる。文字数は150字程度とする。

　本論は，そのために受験者が努力してきたことについて，具体例を示しながら述べる。

　合理的配慮の趣旨に触れることは差し支えない。ただし，それについての考察のみに終始しないように注意する。ICTを活用し，つまずいてしまう児童生徒を出さない授業の工夫や具体的な方法を挙げ，その内容説明に字数を費やそう。すなわち，イラストや映像を多用するといったことである。具体的には，色や形の違いなどを自分のペースで把握し，楽しみながら考えさせるという，物理的環境への配慮がある。視力の障害にも個人差があることを踏まえ，タブレットの小さな画面を補うべく，大型スクリーンで，よく見えるように工夫することを述べる。文字数は500字程度とする。

　結論では，序論の再確認と決意表明をする。文字数は150字程度とする。

【小学校教諭・2次試験】

# ●テーマ

> 　防災は，生活安全・交通安全を含め，安全・危機管理の基本です。自分(たち)のことは自分(たち)で守る。つまり，自分自身で危機を予測したり，危険を避けるための判断に基づいて行動したりすることは，すべての安全についても共通です。
> 　このことから，あなたは，「防災への意識を高め，安全な行動ができる子ども」を育てるために，担任としてどのように防災教育に取り組んでいきますか。あなたの考えを1,000字程度で述べなさい。

# ●方針と分析

(方針)

　防災の際，安全な行動ができる子どもとは，どのような子どもなのかについて述べ，そういう子どもを育てるために，担任としてどのような防災教育に取り組むかについて述べる。

(分析)

　学習指導要領にある「生き抜く力」を育む防災教育に関する出題である。文部科学省は防災教育のねらいを，「『生きる力』をはぐくむ学校での安全教育」(平成22年)に示した安全教育の目標に準じて，以下の3つにまとめている。　ア　自然災害等の現状，原因及び減災等について理解を深め，現在及び将来に直面する災害に対して，的確な思考・判断に基づく適切な意志決定や行動選択ができるようにする。イ　地震，台風の発生等に伴う危険を理解・予測し，自らの安全を確保するための行動ができる ようにするとともに，日常的な備えができるようにする。　ウ　自他の生命を尊重し，安全で安心な社会づくりの重要性を認識して，学校，家庭及び地域社会の安全活動に進んで参加・協力し，貢献できるようにする。これを受けて福島県の防災教育ではさらに，人格の発達，自律心，判断力，責任感などの人間性を育

むこと，他人・社会・自然環境との関わりやつながりを尊重できる個人を育むことを強調している。このうち人間性の教育については，従来の学校教育の中でも重視されてきた。そこで，東日本大震災の被災を経て，これからの福島の子どもの教育で特に意識されるべきは，自然と人間，人間と人間(社会)との関わりを考える防災教育である。そこでは，体系的な思考力(問題や現象の背景の理解，多面的・総合的なものの見方)，持続可能な発展に関する価値観(人間の尊重，多様性の尊重，環境の尊重等)を見いだす力，代替案の思考力(批判力)，情報収集・分析能力，コミュニケーション能力が重視される。こうした力は，総合的な学習の時間で育成が期待される能力・資質と同じであり，これらの力を持った子どもを育てる具体的な教育活動の一つが防災教育である。

## ●作成のポイント

　一般的な論作文の構成である，序論，本論，結論の三段階構成にすると書きやすい。

　序論では，防災教育の趣旨，そこで育まれる力について述べる。字数は200字程度とする。

　本論では，序論で述べたような力を持った子どもを，総合的な学習の時間，社会科(人間同士のつながりなど)，理科(自然と人間のつながりなど)といった授業の中でどのように育てるかを具体的に述べる。単に，避難訓練を通じていざというときの咄嗟の判断力を養うこと，機転を利かせて行動すること，周囲の人を思いやる気持ちの大切さを育てることを訴えても高く評価されない。防災教育とは何か，防災教育を通じて育まれる力は何かに触れ述べるようにする。字数は600字程度とする。

　結論では，東日本大震災において，大きな被害を受けた地域の教育として，自然と人間，人間と人間(社会)との関わりを考えながら，自力で生き抜く力を持った子どもを養成する必要性を訴え，そのために尽力する旨を述べまとめる。字数は200字程度とする。

【養護教諭・2次試験】

# ●テーマ

平成28年度学校保健統計調査報告書によると，本県の子どものむし歯の被患率は年々減少傾向にあるものの，依然として全国平均よりも高い数値を示しています。あなたは養護教諭として，この課題をどう受け止め，どのような取組をしていきますか。あなたの考えを1,000字程度で述べなさい。

# ●方針と分析

(方針)

福島県の子どもたちの虫歯の被患率は減少傾向にあるが，全国平均より高い数値を示していることを踏まえ，なぜこのような現状になっているのかを説明し，現状の分析から課題を抽出し，その解決に向けて，養護教諭としてどのような解決策をとるのかを述べる。

(分析)

受験者が，福島県の子どもたちの健康の現状について，どれだけ理解と関心を示しているのかを試す設問である。福島県内の虫歯のある6歳児の割合が，2014(平成26)年度の調査で65.5％に上り，これは47都道府県で最も多く，全国平均の47.34％を18.16ポイント上回るものである。福島県健康増進課は，虫歯の子どもが多い要因について，震災や原発事故に伴う長期避難などで生活環境が変化し，室内で生活する時間が長くなることで菓子類を食べる機会が増えたこと，三世代同居世帯が多く，祖父母らが子に菓子類を与える機会が多いことなどが背景にあると分析している。県は歯磨きや食生活の指導に加え，緊急対策として実施主体となる市町村の薬剤購入費等の全額補助のほか，歯磨き粉に含まれるフッ素化合物による健康影響を心配する保護者らへの説明会を開き，予防策を講じている。県歯科医師会は，就寝前の飲食は虫歯のリスクが大きくなること，強い歯と骨をつくるため，カル

シウムやリンなどのミネラル成分を豊富に含んだ食べ物をバランスよく摂取することも大切としている。歯科医師会と協力して家庭への啓蒙も側面活動として有効である。

## ●作成のポイント

　一般的な論作文の構成である，序論，本論，結論の三段階構成にすると書きやすい。

　序論では，虫歯の子どもが多い要因について説明する。字数は200字程度とする。

　本論では，虫歯の要因を踏まえ，養護教諭としての具体的な取り組みを述べる。ここでは，歯磨きや食生活の指導がその中心になるが，養護教諭は，歯科検診に関わる学校医の歯科医師や，子どもの食事と健康に精通する栄養教諭と協働しながら，虫歯を予防するための努力の重要性を，子どもに教えていくとともに，保護者や祖父母にもそれを伝える活動を実践することなど，具体的な例を挙げて述べる。福島県内の虫歯のある子どもたちの現状説明に終始しないよう注意すること。字数は600字程度とする。

　結論では，前述のことを踏まえ，養護教員として，児童生徒の虫歯撲滅のために努力する旨を述べまとめる。字数は200字程度とする。

【中学校教諭・2次試験】

# ●テーマ

平成29年4月20日警察庁が発表した「平成28年におけるコミュニティサイト等に起因する事犯の現状と対策について」によると，昨年1年間にインターネットのコミュニティサイトを利用して，児童買春などの犯罪に巻き込まれた18歳未満の子どもは，1,736人と過去最多となりました。

あなたは，この問題をどう受け止め，学級担任として，情報モラルに関する指導をどのように行っていきますか。あなたの考えを1,000字程度で述べなさい。

# ●方針と分析

(方針)

平成28年，インターネットのコミュニティサイトを利用して犯罪に巻き込まれた18歳未満の子どもは1,736人になった。このような現状について，子どもたちのインターネットに対する向き合い方の現状などを説明し，担任として，情報モラルに関する指導をどのように行うかについて述べる。

(分析)

中学生は，異性に対する関心を急速に高める年代であり，同時に，パソコンや携帯電話に自由にふれる機会を得ることが多い。スマートフォンなど携帯電話について，福島県の中学校では，9割以上の学校で使用を制限しているが，放課後や自宅での利用については必ずしも，禁止規定は及んでいない。中学生は，危険かつ有害な性情報や出会い系の情報を自ら遮断するなど，メディアリテラシーが十分に育っていない年代である。

文部科学省は「教育の情報化に関する手引」(平成22年)の中で，「多くの児童生徒はインターネット上の危険に対して無防備な状態で，～，

自分が危険な目に遭いかねない状態であることも分からずに利用している。何気なくプロフィールサイトに書き込んだ個人情報や～掲示板への書込みが世界中に発信されていることや，～記録され，削除されない限りいつまでも残る可能性があること，悪質な書き込みが犯罪となったり訴えられたりするケースもあるとの認識も低い。インターネット上のトラブルに関係する被害者，加害者も低年齢化している状況にある。～児童生徒は携帯電話の小さな画面が世界中に繋がっていたり，～従来のコミュニケーションとは異なることを理解しないまま利用している。～情報モラル教育には，即座に出遭うかも知れない危険をうまく避ける知恵を与えるとともに，一方では，情報社会の特性の理解を進め，自分自身で的確に判断する力を育成することが求められる。」と，情報モラルの必要性を訴えている(第5章　第1節　2　参照)。

　教員は，日々進歩する情報化，児童生徒を取巻くIT関係の諸問題の現状を把握し，児童生徒の発達段階や実態を踏まえ，無知ゆえに危険にさらされていることの注意を喚起していく必要がある。そのためには，文部科学省や県教育委員会等が発信する情報を意識し，児童生徒を取り巻く実態を把握し，生徒の発達段階を踏まえ計画的に繰り返し指導する体制を整えることが重要となる。

## ●作成のポイント

　一般的な論作文の構成である，序論，本論，結論の三段階構成にすると書きやすい。

　序論では，中学生という年代の特質に触れながら，情報モラル，メディアリテラシーの未熟さについて述べる。字数は200字程度とする。

　本論では，子どもたちの情報モラル，メディアリテラシーを育むチャンスが少ない理由として，情報モラルの育成は，総合的な学習の時間，学級活動・HR活動，技術・情報の時間に限られているが，語学，数学，理科など各教科でも指導できる内容を多く含んでいることなどを述べる。ここで，異性に関する関心の高まり，その関心の適切な方向付けについて，冗長にならない程度に触れるのもよい。字数は600

字程度とする。

　結論では，特定教科の教員と連携し，繰り返し指導していく必要があること，自身も教員として尽力することを述べまとめる。字数は200字程度とする。

## 【特別支援学校教諭・2次試験】50分・900字以内

## ●テーマ

　特別支援学校の教育課程において，特別に設けられた指導領域として「自立活動」がある。あなたは，特別支援学校の教員として，自立活動の指導に，どのように取り組んでいきますか。任意の指導場面を想定し，本県教育委員会が示す「平成29年度学校教育指導の重点」に掲げている「特別支援学校の教育」の中の「自立活動の充実」を踏まえて具体的に記述しなさい。

## ●方針と分析

(方針)

　県教育委員会が示す「平成29年度学校教育指導の重点」に掲げている「特別支援学校の教育」の中の「自立活動の充実」を踏まえて，自立活動の指導にどのように取り組むかを説明する。その際，具体的な指導場面を自分で設定し，具体的に述べる。

(分析)

　「特別支援学校学習指導要領解説　自立活動編」(平成21年)では，「障害のある幼児児童生徒の場合は，その障害によって，日常生活や学習場面において様々なつまずきや困難が生じることから，小・中学校等の幼児児童生徒と同じように心身の発達の段階等を考慮して教育するだけでは十分とは言えない。そこで，個々の障害による学習上又は生活上の困難を改善・克服するための指導が必要となる。このため，

特別支援学校においては，小・中学校等と同様の各教科等のほかに，特に「自立活動」の領域を設定し，その指導を行うことによって，幼児児童生徒の人間として調和のとれた育成を目指している」と，自立活動設置の理由を述べていることを念頭に置く。

　県教委の重点項目「自立活動の充実」を見ると，自立活動における教員は，児童生徒の障害の状態や発達の段階等の的確な把握に基づき，個別の指導計画作成の助言をすること，児童生徒の主体性や自己肯定感を養うことを期待されている。児童生徒の一人一人に応じた指導の充実を図るために，ライフステージに沿った継続的な支援の一翼を担うことが重要な使命となる。福島県は，児童生徒の多様なニーズに対応し，多角的・多面的な視点での支援を目指す教育という点では先進的な県といわれる。また，東日本大震災の被災で，不安な思いを強めている多くの子どもの心身や生活面，その保護者など家庭全体への目配りも必要である。本問題は，受験者がこういう事情を持った県の教員としてふさわしい見識を持っているかどうかを試す意図があると思われる。

## ●作成のポイント

　一般的な論作文の構成である，序論，本論，結論の三段階構成にすると書きやすい。

　序論では，自立活動の指導の目的に触れながら，受験者の取組を述べよう。ここでは，一般的な内容を簡潔に述べる。字数は200字程度とする。

　本論では，具体的な内容を説明する。児童生徒一人一人に応じた指導の充実を図るために，それぞれの置かれた状況に寄り添った継続的な支援を目的とすることを挙げる。さらに「平成29年度学校教育指導の重点」の内容と関わらせて説明する。自立活動は，学科の授業よりも，グループワークなど，個人のコミュニケーション力が必要である。具体例としては，こうした力が不足しがちなADHDなどを抱えた児童生徒に対するフォローを行うことに留意する重要性を挙げるとよい。

字数は400～500字程度とする。

　結論では，児童生徒の特性や健康状態に配慮し，多角的・多面的な視点での支援を目指す教育に尽力する決意を示しまとめる。字数は200～250字程度とする。

## 【高等学校教諭・2次試験】

## ●テーマ

　学習指導要領の改訂の方向性として，新しい時代に必要となる資質・能力の育成をするために，より質の高い理解を図るため，主体的・対話的で深い学び(アクティブ・ラーニング)の視点から，学習過程の質的な改善が求められています。

　それを踏まえて，「深い学び」とは，どのようなものだと考えますか。また，深い学びによって得られる「質の高い理解」とはどのようなものだと考えますか。あなたの教科における具体的な例を出しながら900字程度で述べなさい。

## ●方針と分析

(方針)

　主体的・対話的で深い学びの視点から学習過程の質的な改善が求められていることを踏まえ，「深い学び」とは何かを説明し，深い学びによって得られる「質の高い理解」とは何か，自身の受け持つ教科の具体例を挙げて述べる。

(分析)

　文部科学省では，「主体的な学び」について，学ぶことに興味や関心を持ち，自己のキャリア形成の方向性と関連付けながら，見通しを持って粘り強く取り組み，自己の学習活動を振り返って次につなげるような学習，と説明している。また，「深い学び」について，習得・

活用・探究という学びの過程の中で，各教科等の特質に応じた「見方・考え方」を働かせながら，知識を相互に関連付けてより深く理解したり，情報を精査して考えを形成したり，問題を見いだして解決策を考えたり，思いや考えを基に創造したりすることに向かう学び，と説明している。「ノートはしっかり書いているのに試験では点数を取れない」，「そもそも先生に指示されたことしかやらないし，できない」というように，知識の吸収はできているが，十分な学びの姿勢が育たない，受動的な姿勢から抜けきれずに，学んだことを応用できない生徒の存在が指摘されている。このような生徒に対して，どのような指導が有効なのか。正解がない，正解が1つに決まらない事柄に対して自ら問いを設定し，立てた仮説に対して論証しながら，説得力のある意見を発表する力を育成するのは難しい。しかし，多様な価値観が併存し，かつ先が見えない変化の激しい社会にあっては，こうした力が必須のものである。

## ●作成のポイント

全体を4段落程度に分け，必要に応じて項目立てをして考える。

1段落目は，生徒の深い学びの定義について述べ，なぜ今の教育でそれが必要なのかを説明する。字数は200字程度とする。

2段落目は，「深い学び」の本質について説明する。一例として，次のような説明ができるだろう。主体的な学びとはある1つの物事に対して，「なぜそうなるのか。そうなる理由や背景を明らかにしたい」という追究の軸となる思いを引き出すことである。字数は200字程度とする。

3段落目は，主体的な学びの姿勢を，具体的にどのように引き出すのか，自分の担当教科を例に挙げながら述べる。例えば，理科の観察記録の作成や実験レポートの作成，地歴・公民の時間に行う時事問題に関する作文や集団討論，地域の企業や住民と連携した就労体験事業などがある。字数は450〜500字程度とする。

4段落目は，結論である。福島県の教員として，深い学びによって

生徒が得る質の高い理解(主体的な学びの理想的な姿)のために，自身が積極的にかかわっていく意欲を述べまとめる。字数は150〜200字程度とする。

**【高等学校教諭・2次試験】**

## ●テーマ

　幼児期の教育から高等教育まで体系的にキャリア教育を進めることは重要です。「社会的・職業的自立，社会・職業への円滑な移行に必要な力」の要素のうち，基礎的・汎用的能力として人間関係形成能力・社会形成能力，自己理解・自己管理能力等があげられます。

　あなたは，このような能力を生徒に身につけさせるために，これからの高校においてキャリア教育にどのように取り組みますか。具体的な取組を提示しながら，あなたの考えを900字程度で述べなさい。

## ●方針と分析

(方針)

　人間関係形成能力・社会形成能力，自己理解・自己管理能力等，社会において自立して生きていくために必要な力を，生徒が身につけるためのキャリア教育に，教員としてどのように取り組むかを，具体例を示しながら述べる。

(分析)

　中央教育審議会答申「今後の学校におけるキャリア教育・職業教育の在り方について」(平成23年1月)によると，キャリア教育では「一人一人の社会的・職業的自立に向け，必要な基盤となる能力や態度」を，職業教育では「一定又は特定の職業に従事するために必要な知識，技能，能力や態度」を育成する(第1章　参照)としている。キャリア教育は，他者とのかかわりの中で自己の特徴や役割を発見し，それぞれの

発達の段階に応じ，自分自身と社会人として働くこととを適切に関係づけ，それぞれの発達の段階における発達課題を，責任を自覚しながら解決できるようにすることを目指している。高校生は，進路が進学であれ就職であれ，社会の一員としての自分の役割や責任の自覚が求められる年代である。また，不本意ではあっても，自身にとって現実的な進路の選択を迫られ，自分の意志と責任で決定しなくてはならない年代でもある。こうした年代の生徒にどう向き合うのかを具体的に述べる必要がある。

## ●作成のポイント

一般的な論作文の構成である，序論，本論，結論の三段階構成にすると書きやすい。

序論では，キャリア教育の目的や本質を述べる。キャリア教育と職業教育を混同しないように注意する。字数は200字程度とする。

本論では序論の内容を受け，具体的な取組を述べる。現代文の授業を例にすると，情報をとらえ，考察し，それをまとめて表現する力の養成について述べる。それによって自らを高めたり，人間関係を築いたりしていく。ここで，理解と表現の能力を高めながら，生徒の内面を豊かに形成することを挙げてみよう。文字数は500字程度とする。

結論は字数が限られているため，序論・本論をまとめる程度でもよい。余裕があれば，自身の抱負の簡記もよいだろう。文字数は200字程度とする。

## 2017年度　　論作文実施問題

**【小中学校(特別選考)・1次試験】**

## ●テーマ

> 　福島県では，第6次総合教育計画の基本目標の1つ目に，「知・徳・体のバランスのとれた，社会に貢献する自立した人間の育成」を掲げており，そのなかでも，子どもたちの生き抜く力を支える「確かな学力」を身につけさせることを重要視しています。
> 　あなたは，子どもたちに「確かな学力」を身につけさせるために，どのような工夫をしていきますか。今までの実践に触れながら，「教科での指導」と「教科(授業)外での指導」における具体的な工夫をそれぞれ1つ以上述べなさい。

## ●方針と分析

(方針)

　子どもたちに「確かな学力」を身につけさせるため，自身のこれまでの経験を踏まえながら，教科指導と教科外指導のそれぞれにおいて，どのような創意工夫を行うかを具体的に論述する。

(分析)

　言うまでもなく，「確かな学力」は学習指導要領が目指す「生きる力」の育成を支える柱の一つである。そして，「確かな学力」を身につけるための方法について，「中学校学習指導要領解説 総則編」では「基礎的・基本的な知識・技能を確実に習得させること，これらを活用して課題を解決するために必要な思考力，判断力，表現力その他の能力をはぐくむこと」の2点をバランスよく身につけさせることが重要としている。

　一方，「第6次福島県総合教育計画」における平成28年度のアクションプランの基本目標で「確かな学力」をつけさせるための基本的方向性として，①言語に関する能力を育むため，読書活動も含めて言語活動の一層の充実を図る，②小・中学校において少人数教育の効果的な活用を図りながら学習習慣の確立，③高等学校においては，より高度な知識・技能の習得とそれを活用する能力を高める，④新学習指導要領による理科教育への対応や算数・数学における応用力の強化を図る，といった事項が示されている。また，「確かな学力向上のために」(福島県教育庁県北教育事務所)によると，確かな学力を身につけるための授業づくりのポイントとして，①単元のねらいと子どもの実態等を踏まえ系統性を図った単元構想の工夫，②ねらいからまとめまでの整合性を図り，子どもの思考を大切にしながら，目指す子どもの姿と手立てを明確にした授業の設計，③必然性があり意欲が高まる学習課題の設定と解決への見通しをもたせる工夫，④思考を促し，見取り，生かす教師の働きかけの充実，⑤思考の共有と吟味を促す学び合いをコーディネートする力の向上，⑥学習内容の定着を図る「振り返る活動」の充実をあげている。これらのことを踏まえながら，自身の経験を踏まえ，論文を作成するとよい。

## ●作成のポイント

　課題は「教科指導」と「教科外指導」の2つのポイントについて，自身の指導上の工夫について問うている。そこで論文を序論・本論・結論に分けて考える。

　序論では「確かな学力」の定義と，自身が重視する指導上の留意点について述べる。ここでは概要に触れる程度でよいだろう。文字数は全体の4分の1を目安にする。

　本論では教科での指導における実践について述べる。採点者が読んですぐイメージできるよう，できるだけ具体性をもたせるとよい。文字数は全体の2分の1を目安にする。

　そして結論では教科外指導における実践について述べる。確かな学

力では教科での指導がメインであり，教科外での授業は補完的役割とみるのが一般的であろう。文字数は全体の4分の1を目安にするとよい。

　たとえば国語科においては，授業では文章読解力を高め，漢字や語彙・言い回しなどの習熟を図る指導の工夫をする，授業のたびにチェックテストやアンケートを実施することにより，指導した学習内容の定着度の検証を図るといった取り組みもあげられる。また「確かな学力」の趣旨にある，「自分で課題を見付け，自ら主体的に判断し，問題解決する資質や能力等」を，アクティブ・ラーニングの実践と関連づけて論じることも有効である。これらを総合判断し，論文を構築するとよいだろう。

## 【高等学校(特別選考)・1次試験】

## ●テーマ

　生徒の資質・能力を総合的に育むためには，学びの量とともに，質や深まりが重要であるとされ，生徒自身が課題の発見と解決に向けて主体的・協働的に学ぶ視点(いわゆるアクティブ・ラーニング)に立った授業改善が求められている。

　あなたは，福島県の高等学校教員として，生徒の資質・能力を総合的に育むためにどのようにアクティブ・ラーニングに取り組むか。あなたの専門教科についての指導の方法と期待できる効果について900字程度で述べなさい。

## ●方針と分析

（方針）

　福島県の高等学校教員として，どのようなアクティブ・ラーニングに取り組むことよって生徒の資質や能力を育むか，教科指導の方法とその効果について具体的に論述する。

(分析)

アクティブ・ラーニングは,「学修者が能動的に学修することによって,認知的,倫理的,社会的能力,教養,知識,経験を含めた汎用的能力の育成を図る」能動的学修のこと,と定義しており(中央教育審議会答申),具体的には発見学習,問題解決学習,体験学習,調査学習,教室内でのグループ・ディスカッション,ディベート,グループワークなどがあげられる。したがって,生徒自身が自発的に授業に取り組むような授業を意識して自身のアイデアを展開していくとよい。

たとえば国語科であれば,教科書に掲載されている題材について,主人公の心情や登場人物の性格についてなど,生徒がそれぞれ自分の意見やアイデアを出し,個人またはグループごとに発表,生徒同士で意見交換しあうといった取り組みが報告されている。教科指導の実践事例はいろいろ示されているので,実際の授業現場を想定して論述するとよい。

## ●作成のポイント

論文なので,序論・本論・結論で構成するとよいだろう。基本的に,課題に見合った教科指導法について,具体例を詳しくあげて論述するとよい。

アクティブ・ラーニングを授業で行う際は,①授業の目的,プロセス,手法,ゴールを丁寧に示すこと,②自ら答えを示さず,生徒自身の疑問に随時丁寧に答えたり,時間や進行の調整をしたりといった誘導役に徹することが基本になる。そして,アクティブ・ラーニングの目的や成果は生徒自身が協同で問題に取り組み学ぶことで,互いの刺激を高めあい,それぞれの教科内容に関する学習意欲を高めると同時に,知識を深めることにあることをおさえておきたい。そこで結論では,自身の提示したアイデアにより,生徒の資質や能力の向上に,どのような成果が期待できるかを具体的に論述してまとめるとよい。

【養護教諭(特別選考)・1次試験】

# ●テーマ

> 　学校保健安全法により，養護教諭やその他の職員と連携した，健康観察，健康相談，保健指導，学校と医療機関等との連携が位置づけられるなど，児童生徒の心身の健康問題の多様化に伴い，学校全体で組織的に対応したり医療機関等と連携したりすることが求められています。
>
> 　あなたは，養護教諭として，児童生徒の心身の健康問題の解決のために，どのように学校全体で組織的に対応したり医療機関等と連携したりしていきますか。これまでの実践に触れながら具体的に述べなさい。

# ●方針と分析

(方針)

　児童生徒の心身の健康問題の多様化などに伴い，学校全体で組織的に対応したり医療機関等と連携したりすることが求められている。対応や連携方法について，これまでの実践に触れながら具体的に述べる。

(分析)

　まず，学校全体で組織的に対応することとしては，日常の健康観察など，1人から数人の養護教諭だけでは対応が難しい事項などがあげられる。また，児童生徒に本格的な治療が必要になった場合などは，地域の医療機関の援助も必要であろう。こうした状況において，養護教諭に求められるスキルの一つとしてコーディネーター的な役割があげられる。

　学校内外で組織的な連携を行う場合，情報の共有は欠かせない。学校内では職員会議などで情報を共有し，全教職員に認識を持ってもらうこと。学校外では学校の保健問題に関する連絡協議会の開催，個別の相談，学校保健員会の活用などが考えられる。いずれにしても，自

身の経験を生かしながら，対策を考えていきたい。

## ●作成のポイント

　問題に「これまでの実践を触れながら」とあるので，自身の経験を軸にする必要がある。したがって，自分がどのような実践をしていきたいかを整理し，長所・短所を分析しながら論文を展開するのがよいだろう。

　論文なので，序論・本論・結論に分けて考えていきたい。

　序論では自身の実践経験の内容を簡記する。その中で，長所と短所を明確にするとよい。この論文で自治体は即戦力になるかどうかを判断するものと思われる。したがって，実施内容と分析を緻密にすることで，業務を理解していると判断される可能性が高まるだろう。文字数は全体の4分の1を目安とする。

　本論では連携方法の具体的内容を示す。行うべきことはいくつもあるだろうが，特に効果が高いと思われる項目を2〜3あげて説明するほうが，焦点が明確になり，内容が充実した論文ができるだろう。文字数は全体の2分の1を目安とする。

　結論は序論・本論の内容を踏まえ，連携の重要性を示しながら，養護教諭としての決意を述べる。文字数は全体の4分の1を目安とするとよい。

【特別支援学校(特別選考)・1次試験】

# ●テーマ

　本県の特別支援教育を推進するにあたり，今年度は，「自立と社会参加に向けた職業教育の充実」を学校教育の指導の重点としています。

　あなたは，担任(担当)する児童生徒の職業教育を充実させるため，日々どのような点に配慮し指導していきますか。これまでの実践を踏まえ，800字以内で書きなさい。

# ●方針と分析

(方針)

　福島県の今年度の指導重点項目である「自立と社会参加に向けた職業教育の充実」を実践するため，日常の配慮点と指導方法を自身の実践経験を踏まえて具体的に論述する。

(分析)

　本問の背景として，福島県の特別支援学校における就職率(19.0％)は，全国平均(28.4％)を大きく下回っていることがあげられるだろう。そのため福島県では，各学校で数値目標を設定するなど，実行性のある具体的な取り組みを行い，生徒の適切な進路実現を図っている。

　まず考えたいことはテーマでは「キャリア教育」ではなく，「職業教育」ということがあげられる。中央教育審議会答申「今後の学校におけるキャリア教育・職業教育の在り方について」(以下，答申)によると，キャリア教育では「一人一人の社会的・職業的自立に向け，必要な基盤となる能力や態度」を，職業教育では「一定又は特定の職業に従事するために必要な知識，技能，能力や態度」を育成するとしており，職業教育はキャリア教育の一部という位置づけである。学校教育における職業教育について，答申では「専門分野の基礎的な知識や技能の育成とともに，知識・技能を活用する能力や，仕事に向かう意

欲・態度等を育成することが必要」としており，より実践的な内容が求められる。

　また，対象となる児童生徒だが，中学部卒業者で就職するものは非常に限られているため，対象は高等部の生徒であろう。これらを意識しながら，自身の実践経験を踏まえて述べるとよい。

## ●作成のポイント

　テーマに「これまでの実践を踏まえ」とあるので，自身の経験を分析し，短所を改善した上で，配慮点や指導方針をまとめるとよい。

　論文なので，序論・本論・結論に分けて考えていきたい。

　序論では，自身の実践経験内容と，その長所・改善点を述べる。文章で表す必要はないが，キャリア教育と職業教育を分別しながら述べること。文字数は300字程度を目安とし，要領よくまとめる必要がある。

　本論では序論の内容を受け，具体的内容を述べる。ポイントはいくつもあるだろうが，多くとも2〜3点に絞り，詳細まで内容を示すことを心がけたい。文字数は450字を目安とする。

　結論は字数が限られているため，序論・本論をまとめる程度でもよい。余裕があれば，自身の抱負を簡記するのもよいだろう。文字数は50字を目安とする。

【小学校・2次試験】

# ●テーマ

> 　内閣府の資料によると，「今日の子どもの基本的な生活習慣の乱れは，学習意欲や体力，気力の低下の要因の1つとして指摘されている。」とあります。
> 　あなたは，子どもたちに望ましい生活習慣を身につけさせるために，担任として，どのように取り組んでいきますか。あなたの考えを1,000字以内で具体的に書きなさい。

# ●方針と分析

(方針)

　子どもたちに望ましい生活習慣を身につけさせるために，担任として，どのように取り組むかについて述べる。

(分析)

　望ましい(基本的な)生活習慣を身につけることの重要性は，「福島県スポーツ推進基本計画」などでも指摘されているが，特に内閣府の『子供・若者白書』(以下，白書)では「生活習慣づくりは，自己管理能力を身に付けていくことの基礎」につながることが期待される，としている。

　例えば，子どもたちにとって睡眠は成長ホルモンを分泌させて身体の成長を促す，学習したことや記憶したことを整理する，といった重要な役割がある。しかし，睡眠不足になると活動に必要な体温が上昇しないため，脳や身体のコントロールが上手にできないといった弊害があり，さらには感染症にかかりやすくなる等の報告もある。したがって，適切な睡眠時間をとる生活習慣は，脳や身体にとって重要であることがわかる。

　白書によると，学校教育では道徳や特別活動を中心に学校教育活動全体で基本的な生活習慣づくりが行われるとしており，特に小学校低

学年では「基本的な生活習慣や社会生活上のきまりを身に付け，善悪を判断し，人間としてしてはならないことをしないことに関する指導を重視するなど，道徳教育の充実を図っている」としている。つまり，基本的な生活習慣づくりは子どもたち本人だけでなく，主な生活環境の場である家庭や学校の役割も重要であり，三者が連携して取り組むことが必要といえる。

　以上を踏まえて，自身の考えをまとめるとよい。

## ●作成のポイント

　担任の立場としての取り組みはいろいろ考えられるが，子どもたちの家庭事情は千差万別であり，一般論を話しても「うちでは無理」といった理由から，興味を示さない子どもがいることがいる可能性もある。したがって，それぞれの子どもにあった方法を模索する必要があるかもしれないことを念頭に置きながら，論文を構築する必要があるだろう。例えば，最初に道徳の時間をつかって子どもたちに睡眠などの重要性について話し，後日，睡眠時間について確認する。うまくいっていない子どもに対しては，なぜできないのかを一緒に考える。必要であれば保護者と面談し，できる限り睡眠時間の改善を図る，といった方法が考えられる。

　論文なので，序論・本論・結論に分けて考えていきたい。

　序論では，方法の概要や最初に取り組む内容について示す。取り組みが複数ある場合は，一連の流れについて概説することで，全体を把握しやすくなるといった効果が期待できる。文字数は300字を目安とする。

　本論ではメインとなる取り組みについて述べる。できるだけ具体的にすると，読み手に伝わりやすくなるといった効果が期待できる。文字数は500字を目安とする。

　結論では序論・本論の内容のまとめ，または最後に取り組むべき内容について述べる。まとめをする場合は，今までの内容以上のことは，できるだけ示さないようにしたい。余裕があれば，生活習慣づくりに

関する自身の姿勢を簡記するのもよい。文字数は200字を目安とする。

**【中学校・2次試験】**

# ●テーマ

> 　福島県教育委員会の「平成27年度全国学力・学習状況調査に係る福島県の結果(概要版)」によると，児童生徒質問紙調査の結果，「子どもたちの家庭における学習習慣は定着してきているが，今後もさらに学習時間の確保や子ども一人一人に合った学習内容に取り組ませるなど，質的向上に向け，なお一層，家庭との連携を図っていくことが大切である。」と分析されています。
>
> 　あなたは，自分が担任する学級の生徒に家庭学習の習慣を確実に身につけさせるために，どのような工夫をしていきますか。あなたの考えを1,000字以内で具体的に述べなさい。

# ●方針と分析

(方針)

　福島県では，子どもたちの家庭における学習習慣は定着してきているが，質的向上に向け，なお一層，家庭との連携を図っていくことが大切としている。この点を踏まえ，自分が担任する学級の生徒に家庭学習の習慣を確実に身につけさせるために，どのような工夫をするか。

(分析)

　福島教育委員会が作成した「家庭教育サポートブック」によると，学力向上・確かな学力の基盤づくりには学習習慣および生活習慣づくりが必要であり，そのポイントとして「テレビ，ビデオ・DVDの視聴時間」「自分で計画を立てて勉強しているか」をあげている。

　一方，学校教育における学習習慣の定着については，特別活動における学級活動の1項目として示されており，学習指導要領解説では

「特に，1年生の時期には，自ら学習計画を立てて実行する中で，学習意欲を向上させ，望ましい学習習慣を確立させていくことが大切」としている。なお，平成20年の学習指導要領改訂で中央教育審議会から「学習意欲の向上や学習習慣の確立」が指摘されていることを受け，家庭と連携しながら学習習慣の確立を目指す目的で5教科(国語，数学，社会，理科，外国語)の授業時数増加が行われていることもおさえておきたい。

## ●作成のポイント

おさえるべき点は，家庭での学習習慣の定着は，子どもたち本人だけの問題ではなく，家庭や学校も連携して取り組むべき問題であることであろう。

論文なので，序論・本論・結論に分けて考えていきたい。

序論では工夫の概要について述べる。先に述べたように，子どもたちだけでなく，家庭や学校の連携が重要であることから，その点を踏まえながら述べること。余裕があれば学習習慣の定着の重要性について言及するのもよいだろう。文字数は300字を目安にする。

本論は序論の内容を受け，具体的な内容について述べる。工夫はいくらでもあるだろうが，論文で示すのは2～3に絞ると具体的内容まで示すことができ，説得力が増すと思われる。文字数は500字を目安にする。

結論は序論・本論の内容をまとめながら，子どもたちに家庭学習をはじめとする学習習慣を身につける意義などを踏まえ，自身の教育観などに触れるとよいだろう。文字数は200字を目安にする。

【高等学校・2次試験】

## ●テーマ

> 　生徒に「学びに向かう力」，「学び続ける力」を身につけさせるために，あなたは教科指導等をとおして，どのような取り組みをしますか。自己肯定感や学習意欲の低下などが課題となっている高校生の現状を踏まえ，あなたの考えを具体的に900字程度で述べなさい。

## ●方針と分析

(方針)

　自己肯定感や学習意欲の低下などが課題となっている現在，生徒に「学びに向かう力」，「学び続ける力」を身につけさせるため，教科指導等をとおして，どのような取り組みをするかを述べる。

(分析)

　まず，「学びに向かう力」とは何かを知る必要があるだろう。2016年の中央教育審議会における学習指導要領改訂の方向性の一つに，「新しい時代に必要となる資質・能力の育成と，学習評価の充実」があり，その中で「学びを人生や社会に生かそうとする学びに向かう力・人間性の涵養」があげられている。シンプルに考えれば「学びに向かう力」は「学びを人生や社会に生かそうとする姿勢」と読み変えることができると思われる。

　自己肯定感(自尊感情)や学習意欲に関しては，学習指導要領などでも関連する内容があるので，それらを参照するとよい。取組方法はさまざまあるが，そもそも学習の原点は興味・関心であるため，その興味・関心を引き起こさせるような内容を考えればよいことになる。問題には「教科指導等」とあるので，受験する教科に限定しなくともよいことがうかがえる。自信のある場面での指導法を考えるとよい。

# ●作成のポイント

　カギとなるのは「学びに向かう力」に関する自身の理解であろう。例えば，生徒に将来なりたい職業をイメージさせ，その職業に就くにはどのような知識が必要か，就業中にはどのような教科が役立つかといったことをイメージさせ，学習意欲を喚起するといった方法もある。5W1Hで考慮するとよいだろう。

　論文なので，序論・本論・結論に分けて考えていきたい。

　序論では取り組みの概要について述べる。全体をイメージできるように述べる必要があるが，詳しすぎると，序論が長くなりすぎるのでバランスに注意すること。文字数は300字を目安とする。

　本論は序論の具体的内容を述べる。複数の事項を述べるものよいが，多すぎるとかえって煩雑になるので多くとも2〜3くらいが適当であろう。文字数は500字を目安とする。

　結論は序論・本論の内容をまとめ，それぞれの力を身につけさせることへの意欲を示すとよいだろう。文字数は100字を目安とする。

【高等学校・2次試験】

# ●テーマ

　現在，学習指導要領の改訂は，「何を学ぶか」だけでなく，「何ができるようになるか」や，「どのように学ぶか」の視点で検討が進められています。これを踏まえ，これからの高等学校教育によって，「何ができるようになる」ことが必要だと考えますか。また，その実現のため，あなたはどのような取り組みをしますか。あなたの考えを900字程度で述べなさい。

## ●方針と分析

(方針)

　現在，「何を学ぶか」だけではなく，「何ができるようになるか」，「どのように学ぶか」という視点で，学習指導要領の改訂の検討が進められている。その過程では，対話を通じて他者の考え方を吟味しながら取り込み，自分の考えが伝わる範囲を広げることを通じて，人間性を豊かなものへと育むことも極めて重要であるという。これからの高等学校教育によって，「何ができるようになる」必要があるか。そして，その実現のために，受験者はどのような具体的な取り組みや実践をしたいと思うか。900字程度で説明する必要がある。

(分析)

　2016年の中央教育審議会資料「学習指導要領改訂の方向性(案)」によると，次回の学習指導要領改訂では学校教育を通じてよりよい社会を創ることを目標に，社会と連携・協働しながら，未来の作り手となるために必要な資質・能力を育むこととしており，「何を学ぶか」「どのように学ぶか」「何ができるようになるか」を3つの柱として構成している。このうち「何ができるようになるか」の具体的内容を「新しい時代に必要となる資質・能力の育成と，学習評価の充実」としており，「学びを人生や社会に生かそうとする学びに向かう力・人間性の涵養」「生きて働く知識・技能の習得」「未知の状況にも対応できる思考力・判断力・表現力等の育成」で構成されている。

　以上より，教育はより社会と連携し，実践的な教育を目指すことと思われる。また，これらはキャリア教育などとも密接なることが予測される。したがって，いわゆる「学問のための学問」という考えは，薄くなるだろう。

## ●作成のポイント

　前述の通り，次回の学習指導要領改訂では「生きた学問」がより意識されたものとなるだろう。本問では，構成要素の中の思考力・判断力・表現力については現行の学習指導要領を継続・発展したものにな

ることが予想されるため，今までの知識に改訂のポイントを加えれば，より具体的な内容が構成しやすくなると思われる。

論文なので，序論・本論・結論に分けて考えていきたい。

序論では「何ができるようになる」ことが必要になるかを，その理由とともに述べる。本論ではその実現のための取り組みを述べることとなる。学習指導要領の改訂内容を理解していないと論文は書けないので，学習指導要領改訂の動向は細部まで研究する必要がある。文字数は序論で300字，本論で500字を目安とする。

結論はそれらをまとめ論文を締めるとよい。余裕があれば，自己研鑽に関する自身の考えを述べるのもよいだろう。文字数は100字を目安とする。

## 【養護教諭・2次試験】

## ●テーマ

> 学校保健安全法第7条に「学校には，健康診断，健康相談，保健指導，救急処置その他の保健に関する措置を行うため，保健室を設けるものとする。」と規定されているとおり，学校保健活動のセンター的役割を果たしている保健室の経営の充実を図ることが重要です。
>
> あなたは，養護教諭として，健康相談や保健指導などを充実させるために保健室をどのように経営していきたいと考えていますか。自分の考えを1,000字以内で書きなさい。

## ●方針と分析

(方針)

健康相談や保健指導などを充実させるための，保健室経営について述べる。

(分析)

　　学校保健安全法の改正により，養護教諭の役割が明確化されたが，役割も多様化している。養護教諭は学校保健活動の推進で中核的な役割を果たしているため，保健室の経営充実は重要である。保健室経営は各都道府県の教育指針，学校経営目標，地域社会や学校の実態などと関連するため，詳細な指針を示すことは難しいだろうが，各都道府県の教育指針などはホームページなどで確認しておくこと。また，地域情勢については，福島県学校保健会養護教諭部会のホームページ等も参照するとよい。

## ●作成のポイント

　　問題にあるとおり保健室は学校保健活動のセンター的役割があること，養護教諭の役割が多様化していることを踏まえ，論文を作成するとよいだろう。

　　論文なので，序論・本論・結論に分けて考えていきたい。

　　序論は経営方針の概要を示す。分析や先に述べたことを踏まえて示すとよい。ここでは条件は何も提示されていないので，仮説に基づいて論述を展開してもよいと思われる。文字数は300字を目安とする。

　　本論では具体的内容を示す。ポイントが複数ある場合は，項目を整理する必要がある。読み手が理解しやすいように工夫をしよう。文字数は500字を目安とする。

　　結論は序論・本論の内容をまとめる。余裕があれば，学校保健の中心的存在として活動する意欲を示すのもよい。文字数は200字を目安とする。

【特別支援学校・2次試験】　50分　900字

# ●テーマ

　特別支援学校では，障がいのある子どもたちが，将来の生き方や進路に夢や希望を持ち，その実現を目指して，学校での生活や学びに意欲的に取り組めるように様々な実践が行われています。
　あなたは特別支援学校の教員として，子どもたちの能力や可能性を最大限に伸ばす創意工夫ある指導や支援をどうとらえ，どのように実践していくのか，任意の授業場面を想定し記述しなさい。

# ●方針と分析

(方針)

　特別支援学校の教員として，子どもたちの能力や可能性を最大限に伸ばす創意工夫ある指導や支援をどう捉え，どう実践していくのか。任意の授業場面を想定して論述する。

(分析)

　まず，特別支援学校に在籍する子どもたちの指導や支援について，中央教育審議会報告「共生社会の形成に向けたインクルーシブ教育システム構築のための特別支援教育の推進」では「障害のある子どもが，その能力や可能性を最大限に伸ばし，自立し社会参加することができるよう，医療，保健，福祉，労働等との連携を強化し，社会全体の様々な機能を活用して，十分な教育が受けられるよう，障害のある子どもの教育の充実を図ることが重要である」としていることを知っておく必要がある。この中で，キーワードとして「自立」「社会参加」もあることをおさえてほしい。なお，実際の支援や指導方法については「合理的配慮」の事例も参照したい。文部科学省等では，各種障害に対する具体的事例を示しているので，参考にしながら論文を作成するとよい。

## ●作成のポイント

　論文なので，序論・本論・結論に分けて考えていきたい。

　序論は創意工夫のある指導や支援についてどう捉えているか，本論ではその具体事例を示す。文章で示す必要はないが，インクルーシブ教育，合理的配慮を意識した内容でまとめるとよいだろう。文字数は序論300字，本論500字を目安とする。

　結論は序論・本論の内容をまとめるとよい。文字数は100字を目安とする。

# 2016年度　論作文実施問題

【特別選考Ⅰ(小・中学校)・1次試験】　50分

## ●テーマ

　「いじめ防止対策推進法」(平成25年6月28日　法律第71号)に基づき，各学校においても，学校の実情に応じた「学校いじめ防止基本方針」を策定し，いじめ防止に取り組んでいますが，いじめが背景にあると思われる生徒指導事故は後を絶ちません。あなたは学級担任として，「いじめの防止」「早期発見」にどのように取り組んでいきますか。今までの自分の実践に触れながら，具体的に述べなさい。

## ●方針と分析

(方針)

　学級担任として「いじめの防止」「早期発見」にどのように取り組んでいくか，今までの自分の実践に触れながら，具体的に論述する。

(分析)

　「いじめ防止対策推進法」では，第9条で保護者の第一義的責任と役割，第15条で学校におけるいじめの防止，第22条で学校におけるいじめに対する措置，第25条でいじめを行った生徒に対する懲戒および出席停止といった，いわば親と学校の責任範囲について明記している。しかし課題にも述べられているように，いじめを背景とする生徒指導事故は後を絶たず，同時にこの法律が扱う適用範囲の限界も多々指摘されている。たとえば，家庭や学校関係者が容易に発見できないSNSを利用した水面下での悪口や暴言，仲間外れが増加している，第三者である他の生徒や学級担任が傍観的態度をとる，被害者である児童生徒が親や教員に気軽に相談できず一人で抱え込む，といった問題点が

数多く指摘されている。こうした背景を踏まえた課題に対する自分の意見の論述展開が必要となる。

　学級担任が行うべきいじめの防止・早期発見のための取り組みについては，「福島県いじめ防止基本方針」(平成26年7月福島県・福島県教育委員会)や「生徒指導マニュアル」(平成22年3月福島県教育委員会)などを踏まえつつまとめておきたい。前者ではいじめの早期発見についての原則論を示している。また，後者ではフロチャートの形でいじめ発生時の対応を示しているが，その中で「事後対応」がある。いじめの再発防止策を検討し措置を講じることは，その後のいじめの防止にもつながる。発生したケースへの対応を通じてその後のいじめの発生を防止するという視点があると，理想論に止まらない説得力を持たせることができるだろう。自分自身が過去にいじめに対応した経験があればそれを例示しながら，学級担任となった場合に取り組みたい実践内容を具体的に論述すればよい。

## ●作成のポイント

　基本は序論・本論・結論の3段構成でよい。特に字数制限はないが，800〜1,000字程度は記述したい。序論では，「いじめの防止」「早期発見」のために取り組みたいことを端的にあげる。自分自身が過去にいじめに対応した経験があれば，ここでそれを例示してもよいだろう。

　本論では序論で述べた実践を具体的に論述する。たとえば，いじめには加害者(いじめる子)，観衆・聴衆(周囲で面白がる，はやし立てる人間)，傍観者(見て見ぬふりをする当事者以外の人間)，被害者(いじめられる子)，という「いじめの四層構造」があり，しかもその内部(子ども)がたえず入れ替わることが明らかにされている。そこで，演劇やワークショップを導入し，ロールプレイングでそれぞれの役割を交代で演じさせるなどのアイデアを提示したり，いじめの防止や減少に成功したイギリスやスウェーデンなどの海外での取り組み事例を自分が取り組みたいアイデアとして引用したりするのもよいだろう。いずれの場合も，いじめは犯罪であり，警察の捜査や裁判による刑事罰の対

象となりうること，SNSなどでも犯人を特定でき損害賠償が可能なこ
と，といった現実的認識を児童生徒に持たせることが重要である。一
方，いじめは人権問題と不可分であり，相手の人権や人格を尊重する
ことの重要性を個々の生徒に認識させることが，いじめ防止対策のポ
イントであり目的であることをおさえるべきである。

　結論ではここまでで述べたことをまとめ，福島県の教員としてどの
ようにいじめの防止・早期発見に取り組んでいくかという決意を述べ
ておきたい。

【特別選考Ⅰ(高等学校)・1次試験】

## ●テーマ

　「いじめ防止対策推進法」(平成25年9月施行)「第1章　総則　(基本
理念)　第3条」において「いじめの防止等のための対策は，いじめが
全ての児童等に関係する問題であることに鑑み，児童等が安心して
学習その他の活動に取り組むことができるよう，学校の内外を問わ
ずいじめが行われなくなるようにすることを旨として行われなけれ
ばならない」とされている。

　あなたは，「SNS」によるいじめの深刻化・多様化などの現状を踏
まえ，自分自身の教科指導やホームルーム活動等において，いじめ
の防止にどのように取り組んでいきたいと考えるか。これまでの経
験を踏まえながら，具体的な内容と指導の方法について900字程度で
述べなさい。(50分)

## ●方針と分析

(方針)

　「SNS」によるいじめの深刻化・多様化などの現状を踏まえ，自分
自身の教科指導やホームルーム活動等において，いじめの防止にどの

ように取り組んでいくか。これまでの経験を踏まえながら，具体的な内容と指導の方法を論述する。

(分析)

　「SNS」によるいじめの深刻化・多様化は近年問題視されており，文部科学省からも「「ネット上のいじめ」に関する対応マニュアル・事例集(学校・教職員向け)」(平成20年11月)を作成している。このマニュアルでは，「SNS」を利用したものを含むネット上のいじめについて「不特定多数の者から，絶え間なく誹謗・中傷が行われ，被害が短期間で極めて深刻なものとなる」「インターネットの持つ匿名性から，安易に誹謗・中傷の書き込みが行われるため，子どもが簡単に被害者にも加害者にもなる」などの特徴をあげ，ネット上のいじめの実態把握の難しさを述べている。高等学校では共通教科「情報」の履修もあり，社会の中で情報および情報技術が果たしている役割や影響を理解することが求められている。このことも踏まえたうえで，「SNS」が学校の内外と問わないいじめに結び付くことを理解し，「SNS」で情報を発信することの影響を正しく理解させる必要がある。

　学級担任が行うべきいじめの防止・早期発見のための取り組みについては，「福島県いじめ防止基本方針」(平成26年7月福島県・福島県教育委員会)や「生徒指導マニュアル」(平成22年3月福島県教育委員会)などを踏まえつつまとめておきたい。「SNS」の利用はさまざまな場面が想定され，生徒のみならず教員も利用することもあるので，自分自身の教科指導やホームルーム活動等の学校の教育活動全体で講じることのできる取り組みをあげておきたい。自分自身が過去にネット上のいじめに対応した経験があればそれを例示しながら，学級担任となった場合に取り組みたい実践内容を具体的に論述すればよい。

## ●作成のポイント

　基本は序論・本論・結論の3段構成でよい。序論では，自分自身がいじめの防止のために取り組みたいことを端的にあげる。「「SNS」によるいじめの深刻化・多様化などの現状を踏まえ」という条件がある

ので，ネット上のいじめに関する取り組みをあげておきたい。

　本論では序論で述べた実践を具体的に論述する。自分自身が過去にネット上のいじめに対応した経験があれば，ここで例示すると具体性が増すだろう。また，教員の中には「SNS」の利用をはじめとする情報リテラシーが不十分な者もまだ多い。ホームルーム活動等で生徒とともにこれを学び，問題解決に当たっていくというアイデアも考えられる。いずれの場合でも，いじめは犯罪であり，警察の捜査や裁判による刑事罰の対象となりうること，「SNS」などでも犯人を特定でき損害賠償が可能なこと，といった現実的認識を生徒に持たせることが重要である。一方，いじめは人権問題と不可分であり，相手の人権や人格を尊重することの重要性を個々の生徒に認識させることが，いじめ防止対策のポイントであり目的であることをおさえるべきである。

　結論ではここまでで述べたことをまとめ，福島県の教員としてどのようにネット上のいじめの防止・早期発見に取り組んでいくかという決意を述べておきたい。

【特別選考Ⅰ(特別支援学校)・1次試験】　50分

## ●テーマ

　現在，小学校，中学校，高等学校，特別支援学校には，発達障がいのある児童生徒が在籍しています。あなたが担任(担当)する学級に，発達障がいと診断を受けており，自分の興味関心がない学習内容になると離席したり，注意を受けると暴言を吐いたり，友達間のトラブルが絶えない等が顕在化している児童生徒が在籍していると想定した場合，この児童生徒の状況をどのように理解し，どのような点に配慮しながら指導や支援に当たりますか。具体的な学習活動をあげて，800字以内で書きなさい。

# ●方針と分析

(方針)

　提示された事例の状況への理解，指導・支援への配慮をどのように行っていくか，具体的な学習活動をあげて論述する。

(分析)

　想定されている，離席，暴言，友人とのトラブルなどを起こす児童生徒の発達障がいの主要症状としてADHD(注意欠陥多動性障害)がある。ADHDとは，年齢あるいは発達に不釣り合いな注意力，及び／又は衝動性，多動性を特徴とする行動の障害で，社会的な活動や学業の機能に支障をきたすものである。こうした発達障がいをもつ児童生徒に対する具体的な支援を進めていくためには，まず，学級担任や教科担任は児童生徒が出している「サイン」に気付き，つまずきや困難の状況，その原因を把握し，それを除去することが重要である。

　たとえば離席を繰り返す児童生徒は，衝動性が強い，周囲の刺激に対して過剰反応する，授業に飽きるといった原因が考えられる。そこで対策としては，当該児童生徒の座席位置に配慮し，教壇に近い前列中央や部屋外の物音が聞こえにくい場所に座らせるなど，児童生徒の集中力を高めさせること，どうしても離席したい場合は理由を述べさせること，などの工夫をすることが考えられる。

　相手に暴言を吐く発達障がいの児童生徒は，自分の思いやことばを相手に伝えることが困難で，相手の言葉を理解できず誤解を招いたり，冗談もことばどおりに受け入れてしまうため，すぐに逆上するといった原因が考えられる。そこで対策としては，①まず気持ちを落ち着かせるため，児童生徒がクールダウンできる部屋を用意し，しばらくそこに移動させる，②穏やかに話しかけ，頭ごなしに注意するのではなく，提案やアドバイスのような形で話しかけてみる，③クラス全体で，どういう言葉や対応をすれば相手にうまく自分の主張を伝えられるのかを考える時間を設け，生徒にロールプレイングさせる，といった手法があげられる。

　また，対人関係トラブルになりやすい発達障がいの児童生徒につい

ては，言葉によるコミュニケーションや相手の気持ちを察することに苦手であったり，不安や恐れを抱いていることが原因である場合が多い。そこで対策としては，①当該児童生徒に自然に接することができる他の児童生徒とグループやペアを組ませる，②勉強や作業ができた場合に積極的にほめる，③クラス生徒にお互いの児童生徒の長所をあげる作業を行ったりすると効果的であったという報告もなされている。

以上のような事例を参考にしつつ，自分が学級担任となった場合に取り組みたい実践内容を具体的に論述すればよい。

## ●作成のポイント

基本は序論・本論・結論の3段構成でよい。序論では，事例の児童生徒の状況を自分自身がどのように理解しているかを簡潔にまとめる。どのような発達障がいと考えられ，どのような対応が必要になってくるかをここでおさえ，本論を展開しやすくする。

本論では序論で述べたことを踏まえ，どのような配慮をしながら指導・支援を行っていくかを具体的に論述する。担任教師は，発達障がいをもつ当該児童生徒に対しては他の生徒と同じように扱い，過大な要求や注意をせず，できるだけ穏やかに静かな声で対応したり，頑張りをほめるなど，特別な支援や配慮が必要である。先にあげた個別の対応策の他に，担任は当該の児童生徒に対して，授業を受けるときのルールを教えるとともに，板書だけでなく写真や絵などの視覚的教材を用意したり，児童生徒自身が何を言いたかったのかを5W1Hに評価して書いてもらうなど，授業時の工夫について触れてもよい。

結論ではここまでで述べたことをまとめ，福島県の教員としてどのように発達障がいの児童生徒への指導・支援に取り組んでいくかという決意を述べておきたい。

【小学校教諭・2次試験】 50分

## ●テーマ

> 平成26年11月に福島県教育委員会がおこなった「読書に関する調査」で、「読書のきっかけ」について質問したところ、読みたい本を「学校の図書館で見つけた」と回答した児童の割合が全体の56.2%でした。また、「本を手に入れた方法」についての質問においても、「学校の図書館の利用」と回答した児童の割合が全体の63.5%でした。この結果から、学校図書館が児童の読書習慣の形成に大きな影響を与えているといえます。
> あなたは学級担任として、読書に関心を持たせ、進んで読書をする児童を育てるために学校図書館をどのように活用していきますか。あなたの考えを1,000字程度で具体的に述べなさい。

## ●方針と分析

(方針)

　学級担任として、読書に関心を持たせ、進んで読書をする児童を育てるために学校図書館をどのように活用していくか、自分自身の考えを具体的に論述する。

(分析)

　子どもの読書活動の推進に関する施策の総合的かつ計画的な推進を図り、もって子どもの健やかな成長に資することを目的とした「子どもの読書活動の推進に関する法律」が平成13年12月に成立したのを受け、平成16年3月に、学校、家庭、地域等がそれぞれの役割を果たしながら相互に連携し、子どもの読書活動推進の基本となる方針と具体的な方策を明らかにした「福島県子ども読書活動推進計画」が策定された。今回の課題はその取り組みや成果を背景に出題されている。

　最新の第3次計画(平成27年2月)では学校図書館を活用した学習活動

の充実として，「各教科等の学習を通し，学校図書館を活用した記録，説明，批評やレポート作成やプレゼンテーション等の言語活動の充実に努めます」としている。自由課題を児童生徒に課す場合には，課題の設定→情報の収集→整理・分析→まとめ・発表といった一連のプロセスを指示し，期限を決めて，ある程度児童生徒にまとまった時間や準備をさせ，取り組ませるための指示や授業運営が必要不可欠である。

　さらに学校図書館では，どういう資料や文献，情報が得られるのか，それらをどのように探せばよいか，といったことについても事前に説明し児童生徒に周知させておくことも重要であろう。

## ●作成のポイント

　基本は序論・本論・結論の3段構成でよい。序論では，自分自身が取り組みたい学校図書館を利用した指導の大枠を示す。これは，児童の主体的な読書活動の推進をねらいとしたものである必要があることを忘れてはならない。

　本論では序論で述べたことを踏まえ，自分が学級担任となった場合に取り組みたい実践内容を具体的に論述する。児童自身の読書活動を推進させるためには，学級担任は自分の決めた任意の課題を強制するのではなく，児童生徒が自発的に読書に向かう動機づけを与えるようなアイデアを実践することがポイントである。たとえば学級担任は，各教科の教員と連携を取りつつ，教科ごとにそれぞれ自由課題を出してもらい，児童生徒がより学習理解を深めるため，学校図書館を活用してそれらの課題にどう取り組むかを指導することが考えられる。また，学級活動等の時間に，グループ単位で独自の自由課題を課し，それらを学校図書館で調べて，後に発表する機会をつくることも有効であろう。本や雑誌だけに縛られるのではなく，学校図書館によっては，DVDや写真資料を所蔵しているところもあるので，それらの活用方法についても検討したい。そうすることで各メディアの長所・短所に触れることができ，本の長所に気付いて必要に応じて自分から本を手に取る主体性をはぐくむことができる。

　結論ではここまでで述べたことをまとめ，福島県の教員としてどのようにして児童に主体的な読書習慣を身に付けていくかという決意を述べておきたい。

【中学校・2次試験】　50分

## ●テーマ

　平成26年11月20日に，文部科学大臣が中央教育審議会に諮問した「初等中等教育における教育課程の基準等の在り方について」の中では，「何を教えるか」という知識の質や量の改善はもちろんのこと，「どのように学ぶか」という，学びの質や深まりを重視することが必要であり，課題の発見と解決に向けて主体的・協働的に学ぶ学習(いわゆる「アクティブ・ラーニング」)や，そのための指導の方法等を充実させていく必要があると述べています。

　あなたは「アクティブ・ラーニング」を自分の教科にどのように取り入れていきますか。あなたの考えを1,000字程度で具体的に述べなさい。

## ●方針と分析

(方針)

　「アクティブ・ラーニング」を自分の教科にどのように取り入れていくか，自分自身の考えを具体的に論述する。

(分析)

　「アクティブ・ラーニング」とは，元来大学の授業で使用されていた用語であり，中央教育審議会の「新たな未来を築くための大学教育の質的転換に向けて～生涯学び続け，主体的に考える力を育成する大学へ～(答申)」(平成24年8月)では「学修者が能動的に学修することによって，認知的，倫理的，社会的能力，教養，知識，経験を含めた汎

用的能力の育成を図る」能動的な学習法のことだと定義している。具体的には，発見学習，問題解決学習，体験学習，調査学習，教室内でのグループ・ディスカッション，ディベート，グループワークなどの実践があげられている。本問ではこれを具体的に受験者自身の指導教科にどのように取り入れていくかを論述するので，児童生徒自身が自発的に授業に取り組むようなワークショップや討論型の授業を意識して自身のアイデアを展開していくとよいだろう。ただし，「アクティブ・ラーニング」を進めるうえで，教師の役割は普段の授業のような一方的な教壇からの講義解説スタイルではなく，ファシリテーターとして生徒自身の取り組みをサポートし授業を進行・誘導していくことであり，授業を行う教師にはファシリテーションのスキルが求められる。それには一方的に知識を教える場合とは異なり，①授業の目的，プロセス，手法，ゴールを，丁寧に示すこと，②自ら答えを示さず，生徒自身の疑問に随時丁寧に答えたり，時間や進行の調整をしたりといった誘導役に徹する姿勢が基本である。

## ●作成のポイント

　基本は序論・本論・結論の3段構成でよい。序論では，自分自身が取り組みたい「アクティブ・ラーニング」の大枠と，それにより期待される成果の概要を示す。想定する「アクティブ・ラーニング」を紙(筆記)ベースで行うのか，コンピュータやタブレットなどのICT機器を駆使した方法で行うのか，討論やプレゼンテーションのような実際の会話形式で行うのか，といった方法も，根拠と共に明確化しておきたい。

　本論では序論で述べたことを踏まえ，自分が学級担任となった場合に取り組みたい実践内容を具体的に論述する。たとえば担当教科が国語であれば，国語の教材に掲載されている題材を取り上げ，主人公の心情や登場人物の性格についてなど，児童生徒個人がそれぞれ自分の意見やアイデアをだし，個人またはグループごとにまとめて発表し，生徒同士で意見交換しあうといった授業の実践が考えられる。数学で

あれば，文章題や図形の証明問題など，生徒個人または数名のグループで模範解説を作成し，どれがもっともわかりやすいかを互いに検討しあうことなどが想定できる。英語の場合は，生徒自身が英語劇のシナリオを作成して発表したり，自身の趣味や特技，あるいはもっとも好きな映画や音楽などについて，生徒自身が英語でスピーチもしくはプレゼンテーションしたりする機会を設けるなどの実践例が考えられよう。いずれの場合でも，アクティブ・ラーニングの目的や成果は，生徒自身が協同で問題に取り組み学ぶことで，互いの刺激を高めあい，それぞれの教科内容に関する学習意欲を高めると同時に，知識を深めることである。

　結論ではここまでで述べたことをまとめ，自身の提示したアイデアにより，生徒の学びにどのような成果が期待できるかを具体的に論述して締めるとよい。


【高等学校・2次試験】　50分

## ●テーマ

　教育学者ウィリアム・ウォードのことばに，「凡庸な教師は言って聞かせる。よい教師は説明する。優秀な教師はやってみせる。しかし最高の教師は子どもの心に火をつける。」があります。
　あなたは，どのような取り組みで子どもたちの心に火をつける教育を実践しますか。900字程度で述べなさい。

## ●方針と分析

（方針）
　「子どもの心に火をつける」教師とはどのような教師像かを明らかにし，これを実践するにはどのような取り組みを行うか，具体的に論述する。

(分析)

　福島県では，未来を担う子どもたち一人一人の「確かな学力」，「豊かなこころ」，「健やかな体」，すなわち「生きる力」の育成を図るべく，求める教師像として以下の3点を示している。①子どもに対する教育的愛情と教育に対する情熱，使命感を持って学び続ける教師。②教えるプロとしての深い専門性や幅広い教養を持ち，実践的指導力のある教師。③社会人として心身共に健康で高い倫理観と自律心を持ち，個性豊かで人間的な魅力あふれる教師。このことを自分自身の考えに引きつけて，「子どもの心に火をつける」教師像をとらえていくとよいだろう。

　たとえば，人のモチベーションを高めるための「動機づけ理論」として「自己決定理論」が最近注目されている。それによれば，人に与える動機づけには，外発的な動機づけと内発的な動機づけがある。外発的な動機づけの例は，一定の目標を達成することで報酬や名誉，地位，賞を与えるというものであり，内発的な動機づけの例は，本人の充実感や達成感，もしくは知的好奇心を満たすというものである。ただし，前者について単に目標が一方的に与えられるだけでは，生徒自身の行動への動機づけには直結しない。生徒自身が自ら興味関心をもち，自主的に取り組みたいと思わせるためには，後者の存在が不可欠であるとされる。内発的動機づけを与えるためには，生徒自身にできるだけ選択肢を与え自主的に取り組む内容を選ばせるようにする，学習成果を生徒自身が発表し評価される場をつくる，学習後に必ず生徒自身に自己評価をさせ，教師がアドバイスするようにフィードバックする機会を設ける，といった取り組みが重要であると指摘されている。

## ●作成のポイント

　課題テーマは「子どもの心に火をつける教師像」について，自身の実践を問うものである。抽象的で書きづらいテーマに思われるが，逆に内容に関する具体的な指定がない分，自分自身の土俵に引き付けて，自分の思うように自由に論述が可能である。

　たとえば，前半では，自分自身が小・中・高校生であった頃を振り返り，どのような教師のどういう授業内容や教育姿勢に影響を受けたか，魅力を感じたか，その結果自身の勉強や活動にやる気を起こさせるきっかけとなったか，といった点を振り返り，体験談を中心にまとめる。後半では，先の自身の体験談と結びつけて，今後自分が教員となった際に，生徒に勉強や活動に対するやる気を起こさせるために，どのような授業の工夫をするか，あるいは生徒との接し方に配慮するかといった点を，例をあげて論述するとよい。

　具体的な取り組みとしては，先述の「内発的動機づけ」に関連して最近注目されているアクティブ・ラーニングを自分の指導教科を想定して，どのように授業に導入するかを事例をあげて述べてもよい。ただしその場合も，個々の生徒によって興味関心や得意・不得意分野は異なるので，教師はできるだけクラスの生徒全員がやる気や達成感を持てるよう，個人単位で学習状況を観察し対応することが重要となる。

　また，生徒が授業に集中して取り組む姿勢に関して，教師の人間性や教師個人に対する信頼，憧れ，好奇心というものが大きく左右する場合が少なくない。これについては，教師が一定程度自己開示する，自身の興味ある話や趣味特技，活動，学校時代，社会人時代の体験談といったものを話題に盛り込むと同時に，それらの内容を学習内容と関連づけて，これを学ぶことによって何の役に立つか，将来何に活かせるかなど，一種の「キャリア教育」にもつながる明確な視点を与えることで，生徒の学習意欲，動機づけを高めるといった実践も重要である。

　以上のような点を踏まえ，自分自身が教員としてクラスの授業を任された時に取り組むべき具体的内容を，独自の視点や体験談をもとに，自由に論述するとよい。

【高等学校・2次試験】 50分

# ●テーマ

OECD(経済協力開発機構)のPISA調査など各種調査では，我が国の児童生徒に関する課題の一つとして，「自信の欠如や自らの将来への不安」といった指摘がされています。

「自信の欠如」「自らの将来への不安」などの課題を抱えた生徒に対し，あなたはどのような教育実践をしますか。900字程度で述べなさい。

# ●方針と分析

(方針)

「自信の欠如」「自らの将来への不安」などの課題を抱えた生徒に対し，どのような教育実践を行うか，具体的に論述する。

(分析)

本課題は，高等学校学習指導要領(平成21年3月告示)の改訂内容を受けている。この時に参考にされたPISA調査などの結果について，具体的には「自信の欠如」として，自由に自分の意見や考えを披歴することへの不安や，数学への自信の欠如が指摘されている。また「自らの将来への不安」については，生徒が学んだ内容を将来の職業に活かすという視点が欠如していることが指摘されている。このことから，「自信の欠如」「自らの将来への不安」の原因・背景を分析考察し，それぞれについて自身が教師として個別的にどのようにアプローチするかを具体的に述べることが必要である。

生徒が「自信の欠如」になる原因としては，たとえば何らかの原因で学習につまずき，授業についていけなくなる，理解できなくなるといった挫折体験を通じて，自身の自尊感情や自己肯定感が後退したことがあげられる。また，「自らの将来への不安」を引き起こす原因としては，目先の進学先の大学・学部やそこで何をやりたいのか方向性

が定まらない，自分の職業適性や性格を把握できない，といった理由
があげられる。

　そこで，生徒自身の自尊感情や自己肯定感を高めることによる「自
信の欠如」に対処する策として，教員は当該生徒の長所，興味関心を
見つけて伸ばすように導くため，日頃の授業や課外活動において，ま
た選択学習や放課後の個別学習の機会を増やし，そのつど成果を報告
させて向上した点については褒め励まし，課題点については肯定的に
助言するなど，当該生徒のやる気や向上心アップのための実践が必要
と考えられる。また，「将来への不安」に対処するには，自身の性格
適性や職業適性を図るための検査を実施し，個別に進路相談に乗るこ
とや，いわゆるキャリア教育による生徒の進路に対する問題意識の動
機づけが考えられる。キャリア教育の実践例としては，職場見学など
の他に，本や新聞記事，ビデオ教材などを題材に将来の職業選択につ
いてクラス全員で討論したり，社会人OBを学校に招いて職業経験につ
いて話をしてもらうといった取り組みが報告されている。

## ●作成のポイント

　基本は序論・本論・結論の3段構成でよい。序論では，課題テーマ
にある生徒の「自信の欠如」「将来への不安」の原因と背景について
分析して論述し，本論と結論で自分自身が教師として取り組みたい実
践について，事例をあげて詳述するとよい。

　大学進学や職業選択を控えている高等学校の生徒の場合を想定する
と，小・中学校でのような学級活動や課外活動などを通しての対策は
時間的にも物理的にも制約されるため，具体的に自身の指導教科の授
業などで個別対応による解決策を図る場面を中心に想定する。たとえ
ば文部科学省の分析であげられていた，数学への自信欠如に対しては，
補助プリント教材を授業や放課後学習などで繰り返し用いることで，
生徒自身の弱点分野を見い出し，それを自分の力で克服させ自信をつ
けさせるといった試みがあげられている。

　また，進路相談においては当該生徒の興味・関心や特技などを聞き，

さまざまな職業を調べる機会を設け，職業適性診断を実施したうえで，当該生徒に見合った進路先，学部や学科について紹介したり，適宜アドバイスするといった教育実践が現実的である。ただ自己分析シートの活用も含めて，一方的な情報や知識の提供や説得ではなく，生徒自身が自ら納得して取り組めるような教育実践例あるいは方向性を示すことが望ましい。

## 【特別支援学校・2次試験】

## ●テーマ

> 　本県教育委員会では，「地域で共に学び，共に生きる教育」の推進を，特別支援教育の理念として掲げています。
> 　あなたは，子どもたちの生来の自立と社会参加を見据えて，どのようなことを大切にして，日々の指導に当たりたいと考えていますか。「夢」「生きる力」という2つのことばをキーワードに，あなたの考えを記述しなさい。
> 　なお，問題文中の「子どもたち」とは，あなたが受験した学部の子どもたちを指します。(50分　900字以内)

## ●方針と分析

(方針)

　子どもたちの生来の自立と社会参加を見据えて，どのようなことを大切にして，日々の指導に当たりたいと考えるか，指定語句を用いながら具体的に論述する。

(分析)

　「地域で共に学び，共に生きる教育」とは，平成21年9月の福島県学校教育審議会答申で示された今後の福島県の特別支援教育が目指す基本理念である。これには「就学前の早期から就労に至るまでのそれぞ

れのライフステージにおける継続した支援，更に地域における医療，保健，福祉，教育，労働等の関係機関が連携した支援が求められる」と述べられている。また，「児童生徒の卒業後の社会生活および家庭生活の質の向上を図るため，児童生徒等が自立し社会参加することを目指した教育の充実が必要」とされ，具体的には「児童生徒一人一人の教育的ニーズを明確にした指導を実施できるように「個別の指導計画」を活用した授業の充実を図る必要がある」と述べられている。

そこで課題文の趣旨は，個別対応を中心とした自立活動の充実を通じて，何らかの障がいを抱える特別支援学校や学級の生徒が，自立した社会生活を送れるような「生きる力」を育み，将来の自分の「夢」に近づけるための教育を指すものと考えられる。

## ●作成のポイント

最初に，「夢」「生きる力」という2つのことばをキーワードとして，どのような記述を求められているかを明らかにする。

次に，自身が受験する校種と指導教科を述べたうえで，具体的な取り組みについて論述していく。その際にどんな補助教材を使用するか，どういうプロセスでどういう目標や成果が期待されるかを具体的に述べるとよりわかりやすい。たとえば授業中にゲームやパズル，図画工作による作業の時間を多く割くことは，特別支援教育対象の児童生徒のスキルアップのための支えになる。

また，キャリア教育の視点からは，実際に現場での職業体験や現場実習を取り入れている事例が多数存在する。その場合も教員は，児童生徒一人ひとりの実際の職業観，職業適性や能力を見極めるためのチェックや検査診断をもとに，将来の進路先についてアドバイスする姿勢が不可欠である。

課題文で指定されている2つのキーワードについては，序論あるは結論で引用し，個々の児童生徒が自らの自立能力すなわち「生きる力」をはぐくみ，将来の社会参加の方向性すなわち「夢」に近づけるためのサポートをするための，特別支援教育に携わる教員としての抱負を

述べるとよい。

【養護教諭・2次試験】 50分

## ●テーマ

本県の不登校児童生徒数は，平成18年度をピークに確実に減少してきましたが，震災・原発事故以降増加に転じており，平成26年度については，平成25年度より小・中学校合わせて100名以上増加しています。あなたが赴任した学校に，教室には行けないが保健室でなら学習できる児童生徒がいた場合，養護教諭としてどのような支援をしていきますか。保健室経営や他の教職員との協力体制を中心に，あなたの考えを1,000字程度で具体的に述べなさい。

## ●方針と分析

(方針)

想定された事例に対し，保健室経営や他の教職員との協力体制を踏まえて養護教諭としてどのような支援をするか，具体的に論述する。

(分析)

児童生徒が「保健室登校」になる原因としては，教室に入っても友達ができない，クラスに馴染めない，孤立している，いじめに遭う，授業に集中できないといった理由が多いため，養護教諭は，一人ひとりの児童生徒が直面している心身の問題に向き合い，問題に応じた相談支援の方法を検討することが必要になる。また不登校の児童生徒への再登校を目指すステップとして，一時的に「保健室登校」の役割が見直され期待されている。

養護教諭としての，保健室登校の児童生徒への対処については，いくつかのポイントがある。第一に，養護教諭による対応・支援に至る

プロセスを確立することである。まずは児童生徒の心身の異常に気付くためのチェックを怠らないことであるが，これには医学的知識を活用し，児童生徒の器質的な異常の有無を把握することが不可欠である。さらに児童生徒の日常行動や家族関係，友人関係などを把握したり，バイタルサインやスキンシップをとったりして，児童生徒の心身の異常の原因を探り，支援方法，支援計画を策定することがあげられる。

　第二に，養護教諭は医学的所見のある児童生徒に対応するため，学校医や地域の医療機関，専門医などとの連携をこまめに図り，速やかに保護者に紹介する体制をつくっておくことが重要である。同時に，学校環境による心理的要因をもつ児童生徒に対応するため，担任教諭やスクールカウンセラーらと連携し，必要に応じて保護者との面談を行い，校内支援活動の必要性について，学校側に協力を求める体制づくりなどがあげられるだろう。以上のような観点も念頭に置きながら，自身の養護教諭として取り組みたい事例や目標を述べる。

## ●作成のポイント

　序論・本論・結論の3段構成で簡潔にまとめるとよい。序論で養護教諭の実施する保健室登校の意義について簡潔に述べる。その後，本論では養護教諭として，自身がどのような点に留意して児童生徒に対処するかについて，具体例をあげて展開する。

　引用するケースでは，友人関係のトラブルやコミュニケーション不全などによる悩みが原因となって教室で授業を受けられない児童生徒の事例などを具体的にあげるとよい。いずれも自身が養護教諭としてどのようなプロセスで対応し，教室に復帰させるステップにつなげるかを述べ，それを通じて保健室の機能をどのように高めてゆくか，どのように教職員間で連携を図るかを，結論につなげて締めるとよいだろう。

## 2015年度　論作文実施問題

## ●テーマ

高等学校学習指導要領(平成21年3月告示)「第1章　総則　第1款　教育課程編成の一般方針」において、「道徳教育を進めるに当たっては、特に、道徳的実践力を高めるとともに、自他の生命を尊重する精神、自律の精神及び社会連帯の精神並びに義務を果たし責任を重んずる態度及び人権を尊重し差別のないよりよい社会を実現しようとする態度を養うための指導が適切に行われるよう配慮しなければならない」とされている。

あなたは、自分自身の教科指導やホームルーム経営において、道徳教育をどのように取り入れていきたいと考えるか。これまでの経験を踏まえながら、具体的な内容と指導の方法について900字程度で述べなさい。(50分)

## ●方針と分析

(方針)

教科指導やホームルーム経営において、道徳教育をどのように取り入れたいと考えるか、具体的な内容と指導の方法についてこれまでの経験を踏まえながら論述する。

(分析)

平成22～26年度における「第6次福島県総合教育計画(改定版)」では、「各学校における道徳教育を推進する教員を中心とした指導体制づくりや、道徳の時間における多様な指導方法等の工夫、道徳の授業公開の積極的な実施、家庭や地域社会との連携の強化等を行い、地域の伝

統や歴史を踏まえながら，「学校の教育活動全体を通して」道徳教育の充実を図るとしている。これに加え，平成23年以降は，東日本大震災の経験を教材化するなど，「いのち」「家族」「絆」をテーマにした道徳教育を推進している。以上のことをまずおさえておきたい。また，道徳教育の具体的な指導方法については，教科指導やホームルーム経営の場で生徒にどのようなことを教え伝えたいのかといった指導目標や指導の構成・展開の在り方，指導する際に施した工夫・配慮のポイントなど丁寧に説示していこう。

## ●作成のポイント

　答案の構成も序論・本論・結論からなる三段構成で対応すればよいだろう。序論では，テーマとなっている「道徳教育」が今なぜ必要とされているのか，道徳教育が社会的に要請されている状況を考察する。その上で，たとえば，「では，具体的に，道徳教育を教科指導の場などでどのように取り入れていけばよいだろうか」など自分なりの問いを立てて，本論へ展開する。

　本論では，具体的な道徳教育の内容と指導の方法を説示していく。その際，自身の教職経験を踏まえた指導方法の工夫・配慮を示すようにしよう。また，忘れてはならないのは，その指導の目的・意図が高等学校学習指導要領に沿うものでなければならないということである。序論における考察の段階から，学習指導要領の内容をおさえておくべきだろう。

　結論では，自分の提示した指導内容と方法が，生徒に深い道徳観を培わせる効果があることを端的に確認して締めくくる。

【特別選考Ⅰ(特別支援学校)・1次試験】

## ●テーマ

> 特別支援学校においては，発達障がい等を併せ有する児童生徒の在籍が増加しており，授業中の離席や活動に集中して取り組むことが難しい状況が見られることがあります。
>
> あなたは，このような児童生徒の行動をどのように捉え，どのような配慮をして各教科等の指導に当たりますか。障がい種，学部学年，教科等を設定し，具体的な学習活動を挙げて，800字以内で書きなさい。

## ●方針と分析

(方針)

受験校種・教科等を想定した場面を設定し，特別支援学校において発達障がい等を併せ有する児童生徒が学習活動に困難をきたす状況を呈する行動をどのように捉え，どのような配慮をして各教科等の指導に当たるか，具体的な学習活動を挙げて論述する。

(分析)

発達障がい等を併せ有する児童生徒が授業中の離席や活動に集中して取り組むことが難しい状況を呈する行動をどのように捉えるか，というのが設問の要求する1つめの解答である。特別支援学校の教師として求められる発達障がいについての基本的な知識・理解を図り，また，福島県が求める教師像のひとつである「教えるプロとしての深い専門性や幅広い教養を持ち，実践的指導力のある教師」としての資質・能力を図る問いである。児童生徒が学習活動に困難をきたす状況を呈する行動をとる真の意味を理解できているか確認したいという意図があるだろう。そうした出題意図を汲み取って，児童生徒が陥る不安定状態の意味や全体像を正しく理解できていることを示したい。

続いて，具体的な状況対応について学習活動例を挙げて説示する，

というのが設問の要求する2つめの解答である。発達障がい等を併有する児童生徒は，その学習の内容や進め方も個別具体的に対応する必要がある。特別支援学校小学部・中学部学習指導要領及び高等部学習指導要領(平成21年3月告示)でも，障害のある子ども一人一人の教育的ニーズに対応した適切な教育や必要な支援を行う必要を説いている。そのため，まず，考察対象となる児童生徒とその状況を特定する。そして，児童生徒が示す不安定状態へ的確に対応し，なおかつ学習を円滑に進め学習目標を達成していくための配慮や工夫を具体的に説示していこう。

## ●作成のポイント

　序論で1つめの要求に答え，本論で2つめの要求に答え，結論でまとめるというシンプルな三段構成で対応したい。

　序論では，問題文に示されていた指導上の課題についてその問題性を正しく理解できていることを示す。発達障がい等を有する児童生徒が，時に集団一斉授業に集中できない状態に陥る場合があること，そうした状態に陥る理由・原因が必ずあること，そうした因果関係を正しく知り適切な対応に結びつける必要があること，といった問題の本質理解を志向するような概要考察を端的に行おう。その上で，「このような児童生徒の行動をどのように捉えるべきだろうか」などと問題提起し，児童生徒の不規則・不安定な行動の真の意味を具体的に考察していく。具体的な事例として自閉症の子ども特有の心理・行動を事例として取り上げてもよいだろうし，特定の障がい種の児童生徒にある心理・行動態様の特徴を取り上げてこたえていくこともできるだろう。本論では，序論での考察をもとに，場面・条件設定を明らかにした上で，さらに具体的な対応を考えていく。障がいに対する理解力だけでなく，それに適切に対応し，目的の学習内容を円滑に指導し成果に結びつける実践力がここでは問われている。指導にあたりどのような配慮・工夫ができるか自分なりのアイデアを分かりやすく説明していこう。

【小学校教諭・2次試験】　50分

# ●テーマ

　学習指導要領では，国語科の指導のみならず，各教科等すべての授業において「言語活動」を充実させることが示されています。あなたは小学校教員として，「言語活動」を取り入れた授業を，国語科をはじめ，各教科等すべての授業においてどのように進めていきますか。あなたの考えを1,000字程度で述べなさい。

# ●方針と分析

(方針)

　小学校教員としてどのように「言語活動」を取り入れた授業を進めていくか，自分の考えを論述する。

(分析)

　現行学習指導要領において「言語活動」の充実が重視されている背景には，「幼稚園，小学校，中学校，高等学校及び特別支援学校の学習指導要領等の改善について(答申)」(平成20年1月中央教育審議会)において「言語は知的活動(論理や思考)の基盤であるとともに，コミュニケーションや感性・情緒の基盤でもあり，豊かな心を育む上でも，言語に関する能力を高めていくことが重要である」として，言語に関する能力の育成を重視したことが，「言語活動の充実に関する指導事例集【小学校版】」(平成23年10月文部科学省)で示されている。また，「第6次福島県総合教育計画(改定版)」では，知識・技能を活用する基盤となる言語に関する能力を育むために言語活動を一層充実させるとしており，学校における読書活動を推進するとしている。また，第3次「福島県子ども読書活動推進計画」(平成27年2月)では，「各教科等の学習を通し，学校図書館を活用した記録，説明，批評やレポート作成やプレゼンテーション等の言語活動の充実に努めます。」として，具体的な言語活動のアプローチ例をあげている。よって，各教科等で

ねらっている論理的思考やコミュニケーション能力を育てる一環として，読書活動を取り入れた学習活動を具体的に挙げるとよいだろう。

## ●作成のポイント

　本問では，テーマの意義等の理解については直接的に問われていないが，答案序盤では，「テーマに対して自分なりの理解を示す」という内容で構成したほうが無難だろう。その上で，本論で具体的に言語活動を取り入れた授業構成やその進め方を述べていく。「言語活動の充実に関する指導事例集【小学校版】」(平成23年10月文部科学省)で示されている児童の発達の段階に応じた指導や，教科等の特質を踏まえた指導の具体例及び留意事項は解答の方向性を決める手助けとなるだろう。気をつけたいのは，国語科などの特定の教科における活動ではなく，すべての授業における取り組みとして示す必要があるということだ。加えて，「言語活動」の充実が重視された背景や1人で1学級のほぼすべての教科を教えるという小学校教員の特質を踏まえ，「確かな学力」「豊かな心」「健やかな体」，すなわち「生きる力」をバランスよく育成するような提案をしていきたい。

【中学校・2次試験】

# ●テーマ

平成25年6月に「いじめ防止対策推進法」が公布され，同年9月に施行されましたが，学校教育においては，いじめの問題が依然として憂慮すべき状況にあります。いじめの問題の背景には生徒の人権に関する意識の低さに問題があると考えられています。

あなたは中学校教員として，「人権を大切にする教育」についてどのように考え，学校教育の中で，「人権を大切にする教育」についてどのような取組をしていきますか。あなたの考えを1,000字程度で述べなさい。

# ●方針と分析

(方針)

中学校教員として，「人権を大切にする教育」についてどのように考え，学校教育の中でどのような取組をしていくか，自分の考えを論述する。

(分析)

「第6次福島県総合教育計画平成26年度アクションプラン」では，人権教育を「道徳教育の充実」の一環として取り扱っており，平成9年以降の福島県教育委員会の人権教育開発事業では，人権意識を培うための義務教育段階の学校教育の在り方について幅広い観点から実践的な研究を行い，人権教育に関する指導方法等の改善及び充実を図っている。そこで，「人権を大切にする教育」を現行学習指導要領において育成をめざす「生きる力」のうち「豊かな心」の視点で考察を進めるとよいだろう。また，学校教育の中での取り組みについては，「人権教育の指導方法等の在り方について(第三次とりまとめ)」(平成20年3月文部科学省)に掲げられている，学校における人権教育の在り方や取組が参考になるだろう。同とりまとめでは人権教育を「人権に関す

る知的理解と人権感覚の涵養を基盤として，意識，態度，実践的な行動力など様々な資質や能力を育成し，発展させることを目指す総合的な教育」と位置づけている。この位置づけは，学校における教育活動全体の中で，自他の人権を大切にする観点をどのように養うかという問題のカギとなるだろう。

## ●作成のポイント

　問題の要求自体は，テーマに対する理解と具体的な取組についての説示というオーソドックスなものであるので，序論・本論・結論の三段構成でよいだろう。

　序論では，いじめ問題の原因の一つに人権意識の低さがあるという背景の説明を踏まえ，人権に関する現在の社会状況について考察し，「では，そうしたいじめの防止・解決の力となるような人権教育をどう実践していけばよいだろうか」など問題提起を行い，本論へつなげる。本論では，具体的な取組内容を説示していく。いじめの問題の背景としての人権問題は学校教育の現場における重要な課題なので，自身の知識・理解を広め深めておく努力を怠らないようにしよう。取組内容を示すにあたって注意すべきことは，人権教育一般の説明にならないようにすることだ。求められている人権教育は，いじめの防止・解決に役立つ効果があるものでなければならない。結論では，自身が説示した取組がそうした効果がある人権教育と呼べるものであることを端的に確認して締めくくろう。

【高等学校・2次試験】

# ●テーマ

> 　生涯にわたる学習の基礎となる「自ら学び，考え，行動する力」などを確実に育てるために，生きる力の確実な育成が求められています。これには，新学習指導要領を踏まえて言語活動を充実させることが必要です。特に思考力・判断力・表現力等の効果的な育成のために，あなたは教科担当者としてどのように言語活動を充実させますか。あなたの考えを900字程度で述べなさい。

# ●方針と分析

(方針)

　教科担当者として，特に思考力・判断力・表現力等の効果的な育成のためにどのように言語活動を充実させるか，自分の考えを論述する。

(分析)

　「言語活動」の充実をテーマにした問題である。小学校教諭の問題と同様に読書活動を取り入れた学習活動を取り上げて論じることを基本方針とすればよいが，本問で注意すべきは，「思考力・判断力・表現力等の効果的な育成のため」という目的が明示されていることだ。この目的に適う言語活動内容を，自身の担当教科の授業等でどのように実践指導していくか説示していく必要がある。「言語活動の充実に関する指導事例集〜思考力，判断力，表現力等の育成に向けて〜【高等学校版】」(平成23年10月文部科学省)では，「幼稚園，小学校，中学校，高等学校及び特別支援学校の学習指導要領等の改善について(答申)」(平成20年1月中央教育審議会)を引用し，思考力・判断力・表現力等を育むために各教科等において行うことが不可欠である学習活動の例として，「(1)体験から感じ取ったことを表現する」「(2)事実を正確に理解し伝達する」「(3)概念・法則・意図などを解釈し，説明したり活用したりする」「(4)情報を分析・評価し，論述する」「(5)課題につい

て，構想を立て実践し，評価・改善する」「(6)互いの考えを伝え合い，自らの考えや集団の考えを発展させる」があげられている。(4)の学習活動については特に多くの具体例が示されており，課題発見・解決能力，論理的思考力，コミュニケーション能力，クリティカル・シンキングなどの育成・習得の観点からもこれが重視されていることがうかがえる。問題で示されている要求や目的などが，書くべき内容の要件になっているという関係に留意して，そうした要件を満たす具体的内容を素早く想起できるようにしておこう。

## ●作成のポイント

　答案構成は序論・本論・結論からなる三段構成で十分対応できるだろう。序論では，問題文で示されていた背景や現在の教育課題を考察するなどして，今なぜ言語活動の充実が求められているのかその理由・事情に対する理解を示す。それに続いて，問題の要求を疑問形にして，「では，生徒に思考力・判断力・表現力などを身に付けさせられるような言語活動を教科の中でどのように教育実践していけばよいだろうか」などと問題提起して本論へ展開する。この問題提起を受ける形で，具体的な教育実践内容を考察していく。また，その指導内容が，生徒の思考力・判断力・表現力等の効果的な育成に資するものであることを証明する考察も施しておこう。結論では，今まで述べてきたことが教育実践のひとつとして有用であることを端的に確認して締めくくろう。

178

【高等学校・2次試験】

# ●テーマ

　小説家の井上ひさしさんは，生前よく「むずかしいことをやさしく，やさしいことをふかく，ふかいことをおもしろく，おもしろいことをまじめに，まじめなことをゆかいに，そしてゆかいなことはあくまでゆかいに」と話をされていたそうです。これは教師が学習指導をする上で，参考になる話だと思いますが，特にこの中で「むずかしいことをやさしく，やさしいことをふかく，ふかいことをおもしろく」に注目し，あなたが生徒たちに教科を指導する中で，このことを実現するため具体的にどのような取り組みをしますか。あなたの考えを900字程度で述べなさい。

# ●方針と分析

（方針）

　生徒たちに教科を指導する中で，「むずかしいことをやさしく，やさしいことをふかく，ふかいことをおもしろく」を実現するため具体的にどのような取り組みができるか，自分の考えを論述する。

（分析）

　「むずかしいことをやさしく，やさしいことをふかく，ふかいことをおもしろく……」という言葉は，井上ひさしの創作活動のモットーとして語られたが，その奥深い含意は教育の本質にも通底するものがあり，本問のテーマとされている。学習指導の際，「分かりやすさ」の意味を浅薄に捉えて「むずかしいことをやさしく」教えれば事足りるとする向きがあるなかで，本当はさらにその先その奥があり，そこまで到達してはじめて生徒を真の理解，学びの悦びへ導けるという学習指導の要諦を言い表した名言といえるだろう。この言葉の意義を反映した具体的な教育実践の方策を説示していこう。

## ●作成のポイント

　答案構成は，序論・本論・結論の三段構成で対応できるだろう。序論では，まず，この言葉の意義が正しく理解できていることを説示する。事前にこの言葉を知っていたならば，井上ひさしさんの人間性やその作品の感想なども絡めながら，その言葉が含み持つ意義を解釈できるだろう。知らない場合でも，この言葉の教育的意義を丁寧に考察し，その上で「では，教科指導の場で，どのようにこの言葉の意義を踏まえた取り組みをしていけばよいだろうか」などの問題提起をして本論へ引き継ぐ。本論では，序論での問題提起を受け，具体的な取り組みを説示していく。その際，今取り組んでいる学習が，生徒の身近な生活と関係があることに生徒自身が気づくことが大切であるとわかった経験等があれば一つの観点となりえるだろう。断片的になりがちな知識の教え込みは「むずかしいこと」で終わってしまう。それを噛み砕いて繰り返し指導すれば「やさしいこと」に変わり得るが，それはまだ生徒にとって浅い心証にとどまりがちだ。それを深めていくには，生徒自身が自分と自分が生きている社会と関係があるという「気づき」が不可欠であること。さらにそれが，揺るぎない世界の真実であるという実感に至ったとき自発的な好奇心が駆動しだすこと。そうしたプロセスを展開していく教育実践を具体的に提案していこう。

【養護教諭・2次試験】

## ●テーマ

　いじめによる自殺が大きな社会問題となり，平成25年6月に「いじめ防止対策推進法」が公布され，同年9月28日に施行されました。学校教育においては，児童生徒が自らの「命」を大切にする教育を，積極的に進めていく必要があります。

　あなたは，養護教諭として「命」を大切にする教育に，どのように取り組んでいきますか。あなたの考えを1,000字程度で述べなさい。

## ●方針と分析

(方針)

　養護教諭として学校教育における「命」を大切にする教育にどのように取り組むか，自分の考えを論述する。

(分析)

　福島県では平成26年7月に「福島県いじめ防止基本方針」を策定しており，いじめ防止対策の基本理念の中では，いじめを受けた児童生徒の生命・心身を保護することが特に重要であることを認識する必要を掲げている。そして，いじめの防止・早期発見・対処のため，「いじめ防止対策推進法」第22条を根拠として，「学校の管理職や生徒指導担当教員，学年主任，養護教諭，学級担任や部活動指導に関わる教職員などから，組織的対応の中核として機能するような体制を，学校の実情に応じて決定すること」が記されている。養護教諭は，保健室へ来室する児童生徒の健康観察や健康相談を通じいじめの早期発見に寄与することが期待できる職種である。「「命」を大切にする教育」というテーマと，その背景にあるいじめによる自殺という社会問題を関連付け，養護教諭の観点から「いじめ」と「命」を深く考えさせる教育実践を提言・提案したい。

## ●作成のポイント

　問題の構成自体は，テーマに対する要求が1つのみとシンプルなものである。しかし，シンプルであるためヒントがなく，内容を自分で深め広げていく力がなければ，書くことがすぐに尽きてしまうおそれがある。知識の収集のみに終始する対策では太刀打ちできない。そこからさらに「何が問題か」「その問題の原因は何か」「その問題をどうすればいいか」と自問を繰り返し，検討を重ねて，本質に迫り核心をつく考察力を磨いておく必要がある。

　書き進め方は多種多様であるべきだが，たとえば，序論では，社会問題にもなった具体的ないじめの事例を考察するなどして，命の尊厳が顧みられていない深刻な状況を説示する。その上で，「では，「命」を大切にする教育を具体的にどう実践していけばよいだろうか」などの問いを立て，本論へつないでいく。本論では，「命」を大切にする教育実践を具体的に提言・提案していく。その際，この教育実践は，いじめによる自殺防止等が目的であることを踏まえて，その目的に資する内容であることが伝わるように留意する。結論では，本論で説示してきた内容は，命を大切にする教育として意義あるものであること，それを自ら実践し，その意義を広く子どもたちに伝えてゆきたい志を示すなどして締めくくろう。

【特別支援学校・2次試験】

# ●テーマ

　本県教育委員会が示している「平成26年度学校教育指導の重点」の中の「特別支援学校の教育」において，「言語活動の充実」を掲げ，「各教科等の指導に当たっては，幼児児童生徒の思考力，判断力，表現力等をはぐくむ観点から，基礎的・基本的な知識及び技能の活用を図る学習活動を重視する」こととしている。また，「言語に対する関心や理解を深め，言語に関する能力の育成を図る上で必要な言語環境を整える」こととしている。

(課題)

　あなたは，前述した「言語活動の充実」の必要性，重要性を踏まえ，特別支援学校小学部(中学部・高等部)の児童(生徒)に対し，どのような授業づくりを進めますか。任意の障がい種及び各教科等の一授業場面を想定し，具体的な指導や支援について記述しなさい。

(50分　900字以内)

# ●方針と分析

(方針)

　「言語活動の充実」の必要性，重要性を踏まえ，特別支援学校小学部(中学部・高等部)の児童(生徒)に対し，どのように授業づくり・指導・支援を進めるか，任意の障がい種及び各教科等の一授業場面を想定し，具体的に論述する。

(分析)

　「言語活動の充実」の意義について，「言語活動の充実に関する指導事例集【小学校版】」(平成23年10月文部科学省)(【中学校版】【高等学校版】も同様の記述がある)では，国語科において「言語の果たす役割を踏まえて，的確に理解し，論理的に思考し表現する能力，互いの立場や考えを尊重して伝え合う能力を育成することや我が国の言語文化

に触れて感性や情緒を育むこと」としており，各教科等においては，国語科で培った能力を基礎として言語活動を各教科等の目的を実現する手立てとすることを説いている。特別支援学校においても，このような意義を踏まえて具体的な授業内容を案出していく。障害のある子ども一人一人の教育的ニーズに対応した適切な教育や必要な支援を行う観点を踏まえつつ，具体的・実践的かつ独自性と妥当性のバランスがとれた授業内容を，任意の障がい種及び各教科の一授業場面を想定して案出することはかなり難しい課題だ。授業内容の妥当性を図ることに重点をおき，堅実に取り組みたい。

## ●作成のポイント

「任意の障がい種及び各教科等の一授業場面を想定し」という条件から，障がいの程度が軽いものを想定し，普通学校の児童生徒と変わらない授業内容を説示することも可能だろう。しかし，それでは特別支援学校という状況を無視することになり問題の主旨からそれてしまう。とはいえ，知的活動(論理と思考)と不可分の関係にある言語能力が様々である，障がいを有する児童生徒に対する一斉授業で言語活動を充実する指導内容を案出することは至難の業だ。そこで，個別あるいは少数の児童生徒を対象にした授業づくりを前提して内容を案出するなど，想定・前提を工夫し，案出しやすい条件を自ら設定するという方針もありえるだろう。ただし，設定に凝りすぎて書いていくうちに状況に無理が生じるようなことは避けなければならない。

そうした方針などを踏まえて，まず，形式面の書き方を定めていく。答案構成は三段構成(序論・本論・結論)で対応できるだろう。内容面では，まず，障がいをもつ児童生徒の言語能力が一様ではないという状況確認をする。そうした状況下で，普通学校で行われるような授業は成立しにくいこと，そして児童生徒一人一人の知的能力・言語能力に合わせた授業づくりが必須であることを示しておこう。こうした前提を読み手と自身の間の共通理解にしておく。その上で，言語活動の充実という目的に適う具体的な授業づくりの在り方を説示していこ

う。


【その他のテーマ】　900字程度・60分
〈特別選考Ⅰ(小・中学校)・1次試験〉
　福島県では，震災からの復興を目指し，本県の未来を担う子どもた
ちに確かな学力をはぐくむため，「つなぐ教育」を推進しています。
あなたは，確かな学力をはぐくむために，どのように「つなぐ教育」
を推進しますか。特に，「子どもと教材をつなぐ」「学びと学びをつな
ぐ」に視点をあてて，今までの自分の実践に触れながら，具体的に述
べなさい。
〈特別選考Ⅰ(養護教諭)・1次試験〉
　第6次福島県総合教育計画では，「知・徳・体のバランスのとれた，
社会に貢献する自立した人間の育成」を目指しています。そのために
は，学校教育において，児童生徒が自ら健康で安全な生活を形成して
いこうとする意欲や実践力を身につけていく必要があります。
　あなたは，養護教諭として，児童生徒に望ましい生活習慣を身につ
けさせるために，どのように取り組みますか。これまでの自分の実践
に触れて，具体的に述べなさい。

| 2014年度 | 論作文実施問題 |

【小学校教諭・2次試験】

## ●テーマ

> 　平成25年度全国学力・学習状況調査結果によると，本県の場合，「知識・技能のより確実な定着とこれらを活用して課題を解決する力」を育成することが急務となっています。
>
> 　あなたは小学校教員として，このことをどう受け止め，児童の学力を向上させるために，どのような取組をしていきますか。あなたの考えを1,000字程度で述べなさい。

## ●方針と分析

（方針）

　福島県では「知識・技能のより確実な定着とこれらを活用して課題を解決する力」の育成が急務となっている。小学校の教員として，このことをどう受け止め，児童の学力を向上させるために，どのような取組をしていくかを述べる。

（分析）

　全国学力・学習状況調査結果(平成25年度)の福島県の平均正答率を見ると，知識面では全国平均なみ，活用面では全国平均を下回り，特に算数の活用面では全国平均より3%低くなっていることが特徴の1つであるといえる。そのため，福島県教育委員会では「学校全体の学習指導上の課題を整理し，その解決のための組織的，継続的な取組を進める必要がある」「わかる・できる授業を目指すとともに，児童生徒の思考力・判断力・表現力を高めるための授業改善により一層取り組むことが求められる」「児童生徒の学力や学習状況を多面的に分析し，

家庭との連携や小・中学校の連携を図りながら，児童生徒一人一人の
つまずきの克服や学習状況の改善等に取り組んでいく必要がある」と
指摘している。

　学力向上のための具体的指導法については，「平成25年度全国学
力・学習状況調査結果を踏まえた授業アイディア例」(国立教育政策研
究所)などが参考になるだろう。本資料では「図形の学習であれば構成
要素を基に，対象を明確にして説明できるようにするなど，何を示し
ているか，根拠を明確にして言語活動を展開することが大切」といっ
たポイントがいろいろ示されている。

## ●作成のポイント

　書く内容としては，① 全国学力・学習状況調査の結果から，福島県
の児童の「知識・技能のより確実な定着とこれらを活用して課題を解
決する力」の育成が急務であるという実態をどう受け止めるか，② ①
を踏まえて児童の学力を向上させるための取組の2点と考えることが
できるだろう。

　序論は300字程度で，①について述べる。その際，福島県の児童の
知識・技能の定着と課題解決力の育成が「急務」である理由も含めて
述べる。

　本論は600字程度で，②について述べる。その際，「知識・技能」を
一体のものと捉えて，よりその定着を図る取組を述べる。例えば「当
該学年に指定された漢字が書けて，読めるようにする」指導は，漢字
の知識と同時に「書ける，読める」という技能面を含むものである。
同様に算数においても「計算できる」がそれに該当する。そのような
「知識・技能」のより定着できるような指導の工夫を述べる。「活用力
と課題解決力」は，その「知識・技能」をもとに，熟語やその漢字の
成り立ちを調べさせる，まとめさせる，発表させるなどの取組を工
夫・充実することが「活用力と課題解決力」を身に付け，学力の向上
につながるものである。以上のような視点で学習指導について基本的
で共通する取組を述べ，具体例として教科指導の場面を取り上げる方

法が考えられるだろう。

　結論は，序論・本論を踏まえ，福島県の教員として児童の学力の向上のために全力で取り組む決意を述べる。

【中学校・2次試験】

## ●テーマ

　「第6次福島県総合教育計画」(改定版)にもあるように，子どもたちの豊かなこころを育むことは，いつの時代でも不変の重要な課題です。しかし，地域の人々の結びつきが弱まり，多様な情報ツールの普及により，人間関係が希薄化する中，子どもたちの社会性の欠如等を危惧する声が高まっています。

　あなたは中学校教員として，このことをどう受け止め，子どもたちの豊かなこころを育むために，学校教育の中で，どのような取組をしていきますか。あなたの考えを1,000字程度で述べなさい。

## ●方針と分析

(方針)

　地域の人々との結びつきの弱体化，多様な情報ツールの普及によって人間関係が希薄化する中，子どもたちの社会性の欠如等を危惧する声が高まっている。中学校教員として，このことをどう受け止め，子どもたちの豊かなこころを育むために，学校教育の中でどのような取組をしていくかを述べる。

(分析)

　問題にある「第6次福島県総合教育計画」(改定版)では基本理念として，「"ふくしまの和"で奏でる，こころ豊かなたくましい人づくり」を掲げており，その中で「ふくしまの子どもたちが，豊かな人間性，社会性を身につけ…」とある。問題文では「人間関係の希薄化」によ

って「社会性の欠如等」とあるので，「人間関係を築く力」，つまりコミュニケーション能力の欠如を例示していると考えられるが，「豊かなこころを育む」には多面的な視点がある。

　「豊かなこころを育む」取組として，福島県ではこれまで「道徳教育の充実」「体験活動・ボランティア活動の充実」等を行ってきており，今後の取組として，上記のほか「いのちやこころを大切にする性に関する指導の充実」「幼児教育の推進」「少人数教育によるきめ細かな指導」「子どもの読書活動の推進」などを掲げている。

## ●作成のポイント

　論点は，①豊かなこころを育むことは不変重要な課題だが，人間関係が希薄化する等によって困難になっていることをどう考えるか，②子どもたちの豊かなこころを育むため，学校教育の中で，どのような取組をしていくかの2点になるだろう。

　序論は300字程度で，①について述べる。その際，そのように受け止める理由，その課題に取り組む重要性についても述べるとよい。

　本論は600字程度で，序論を踏まえて②について述べる。例えば「道徳教育の充実」「体験活動の推進」「子どもの読書活動の推進」について具体策を述べる。教科や道徳の時間，総合的な学習の時間における学習指導，学級活動などの特別活動における指導や部活動における指導の充実など，学校教育活動全体を通して取り組むことを述べる。さらに，家庭や地域連携についても言及したい。

　結論は序論・本論を踏まえ，福島県の中学生の課題の解決に全力で取り組む決意を述べる。

【高等学校・２次試験】

# ●テーマ

東日本大震災後に寄せられた各国からの支援をとおして，ふくしまが世界と直接つながっていることを実感した生徒も多くいます。また，県内に居住する外国人の数は増加傾向にあり，異なる言語や文化を持つ人々と交流する機会も増えています。

このような状況を踏まえて，国際化の進展に対応できる人材づくりを進める上での課題は何か。また，その解決のために高校においてどのような取組を進めたらよいか。あなたの考えを900字程度で述べなさい。　　　　　　　　　　　　　　※試験時間は50分

# ●方針と分析

(方針)

東日本大震災をきっかけに生徒がグローバルな視点を持つようになり，また県内に居住する外国人の数は増加傾向にあることから，異なる言語や文化を持つ人々との交流の機会も増えている。国際化の進展に対応できる人材づくりを進める上での課題は何か。またその解決のために高校においてどのような取組を進めるかについて述べる。

(分析)

福島県の国際課が実施した調査によると，県内に居住する外国人は平成20年度には12,870人とある。その後，東日本大震災などにより外国人の居住数は減少しているが，今後も一定の外国人の居住は続くとしている。

また「第6次福島県総合教育計画」(改定版)では，国際化の進展に対応できる人づくりの推進を掲げ，今後の取組として，総合的な学習の時間等における外国語指導助手の母国の文化や習慣を学ぶ機会の設定，国際交流機構との連携，地域に居住する外国人や海外の学校との交流などによる国際理解教育の推進，外国語によるコミュニケーショ

ン能力の育成などを掲げている。

## ●作成のポイント

　論点としては，①「国際化の進展に対応できる人材づくりを進める上での課題」を明確にすること，②高等学校で実施可能な課題解決のための方策があげられる。また具体的な取組を述べる際には，自分の担当する教科などと学習指導との関連や特別活動にも留意する。

　序論は250字程度で，①について述べる。例えば「第6次福島県総合教育計画」(改定版)では，異なる文化との共存と国際社会の発展に向けた国際協力，国際理解を推進すると同時に我が国と郷土の伝統や文化等に関する理解，コミュニケーション能力等があげられている。

　本論は500字程度で②について述べる。例えば「国際理解教育の推進・充実」については，公民等では国会や裁判員制度の国際比較などがあげられるだろう。

　結論は，国際化の進展に対応できる人材づくりを進める上での課題とそれを踏まえた自分の教育・指導についてまとめて述べ，福島県の高等学校の教員として全力で取り組む決意を述べる。

【高等学校・2次試験】

## ●テーマ

> 　子どもたちに高度情報化社会を主体的に生きていくための能力を身につけさせることが必要になっています。
> 　あなたは，ICT(コンピュータやインターネットなどの情報コミュニケーション技術)をどのように学習活動に活用したいと考えるか。学習にICTを取り入れることのメリット及びデメリットに言及しながら，900字程度で述べなさい。　　　　※試験時間は50分

## ●方針と分析

(方針)

　ICTの学習活動方法を，学習にICTを取り入れることのメリット及びデメリットに言及しながら述べる。

(分析)

　「第6次福島県総合教育計画」(改定版)では，今後の取組として「高度情報化社会を主体的に生きていく力をはぐく」むことを掲げており，基本方針として「情報活用能力を高める教育」の推進を示している。一方，インターネット上での誹謗中傷やいじめ，情報通信機器を用いた犯罪等の新たな問題が発生していることを指摘しており，高度情報社会を主体的に生きる力を育むとしている。

　学習活動の活用については，「教育の情報化に関する手引き」(文部科学省，平成22年)を参照したい。活用例として「授業で活用するデジタルコンテンツや学習用ソフトウェアを，インターネット，CD-ROM，DVDなどから収集する。その際，普段の生活で目にすることができない情報を収集して，授業で活用すること」等があげられている。

　なお，文部科学省の調査によると，ICTを活用し指導できる教員は，全国平均が70.7％に対して，福島県は66.9％となっている(平成24年度現在)。

## ●作成のポイント

　テーマは「ICTをどのように学習活動に活用したいと考えるか」であるが，学習にICTを取り入れることのメリット及びデメリットに言及することに留意する。

　序論は250字程度で，子どもたちに高度情報化社会を主体的に生きていくための能力を身に付けさせることが必要な理由と，自分の担当する教科におけるICTを活用した学習活動の概要を述べる。

　本論は500字程度で，序論の内容を踏まえ，その具体策を述べる。その際，ICTを活用することのメリット及びデメリットに「言及することに留意する」。さらに情報モラルの学習にも言及することも考え

られるだろう。

　結論は，ICTを活用した学習活動は教育的な効果をもたらすもので
あるが，同時に十分な配慮や工夫を行い，福島県の教員として積極的
に教科指導の中で進めていくという決意を述べる。

【養護教諭・2次試験】

# ●テーマ

　平成24年度学校保健統計調査によると，福島県では，肥満傾向の
児童生徒の出現率が高く，食育や望ましい生活習慣についての指導
のあり方が問われています。

　あなたは養護教諭として，このことをどう受け止め，改善に向け
た取組をどのように進めていきますか。あなたの考えを1,000字程度
で述べなさい。

# ●方針と分析

(方針)

　福島県では肥満傾向の児童生徒の出現率が高く，食事や望ましい生
活習慣についての指導の在り方が問われている。養護教諭として，こ
のことをどう受け止め，改善に向けた取組をどのように進めていくか
を述べる。

(分析)

　「第6次福島県総合教育計画」(改定版)では，テーマについて，朝食欠
食率や孤食の割合は全国平均よりも低いが，学年が進むにつれて増加
傾向にあり，望ましい食習慣や生活リズムが身についていない現状が
あると分析している。小学校学習指導要領解説総則編では「児童が身
近な生活における健康に関する知識を身に付けることや活動を通じて
自主的に健康な生活を実践することのできる資質や能力を育成するこ

とが大切」としており，肥満傾向の原因として「偏った栄養摂取」をあげていることもヒントになるだろう。

## ●作成のポイント

　テーマは，①福島県では児童生徒の肥満傾向の出現率が高く，食事や望ましい生活習慣についての指導の在り方が問われていることについて，養護教諭としてどう受け止めるか，②①で受け止めた内容に基づいた改善に向けた取組，の2点について述べる。

　序論は200字程度で，①について述べる。その際，そのように受け止めた理由，その課題について養護教諭として取り組むことの重要性について述べる。

　本論は600字程度で，序論を踏まえ，②について述べる。児童期では食事のバランスや1日3回食事のリズム等の習慣を身に付ける，青年期では自身の食生活を見直しや改善，健康に必要な食事の量や組み合わせを理解する等があげられる。さらに，学校保健委員会等の活用，学級活動等で食育を学ばせる，家庭との連携・協力などもあげられるだろう。

　結論は，序論・本論の内容を受け，学校におけるコーディネーターの役割を発揮して全力で取り組む決意を述べる。

【特別支援学校・2次試験】

## ●テーマ

〈小学部・中学部〉

　本県教育委員会が公表している「平成25年度学校教育指導の重点」の中の「特別支援学校の教育」において，本県は「一人一人の教育的ニーズに応じた指導の充実」を掲げ「幼児児童生徒の教育的ニーズに応じた『個別の教育支援計画』や『個別の指導計画』を作成し，学習の状況や到達度を客観的に評価し，日々の授業実践に活用する」としている。また，「各教科」の指導においては，「自ら学び，自ら考える力の育成と，その基盤となる基礎的・基本的な事項を確実に習得できるようにする」ことを目標としている。

(課題)「特別支援学校小学部・中学部学習指導要領」を踏まえながら，あなたが考える「特別支援学校小学部(中学部)での『各教科等の指導』」について述べた上で，任意の各教科等の授業場面を想定して生徒への具体的な支援や指導の例をあげ，どのような観点から学習評価をし，授業改善や個に応じた指導等につなげていくかを記述しなさい。

※試験時間50分，900字以内

〈高等部〉

　本県教育委員会が公表している「平成25年度学校教育指導の重点」の中の「特別支援学校の教育」において，本県は「一人一人の教育的ニーズに応じた指導の充実」を掲げ「幼児児童生徒の教育的ニーズに応じた『個別の教育支援計画』や『個別の指導計画』を作成し，学習の状況や到達度を客観的に評価し，日々の授業実践に活用する」としている。また，「各教科」の指導においては，「自ら学び，自ら考える力の育成と，その基盤となる基礎的・基本的な事項を確実に習得できるようにする」ことを目標としている。

(課題)「特別支援学校高等部学習指導要領」を踏まえながら，あなたが考える「特別支援学校高等部での『各教科等の指導』」について述べた上で，任意の各教科等の授業場面を想定して生徒への具体的な支援や指導の例をあげ，どのような観点から学習評価をし，授業改善や個に応じた指導等につなげていくかを記述しなさい。

※試験時間50分，900字以内

## ●方針と分析

(方針)

　「特別支援学校小学部・中学部学習指導要領」「特別支援学校高等部学習指導要領」を踏まえながら，自身が考える『各教科等の指導』について述べた上で，任意の各教科等の授業場面を想定して児童・生徒への具体的な支援や指導の例をあげ，どのような観点から学習評価をし，授業改善や個に応じた指導等につなげていくかを記述する。

(分析)

　「平成25年度学校教育指導の重点」によると，特別支援教育では重点項目として「一人ひとりの教育的ニーズに応じた指導の充実」「自立と社会参加に向けた職業教育の充実」「交流および共同学習の推進」「障害の重度・重複化，多様化に応じた指導の充実」があげられており，平成26年度も引き続き行うとされている。

　「個別の指導計画」は，個々の子どもの多様な実態に応じた適切な指導を一層推進するため，各教科等における配慮事項などが含まれるもので，実践を踏まえた評価を行い，指導の改善に生かすことを明確にすることが示されている。一方，「個別の教育支援計画」は，家庭や福祉，医療，保健，労働関係機関等が連携を図り，一人一人のニーズに応じた適切な支援を行うためのものである。

## ●作成のポイント

　論点は，①特別支援学校小学部(中学部，高等部)学習指導要領を踏まえながら，自分が考える特別支援学校小学部(中学部，高等部)での「各教科等での指導」について，②任意の各教科等の授業場面を想定した児童・生徒への具体的な支援や指導の事例，③どのような観点から評価し授業改善や個に応じた指導等につなげていくか，の3つが考えられる。50分という時間の中で，欠落しないこと等に留意したい。

　導入は200字程度で，①について記述する。その際，学習指導要領総則の「指導計画の作成等に当たって留意すべき事項」や障害の種別による「各教科の目標及び内容」「指導計画の作成と各教科全体にわたる内容の取扱い」を基にして記述するとよいだろう。

　本論は600字程度で，②と③について記述する。学部や障害種別による教科や科目の配当，障害の実態や程度を踏まえた教科や科目の教育課程上の弾力的な運用などに留意して，任意の教科の授業場面を想定し，支援や指導の事例をあげて記述する。さらに「PDCAサイクル」の活用による評価や授業改善，個に応じた指導の工夫について記述する。

　結論は，序論・本論の内容を踏まえ，福島県の障害のある児童生徒の教育・支援に全力で取り組む決意を記述するとよい。

## 2013年度　　論作文実施問題

【小学校・中学校・2次試験】

## ●テーマ

〈小学校〉

　平成24年7月13日付けの[文部科学大臣談話]では，「いじめは決して許されないことですが，どの学校でもどの子どもにも起こりうるものであり，その兆候をいち早く把握し，迅速に対応しなければなりません。」と述べています。

　あなたは小学校の学級担任として，このことをどう受け止め，いじめのない学級づくりのために，どのような取組をしていきますか。あなたの考えを1,000字程度で述べなさい。

〈中学校〉

　文部科学省の調査によると，平成22年度の小・中・高等学校における暴力行為の全国発生件数は，約6万件と依然高い水準で推移しており，憂慮すべき状況が見られます。

　あなたは中学校教員として，このことをどう受け止め，暴力行為をなくすために，どのような取組をしていきますか。あなたの考えを1,000字程度で述べなさい。

## ●方針と分析

(方針)

　小学校…平成24年7月の文部科学大臣談話の「いじめは決して許されないことですが，どの学校でもどの子どもにも起こりうるものであり，その兆候をいち早く把握し，迅速に対応しなければなりません」について小学校の学級担任としてどう受け止め，いじめのない学級づくりのためにどのような取組をしていくかを述べる。

　中学校…平成22年度の小・中・高等学校の暴力行為の発生件数は依然として高い水準で推移し，憂慮すべき状況である。このことを中学校の教員としてどう受け止め，暴力行為をなくすためにどのような取組をしていくかを述べる。

(分析)

　文部科学省が毎年調査している全国の国・公・私立の小・中学校，高等学校等を対象とした「児童生徒の問題行動等生徒指導上の諸問題に関する調査」の最新である平成22年度の結果によると，認知されたいじめは小学校で約3.6万件発生し，前年度より増加している。小・中・高等学校の暴力行為の件数は約6万件で前年度より減少したが，児童生徒1000人当たりの発生件数は前年度より増加している。そして，中学校の暴力行為の発生件数は小・中・高等学校全体の約72％を占めている。

　この調査結果の公表とともに担当課長名で出された通知では，いじめや暴力行為などの実態について「生徒指導上憂慮すべき状況」と位置付けて，教職員一体となり，未然防止と早期発見・早期対応，粘り強く毅然とした的確な指導・対応，児童生徒から定期的な状況の把握の充実，家庭・地域社会など地域ぐるみで取り組む体制の推進などを提起している。

## ●作成のポイント

　1000字程度というかなりの文字数であることから，項目立てをしてそれに即して述べるなど，採点者が一読して内容が理解できるように留意する必要がある。

　小学校…序論は200字程度で，大臣の談話をどのように受け止めたかについて，本論で述べる必要のある「兆候をいち早く把握し，迅速に対応しなければならない」に留意して述べる。

　本論は600字程度で，序論で述べた「兆候をいち早く把握し，迅速に対応しなければならない」に対して，学級担任として具体的にどのように取り組むかを述べる。項目立ては，①いじめの兆候の早期の把

握と迅速な対応，②日頃からのいじめのない学級づくり，の2項目に分けてそれぞれ取組の具体策を述べる。その際，学級担任として及び担任する学級の学習指導の両面から述べる。また道徳教育の充実策についても述べる。

　結論はいじめについて，教育活動全体を通して保護者との連携の下で全力で取り組む決意を述べる。

　中学校…序論は200字程度で，暴力行為の発生件数は依然として高い水準で推移し，憂慮すべき状況にあることをどう受け止めたかを述べる。

　本論は600字程度で，序論で述べたことを踏まえて，中学校教員として暴力行為をなくすための具体的な取組について述べる。その際，①道徳の授業を中心とした道徳教育の充実，②自分の担当する教科指導における充実，③特別活動とりわけ学級活動の充実，④教育相談，生徒指導の充実，⑤部活動における教育的指導の充実，について項目立ててそれぞれ述べる。

　結論は暴力行為について，教育活動全体を通して保護者との連携の下で全力で取り組む決意を述べる。

【高等学校・2次試験】

# ●テーマ

〈問題1〉

　近年のいじめの特徴は，日常生活の延長で生じ，当該行為がいじめか否か，逸脱性の判断が難しいところにあります。このような状況を踏まえて，あなたはクラス担任として，このような事実行為がクラス内等で発生した場合，どのように対応して問題の円滑な解決を図ると共に生徒の成長を支援していくか，あなたの考えを900字程度で述べなさい。

〈問題2〉

　近年，生涯にわたって健やかな心身と豊かな人間性をはぐくんでいくため，学校における食に関する教育，いわゆる「食育」の重要性が増しています。高等学校においても，朝食を摂らないなど，基本的生活習慣の乱れが指摘されている中，あなたはクラス担任としてホームルーム活動などで「食育」を取り上げる場合，どのようなことに配慮し，「食育」を指導していきたいと考えますか。具体例を交えながら，あなたの考えを900字程度で述べなさい。

# ●方針と分析

(方針)

　問題1…近年のいじめの特徴は判断の困難さがある。クラス担任としてこのような事実行為がクラス内等で発生した場合，どのように対応して円滑な解決を図るか，さらに生徒の成長を支援していくかについて述べる。

　問題2…近年，高等学校における食に関する「食育」の重要性が増している。クラスの担任としてホームルーム活動などで「食育」を取り上げる場合，どのようなことに配慮し，「食育」を指導していきたいと考えるか，具体例を交えながら述べる。

　なお，福島県は2次の高等学校受験者の試験日を2日に分けており，受験者は1日目又は2日目のいずれかの受験を指定されるため，受験者は問題1，または問題2を答えることになっている。

(分析)

　問題1…いじめは平成18年に「一定の人間関係のある者から，心理的・物理的な攻撃を受けたことにより，精神的な苦痛を感じているもの」と定義され，平成22年3月に文部科学省が刊行した『生徒指導提要』において，いじめの構造として「いじめが意識的かつ集合的に行われ，いじめられる児童生徒は他者との関係を断ち切られ，絶望的な心理に追い込まれていく」と述べ，いじめる側の心理として「不安や葛藤，劣等感，欲求不満が潜んでいることが少なくない」とし，いじめの衝動を発生させる原因として，心理的ストレス，集団内の異質な者への嫌悪感情，ねたみや嫉妬感情，遊び感覚やふざけ意識などがあげられるとしている。

　問題2…今日「食育」は給食が実施されている義務教育の学校で行われる重要性は当然であるが，高等学校においてもバランスのとれた栄養，規則正しい食生活の面から「食育」は喫緊の課題である。

　平成19年3月文部科学省は『食に関する指導の手引』を刊行した。この『手引』は小・中学校，特別支援学校を対象としたものであるが，高等学校においても「参考にしつつ食に関する指導を望む」として述べ，「心身の成長や，健康の保持増進の上で望ましい栄養や食事のとり方を理解し，自ら管理していく能力を身に付ける」指導を提起している。

## ●作成のポイント

　作成に当たって，問題1のテーマは，いじめと思われる事実行為が発生した場合のいじめか否かの事実確認と判断，迅速な対応・指導について問うものであり，いじめが起こったという前提のテーマ設定ではないことに留意することがポイントである。

　問題2の「食育」については，小・中学校の教育課題のように思え

るが，説明のように高校生に対する「食育」の指導は極めて重要であるとの認識の下で述べることがポイントである。

序論は150字程度で，問題1については，自分が考えるいじめの定義と近年のいじめの特徴や判断が難しい実態が多くなっていることなどについて述べる。問題2については，今日高校生に対する「食育」が喫緊の課題となっている理由・背景について述べる。

本論は650字程度で，問題1については，①担任としての対応と円滑な解決策，②生徒の成長に対する支援策，に分けてそれぞれ述べる。①については，管理職への報告に基づく学校としての指導方針，指導内容の統一的な確認による指導が極めて重要であること，双方の生徒から事実関係を，目撃した生徒がいる場合はその生徒も含めて，迅速で徹底した，しかも丁寧な事実確認と，それに基づくいじめか否かの判断，いじめと判断した場合はいじめは絶対に許されないとの毅然とした指導姿勢，双方の保護者に対する迅速な事実の報告と学校としての指導方針の丁寧な説明，に留意して述べる。②については，例えば，教育相談的な視点や進路・キャリア教育の視点からの支援について述べる。問題2については，「食育」の具体的な指導内容・指導方法に及び配慮することを併せてそれぞれ述べる。例えば「食」に対する生徒の意識や実態の的確な把握，生徒自らの課題として主体的に取り組ませる指導，学年としての取組，養護教諭や専門医などによる指導，学校としての計画的・組織的な取組，保護者との連携，などについて述べる。

結論は，問題1，2とも，それぞれ生徒の実態に対する教育課題について，福島県の教員として全力で取り組む決意を述べる。

【養護教諭・2次試験】

# ●テーマ

　学校保健安全法(平成21年4月1日施行)では，健康相談又は日常的な観察により健康上の問題があると認めるときは，養護教諭その他の教職員が相互に連携して保健指導を行うことなどが，新たに規定されました。

　あなたは養護教諭として，このことをどう受け止め，児童生徒の心身の健康問題の解決に向け，どのように保健指導に取り組んでいきますか。あなたの考えを1,000字程度で述べなさい。

# ●方針と分析

(方針)

　学校保健安全法の改正により，養護教諭その他の教職員が相互に連携して保健指導を行うことが新たに規定された。このことを養護教諭としてどう受け止め，児童生徒の心身の健康問題の解決に向けてどのように保健指導に取り組んでいくかを述べる。

(分析)

　平成21年4月の学校保健安全法の施行に先立って，文部科学省の担当局長名による通知文(平成20年7月)で，新たに保健指導の条文を設けた趣旨等について「近年，メンタルヘルスに関する課題やアレルギー疾患等の現代的な健康課題が生ずるなど児童生徒等の心身の健康問題が多様化，深刻化している中，これらの問題に学校が適切に対応することが求められていることから…健康相談や担任教諭等の行う日常的な健康観察による児童生徒等の健康状態の把握…助言を保健指導として位置付け，養護教諭を中心として，関係教職員の協力の下で実施されるべきことを明確に規定した」と説明している。

# ●作成のポイント

　1,000字程度というかなりの文字数であることから，項目立てをしてそれに即して述べるなど，採点者が一読して内容が理解できるように留意する必要がある。

　序論は200字程度で，上記の通知文を参考にするなどして，新たな保健指導の規定を養護教諭としてどのように受け止めたかについて述べる。

　本論は600字程度で，養護教諭その他の教職員が保健指導を行うことが新たに規定されたことを受けて，保健指導に対する養護教諭とその他の教職員との共通する役割と指導する内容の違いについて述べる。その上に立って，勤務校の養護教諭として専門性を発揮した児童生徒への丁寧で的確な心身や身の回りの保健指導の方策について述べる。具体的には，①個別指導の教育相談的な工夫・充実，②児童生徒への全体指導の積極的な実施，を項目立てて述べる。その際，①・②とも学級担任やその他の関係教員との連携を基にした取組に留意する。

　結論は，児童生徒の心身の健康問題の対応には養護教諭を中心とした学校全体の教育活動に位置付けた取組と保護者の理解と協力が不可欠であり，養護教諭がその取組の中核的な役割を果たすという認識のもとに全力で取り組む決意を述べる。

【特別支援学校小学部・中学部，小学校，中学校・2次試験】

# ●テーマ

〈特別支援学校小学部・小学校〉

　本県教育委員会が公表している「平成24年度学校教育指導の重点」の中の「特別支援学校の教育」において，本県は「職業教育の充実」を掲げ「全学部一貫したキャリア教育を推進する」としている。

　知的障がいのある小学部1年女子児童Aは，声は発するが意味のない音の羅列のみで，言語によるコミュニケーションがとれない。着座もままならず，朝の会などは教室から飛び出そうとしたり，給食指導においても好物を食べた後は席を離れてしまう状態である。また，担任のあなたが他の児童とかかわっていると，その児童の顔をつねったり，ひっかいたり，担任のあなたの髪の毛をつかんで強く引っ張ったりする。

(課題)　あなたが考える「特別支援学校小学部での『職業教育』」を述べた上で，児童Aに対してどのように支援・指導するかを具体的に述べ，「全学部一貫したキャリア教育」という視点から小学部の果たす役割を論ぜよ。(50分，900字以内)

〈特別支援学校中学部・中学校〉

　本県教育委員会が公表している「平成24年度学校教育指導の重点」の中の「特別支援学校の教育」において，本県は「職業教育の充実」を掲げ「全学部一貫したキャリア教育を推進する」としている。

　知的障がいを有しADHDの診断もある中学部3年男子生徒Aは，人なつっこく明るい性格であるが，小学部高学年の頃から性的な話題になるとひどく興奮し，女子生徒に性的な言葉を口走ったりしていた。また，男女を問わず，必要以上に体の接触を好み，特に女性教員に対してはその傾向が強い。

　知的障がい児入所施設から通学しているが，施設においても性的な行為で指導を受け，夜中に施設から飛び出したことがある。施設

との打合せにおいても，高等部進学や特別支援学校卒業後を見据えた指導が必要だということで意見が一致した。
(課題)　あなたが考える「特別支援学校中学部での『職業教育』」を述べた上で，生徒Aに対し高等部進学や特別支援学校卒業後を見据えてどのように支援・指導するかを述べ，「全学部一貫したキャリア教育」という視点から中学部の果たす役割を論ぜよ。(50分，900字以内)

# ●方針と分析

(方針)

　福島県は「平成24年度学校教育指導の重点」の中の「特別支援学校の教育」において「職業教育の充実」を掲げ，「全学部一貫したキャリア教育を推進する」としている。

　小学部・小学校志望者(以下，小学志望者)は①知的障がいのある小学部1年女子児童Aの実態を踏まえて「特別支援学校小学部での『職業教育』」を述べた上で，②上記児童Aに対してどのような支援・指導をするかを具体的に述べ，③「全学部一貫したキャリア教育」の視点から小学部の果たす役割について論じる。

　中学部・中学校志望者(以下，中学志望者)は，①知的障がいを有しADHDの中学部3年男子生徒Aの実態を踏まえて「特別支援学校中学部での『職業教育』」を述べた上で，②上記生徒Aに対し高等部進学や特別支援学校卒業後を見据えてどのように支援・指導するかを述べ，③「全学部一貫したキャリア教育」の視点から中学部の果たす役割について論じる。

(分析)

　今日，児童生徒の実態から，学校教育においてキャリア教育を学校教育活動全体に位置付けて充実することが提起されており，中央教育審議会においても2度の答申や報告がされた。その中では，幼児期からのキャリア教育の必要性が提起されている。また特別支援教育の理

念・目的は児童生徒の障がいを軽減し自立を図り社会参加を可能にすることであり、その理念・目的を達成するためにも全学部一貫したキャリア教育の視点に立った教育・支援が極めて大切であり、「個別の教育支援計画」の効果的・積極的な活用が必要である。

　したがって当然、児童生徒の障がいの実態に留意しつつ、小学部における「職業教育」、高等部進学や特別支援学校卒業後を見据え

# ●作成のポイント

　900字以内の中に小学部・中学部とも具体的な①～③の設定されたテーマを論じる必要があるため、項目立てをして、それに基づいて端的に論じることが必要である。

　序論は150字程度で、小学志望者は、自分の考える小学部における『職業教育』の必要性とその教育の内容や支援・指導の方法について述べ、序論の最後は「児童Aについて、障がいの実態を踏まえて、次の支援・指導をキャリア教育の視点から進める」と結ぶ。一方、中学志望者も自分の考える中学部における『職業教育』の必要性と卒業後を見据えた教育の内容や支援・指導の方法について述べ、序論の最後は「生徒Aについて、障がいの実態を踏まえて、次の支援・指導をキャリア教育の視点から進める」と結ぶ。

　本論は600字程度で、序論の結びの言葉を受けて、当該学部における『職業教育』の具体的な内容と支援・指導策について項目立ててそれぞれ述べる。小学部における『職業教育』は、一人一人の児童の障がいの実態に即して、将来社会に自立していくために必要な極めて基礎的・基本的な能力や技能の醸成を図るという小学部の基本的な役割を述べ、児童Aに対して「自立活動」をはじめ具体的な支援・指導策を述べる。一方、中学部における『職業教育』は、一人一人の生徒の障がいの実態に即して、社会に自立していくために必要な基礎的・基本的な能力や技能を小学部の成果と高等部進学や卒業後を見据えて育むという中学部の基本的な役割を述べ、生徒Aに対して「自立活動」をはじめ具体的な支援・指導策を述べる。

結論は，小学部と中学部がそれぞれの基本的な役割を踏まえて，支援・指導の内容や方法，成果などの交流・連携を進め，さらに中学部と高等部が交流・連携を図るという児童生徒一人一人に対する「全学部一貫した教育」をキャリア教育の視点から「個別の教育支援計画」も活用して積極的に取り組む決意を述べる。

【特別支援学校高等部・2次試験】

# ●テーマ

本県教育委員会が公表している「平成24年度学校教育指導の重点」の中の「特別支援学校の教育」において，本県は「職業教育の充実」を掲げ「障がいの状態に応じた多様な職業教育」の「工夫」を求めている。

知的障がいを有し多動性障害の診断もある高等部3年男子生徒Aは，入学当初は興味関心がある活動以外は，壁を向いたまま声かけにも反応しなかったが，担任のあなたが同じ趣味を持つ女子生徒Bと交流などを勧め，それを契機に他の生徒と日常的なやりとりができるようになってきた。本人は他人との交流に自信を持ち，共同で軽作業を行う施設への就労を考えるようになった。

ところが，男子生徒Aは女子生徒Bにたいし連日電話したり深夜に何通もメールを送ったりするようになり，あなたがこれを注意すると「先生の言うとおりに仲良くしようとしているのに，叱られるのは納得できない。」と反論された。

(課題)　あなたが考える「特別支援学校高等部での『職業教育』」を述べた上で，生徒Aに対して就労に向けて今後どのように支援・指導するかを述べ，それを踏まえて，特別支援学校高等部において「障がいの状態に応じた多様な職業教育」の「工夫」にはどんな視点や方法が必要かを論ぜよ。(50分，900字以内)

# ●方針と分析

(方針)

　福島県の「平成24年度学校教育指導の重点」の中の「特別支援学校の教育」において，「職業教育の充実」を掲げ「障がいの状態に応じた職業教育」の「工夫」を求めている。知的障がいを有し多動性障害のある生徒Aの実態を踏まえて，①自分の考える「特別支援学校高等部での『職業教育』」を述べた上で，②上記生徒Aに対して今後どのように就労に向けて支援・指導するかを述べ，③それを踏まえて特別支援学校高等部において「障がいの状態に応じた多様な職業教育」の「工夫」のために必要な視点や方法を論じる。

(分析)

　今日，児童生徒の実態から学校教育においてキャリア教育を充実する必要性が提起されており，中央教育審議会においても二度にわたって答申や報告が行われた。その中では，幼児期からのキャリア教育の必要性が提起されている。また特別支援教育の理念・目的は児童生徒の障がいを軽減し自立を図り社会参加を可能にすることであり，その理念・目的を達成するためにも全学部一貫したキャリア教育の視点に立った教育・支援が極めて大切である。

　したがって，特に高等部においては，小学部・中学部の教育成果や「個別の教育支援計画」を積極的・効果的に活用して，キャリア教育の視点や特別支援教育の理念・目的に即した教育・支援を行うことが重要であり，高等部の果たす役割は大きいものがある。

# ●作成のポイント

　900字以内の中に①〜③の具体的なテーマを論じる必要があるため，項目立てをして，それに基づいて端的に論じることが必要である。

　序論は150字程度で，自分の考える特別支援学校高等部における『職業教育』の内容や方法について自立活動や体験活動，職業教育の視点からの教科指導などの工夫・充実策について述べる。

　本論は600字程度で，①前段は生徒Aに対する就労に向けた具体的な

支援・指導策を述べ，②後段は前段を踏まえて，高等部において「障がいの状態に応じた多様な職業教育」を「工夫」するために必要な視点や方法を論じる。その際，生徒Aが，担任である自分の取組によって一定の成果が見られる面と新たな課題が見られる面について着目し，①Aの障がいの特徴を踏まえた丁寧な「多様な職業教育」の支援・指導策，②「職業教育」を広くキャリア教育として位置付けることや社会的な自立の視点からの指導・支援策，の2点に留意して，職業に関連の深い教科・科目などの設置と学習活動，学級活動などの特別活動，自立活動，職場体験活動，などにおける工夫の方策を述べる。

　結論は，高等部の果たす役割の認識のもとに保護者との連携を進めて，学校教育全体を通して社会的自立・就労に向けて全力で取り組む決意を述べる。

**2012年度　論作文実施問題**

【高等学校特別選考・1次試験】

## ●テーマ

　　平成21年3月に告示された新高等学校学習指導要領は，次代を担う子どもたちに，これからの社会において必要となる「生きる力」をより一層はぐくむという理念のもとで定められている。
　　「生きる力」とはどのようなことかを踏まえ，あなたは，福島県の高等学校教員として，生徒にどのような力を身につけさせたいと考えるか。あなたの教職経験をもとに900字程度で述べなさい。(50分)

## ●方針と分析

(方針)

　　「生きる力」を踏まえ，生徒にどのようなことを身に付けさせるか，教職経験を基に述べる。

(分析)

　　「生きる力」について，学習指導要領解説 総則編によると「基礎・基本を確実に身に付け，いかに社会が変化しようと，自分で課題を見つけ，自ら学び，自ら考え，主体的に判断し，行動し，よりよく問題を解決する資質や能力，自らを律しつつ，他人とともに協調し，他人を思いやる心や感動する心などの豊かな人間性，たくましく生きるための健康や体力など」(平成8年7月，中央教育審議会)と定義している。さらに，学習指導要領改訂後でも生きる力を重視している理由として，①「知識基盤社会」の時代の中で，確かな学力，豊かな心，健やかな体の調和を重視する生きる力をはぐくむことがますます重要になって

いること，②知・徳・体のバランス，および基礎的・基本的な知識・技能，思考力・判断力・表現力等，学習意欲が重視される必要がある旨が法律上規定されたこととある。具体的には「確かな学力」「豊かな人間性」「健康・体力」を「バランスよく育てることが大切」であると述べている。

## ●作成のポイント

　現代教育に関する行動は，すべて「生きる力」に関連している。したがって，重要なポイントの1つとして，生徒の現状と自身の経験，「生きる力」，そして自身が行いたいことの4点をどう関連付けるかがあげられる。そして「教員経験をもとに」とあることから，より具体的なものが評価されるだろう。

　序論では「生きる力」について，自身の解釈を簡潔に述べる。「生きる力」が，なぜ一層重視されているのか等，教職経験をもとに述べると，より具体性が増すだろう。

　本論では，実際に取り組んでいくことを述べる。教職経験をもとにする必要があるので，実際に取り組んだことを述べてもよいだろう。その場合は，反省と改善点を述べるとよい。

　結論では，生きる力についてのまとめを述べる。生きる力は学校教育の根本なので思いつくことはさまざまだろうが，序論，本論で述べた内容から逸脱しないこと。逸脱すると強調したいことが散漫になり，読み手が混乱する可能性があるためである。

## ●論文執筆のプロセス例

> **序論**
> ・「生きる力」について持論を述べる
> ・なぜ一層重視されているかについて触れてもよい

┌─────────────────────────────────────────┐
│　**本論**
│　・実際に取り組んでいきたいことを述べる
│　・自身が行ったことを反省・改善も含めて述べても
│　　よい
└─────────────────────────────────────────┘

┌─────────────────────────────────────────┐
│　**結論**
│　・自分の強調したい点を述べる
│　・序論，本論の内容を逸脱しないようにする
└─────────────────────────────────────────┘

【高等学校・2次試験】

## ●テーマ

　生徒の学ぶ意欲を高め，生徒に確かな学力を身に付けさせるための方策の1つとして，教師は，生徒が「わかる授業」を実現するよう努めることが大切である。
　あなたは，自分が担当する教科の授業において，「わかる授業」を実現するため，どのような実践をしていきたいと考えるか。「わかる授業」とはどのようなことかに言及しながら，900字程度で述べなさい。(50分)

## ●方針と分析

（方針）
　「わかる授業」について自分の考えを示した後に，「わかる授業」を実現するために，自分が取り組んでいくことを述べる。

(分析)

　「わかる授業」について，学習指導要領や学習指導要領解説 総則編等にはその定義がなく，また「平成24年度 学校教育指導の重点」(福島県教育委員会)でも高等学校の農業，水産，情報教育の努力事項で触れられているが，詳細な説明は存在しない。したがって，自身の経験などから「わかる授業」を考える必要があるだろう。

## ●作成のポイント

　「わかる授業」の定義にはさまざまあるが，1つの考え方として，平易な問題を沢山解かせるのではなく，生徒が創造力や思考力を駆使して正答に辿り着く過程で，理解できない箇所を解説してくれるものといったことがあげられる。こういったことで，生徒は他の問題に対しても応用がきき，わかるということを実感していくだろう。また，導入段階で生徒の興味を引き付けるような題材も必要であろう。論文構成の一例として，序論でわかる授業についての考えを，本論では具体例を述べる。「わかる授業」は放任主義では不可能だし，教えすぎても生徒に実力がつかない。さらに，個々の生徒の実態に応じた指導も必要であろう。

## ●論文執筆のプロセス例

> **序論**
> ・「わかる授業」について，自身の考えを述べる
> ・要素をあげるならば1〜2点に絞ったほうがよい

> **本論**
> ・実際に取り組んでいくことを述べる
> ・「わかる授業」に関連した取り組みであるか確認すること

> **結論**
> ・序論，本論の内容をまとめる
> ・最後に自分の決意を述べる

【特別支援学校高等部・2次試験】

## ●テーマ

　本県では，生徒指導の努力事項として，「共感的理解を持って不安や悩み，思い，願いを的確にくみ取り，児童生徒理解を深め，一人一人の自己実現が図られるよう指導する」としている。

　知的障がいを持つ高等部1年女子生徒Aは，入学当初，顔も上げず会話もしなかったが，5月頃から，担任のあなたが会話の最初にアニメの話題に触れることをすれば，話が続くようになり，夏休み前には，将来企業で働きたいと夢を話すようになっていた。

　夏休み明け，Aは母親に買ってもらったという携帯電話にアニメのキャラクターの絵をたくさん入れて，うれしそうにあなたに見せてきた。学校は携帯電話を持ち込み禁止としているため，生徒指導部のあなたは持ち込みを指導する立場である。

[課題]　上記指導において「共感的理解」とは何かを具体的に示し，携帯電話の持ち込みについてどのように対応するかを述べ，それを踏まえて，特別支援学校高等部において生徒の自己実現を図るとはどういうことかを論ぜよ。(50分，900字以内)

## ●方針と分析

(方針)

　共感的理解について具体的に示し，本論題文における対応を述べた後，特別支援学校高等部において生徒の自己実現を図るとはどういうことかを論じる。

(分析)

　共感的理解とは，自分を「相手を評価する」立場に置くのではなく，相手の話を聞き，相手とその世界を理解することで「相手とともにいる」状態を指す。共感的理解については，特別支援学校高等部学習指導要領解説では，生徒指導の充実(第1章第2節第4款の5(5))で生徒理解の深化の一方法として触れられている。さらに，福島県の「学校教育指導の重点」では特別支援教育の生徒指導において，指導の要点「1　一人一人の心に寄り添いながら，課題の的確な把握と適切な指導に努める」の(3)で触れられている。生徒理解の深化と双璧をなすものが，教員と生徒の信頼関係の構築である。信頼関係の形成に必要なものとして，日頃の人間的な触れ合い，生徒と共に歩む教員の姿勢，不正や反社会的行動に値する毅然とした態度などがあげられている。そして，生徒の自己実現についてだが，そもそも自己実現とは自分の目的や理想を達成することであり，本論題文においてAの自己実現の1つとして，企業で働くことがあげられよう。

## ●作成のポイント

　まず，共感的理解，自己実現を図るといったことを説明するにあたっては，女子生徒Aの事例を使うとよい。本論題では3つのことについて述べる必要があるが，内容が共通していれば論述しやすいだけでなく，読み手も読みやすい。

　女子生徒Aは，学校で禁止されている携帯電話の持ち込みを行っているので，そのことは注意しなければならない。しかし，頭ごなしに注意すると今までの信頼関係が崩れる可能性もあり，またAも規則違反を認識していたかどうかは不明なので，頭ごなしに注意することは

危険と考えられる。したがって，1つの考え方として，Aと一緒にアニメキャラクターを見て共感した後，規則違反をしていることを伝え，将来，企業で働きたいのであれば規則遵守の精神が必要であることを論すことがあげられる。大切なのはAのためであるということの思いやりであろう。

　なお，Aが携帯電話を持ってきた理由について，母親に確認したほうがよい場合も考えられる。Aが事件・事故に巻き込まれないように持たせている等の理由があれば，校長等に相談して対応を決める必要があるだろう。ただし，本論題文ではそこまで考慮する必要はないと思われる。

## ●論文執筆のプロセス例

> **序論**
> ・共感的理解とは何かを示す
> ・課題に対応して具体的なことを述べる

> **本論**
> ・Aに対しての対応策を述べる
> ・共感的理解を踏まえるのだから，全否定はしない

> **結論**
> ・自己実現について共感的理解との関連性を意識しながら述べる
> ・自分の決意も添えるとよい

【特別支援学校高等部・特別選考Ⅰ】

# ●テーマ

> これまで児童生徒の指導の中で，あなた自身が上手くいかなかっ
> たと思う事例を1つあげ，その指導が上手くいかなかった要因と思わ
> れる事柄とその具体的な解決方法について800字以内で記述しなさ
> い。

# ●方針と分析

(方針)

　自身の上手くいかなかった指導事例をあげ，要因と解決方法を述べ
る。

(分析)

　指導内容で，失敗や反省点は誰でもあるだろう。「上手くいかなか
ったと思う」(以下，失敗等)という主観的な基準なので，失敗等の内
容より，それをどう分析し，解決方法，できれば活かすかについてき
ちんと整理できているを問う論文であろう。したがって，教員として
の資質と同時に，社会人としての資質も見ていると思われる。

# ●作成のポイント

　内容としては「上手くいかなかったと思う」内容，分析，解決方法
の三段構成になるのが一般的と思われる。失敗等の内容については，
第三者でも理解できるようになるべく客観視すること。失敗等の内容
が理解できるよう，必要であれば状況等も整理して述べること。分析
については，なぜ失敗したのかを明確にする。これも客観視が必要で
あるが，その当時の心理状況なども述べると一層，臨場感が出るだろ
う。最後に解決方法だが，類似する境遇が想定される場合は，防止策
を具体的に述べること。

　重要と思われることの1つに，その失敗等を自分の中で消化してい

るかという点もある。失敗等を引きずって同じ失敗を繰り返したり，他の失敗に連動しないよう，きちんと客観視できているかについても問われている可能性も考慮したほうがよい。

## ●論文執筆のプロセス例

**失敗等の内容**

・失敗等の内容をできるだけ客観視すること
・第三者が理解できるよう周囲の状況なども必要に
　応じて述べること

**分析**

・失敗等の原因を客観視すること
・自分の心理状態を書き添えてもよい

**解決方法**

・失敗等と教育現場の関連性を明確にすること
・児童生徒に伝える時はどのような方法を用いるか
　具体例を明示すること

## 面接試験　実施問題

### 2024年度

◆実技試験(1次試験)

　▼中学音楽

【聴音課題1】

□旋律

【聴音課題2】

□和声(4声)

【演奏課題1】

□初見視唱と初見視奏(視奏はピアノで行い，一部即興を含む)

【演奏課題2】

□器楽(ピアノ)：作曲 J.Sバッハ　フランス組曲 第2番 BWV813 ハ短調
　　より「クーラント」

※ 繰り返しは省く。

【演奏課題3】

□声楽：以下の3曲より当日指定する1曲を自分でピアノ伴奏しながら
　　歌うこと。

(原語による歌唱とし，調性は原調でなくともよい。楽譜は各自持参す
ること)

①　「Per la gloria d' adorarvi」

②　「Im wunderschönen Monat Mai」 作曲 R.シューマン

③　「椰子の実」 作曲 大中寅二

※ 当日前奏の一部省略を指示することがある。

【演奏課題4】

□自由曲1曲

※声楽，ピアノ又は他の楽器による演奏とする。ピアノ以外の楽器は
　　各自持参し，試験会場への楽器搬入及び終了後の搬出は各自で行う。

※伴奏を必要とする場合，自主作成した旋律の入っていない伴奏音源
　及び再生機器を各自持参する。
※なお，市販の伴奏CDの使用や第三者を伴奏者として同伴することは
　認めない。

▼中高美術
【課題】
□絵画や立体造形の作品表現を通して，描写力や構成力，発想力等を
　みる問題
※テーマやモチーフについては，当日発表。
※中学校受験者は，透明水彩用具一式，不透明水彩用具一式，鉛筆デ
　ッサン用具一式，画用紙止めクリップを準備すること。
※ 高等学校受験者は，鉛筆デッサン用具一式を準備すること。

▼中高保体
※新体力テストの中から次の3種目を実施する。
【課題1】
□反復横とび
【課題2】
□立ち幅とび
【課題3】
□長座体前屈
※「新体力テスト実施要項(12歳〜19歳対象)スポーツ庁」に沿って行
　う。ただし，テストの得点は別に定める。
〈留意事項〉
○運動のできる服装及び屋内用のシューズを準備する。
○縦15cm×横20cmの白布に志願校種及び受験番号を書き，運動着の
　胸部と背部に縫い付けておくこと。志願校種及び受験番号は，見や
　すいように油性ペン等で太く大きく，次の白布記入例のように書く
　こと。

〈白布記入例〉

| 志願校種<br>受験番号 |
| --- |

縦 15cm

横 20cm

※志願校種は次のように略して，受験番号とともに(　　)の指定の色
　で記入する。
・中学保体　　　　→　中(赤で)
・高校保体　　　　→　高(黒で)
・特支中学部保体　→　特中(赤で)
・特支高等部保体　→　特高(黒で)
○熱中症が心配されますので，水分や塩分の補給を十分に行うこと。
(各自，水筒等を持参する)
○当日の受付で，実技試験の班を確認し，自分の順番まで所定の場所
　で待つ。
○疾病等身体的理由により受験できない実技種目がある場合には，申
　告書(志願校種，受験番号，氏名，理由，受けられない種目を明記
　すること。様式任意)を用意し，当日の受付及び当該種目実施時に，
　係員に当該申告書を提示する。


▼中学技術
【課題】
□ものづくり実技試験
※作業のできる服装を準備すること。


▼中学家庭
【課題1】
□食生活に関する実技試験
【課題2】
□衣生活に関する実技試験

※実習着(エプロン等)，三角巾，裁縫用具一式を準備すること。

▼高校家庭
【課題1】
□調理
　以下の調理及び食材の下処理より当日指定。調理は複数指定する場合がある。
　①ゆで物　②煮物　③蒸し物　④焼き物　⑤炒め物　⑥寄せ物　⑦汁物　⑧あえ物　⑨食材の下処理
※実習着，三角巾を準備すること。
【課題2】
□被服製作
　以下の4品より当日指定する1作品を製作する。
　①ハーフパンツ　②甚平　③シャツ　④女物ひとえ長着
※実技試験では，これらの作品を縮小したり，部分指定をしたりする場合がある。
※裁縫用具一式を準備する。

▼特支教諭
※特別支援学校中学部・高等部の実技は，それぞれ上記中・高等学校に準じる。

◆模擬授業・場面指導(2次試験)
※養護教諭は場面指導，その他は模擬授業を実施。
※学習指導案作成では，資料として授業で使用される箇所の教科書等(コピー)が配布される(資料は掲載略)。
※指導案は，50分で導入～まとめまですべてを作成する。
※授業構成時間10分。
※模擬授業では，準備(指導案作成等)，模擬授業，授業に関する質問

の順に行われる。それぞれの所要時間は学校種によって異なるもよう。

※試験官は生徒役を担わず，発問はエアーで行う。

※高等学校では，指導案用紙が別途配布される(全科目共通)。用紙は高校国語に掲載する。

〈評価の観点〉

教材に対する理解力，実践的な指導力，表現力　等

▼小学校教諭

【課題】

□次の1〜4の条件を踏まえ，ふくしまの「授業スタンダード」にある教師の働きかけ，指導技術を基に，主体的・対話的で深い学びの実現を目指した授業を，10分間で行いなさい。

1　授業場面

　単元名「かけ算の筆算(1)」(第3学年)の8時間目【資料】において，既習の2位数×1位数の筆算の仕方を基に考え，3位数×1位数(部分積がみな1桁)の筆算の仕方を考える授業において，めあてを捉えさせる場面。

2　本時のねらい

　3位数×1位数(部分積がみな1桁)の筆算の仕方について，2位数×1位数の筆算の仕方を基に考え，説明することができる。

3　児童の実態へ

　○　かけ算九九を理解し，2位数×1位数の筆算は，ほとんどの児童ができる。

　○　問題解決をする場面において，既習事項等に着目して考え自力解決することか苦手な児童が数名いる。

4　学習過程と授業の構想　※学習課題(めあて)は，2の◻︎◻︎の中に書くこと。

| 段階 | 予想される学習活動・内容 | 時間 | 授業の構想メモ |
|---|---|---|---|
| 導入 | 1　問題を確認する。 | 8 | |
| | 2　めあてをつかむ。<br><br>　　　　　　　　　　 | 2 | |
| 展開 | 3　自力解決をする。 | 5 | |
| | 4　考えを共有し検討する。 | 20 | |
| 終末 | 5　本時の学習を振り返り、まとめをするとともに、適用問題に取り組む。 | 10 | |

▼中学国語

【課題】

□次の1～4の条件を踏まえ，ふくしまの「授業スタンダード」にある
　教師の働きかけ，指導技術を基に，主体的・対話的で深い学びの実
　現を目指した授業を，10分間で行いなさい。

1　授業場面

　　教材「夏草－『おくのほそ道』から」【資料】(第3学年)を扱った授
　業の2時間目において，文章に表れている芭蕉のものの見方や感じ方
　について考えさせる課題を提示し，個人で追究させる場面。

2　本時のねらい

　　芭蕉の「旅」についての考えと現代の旅がもつ意味を比べることを

通して，文章に表れている芭蕉のものの見方や感じ方について考えることができる。

3　生徒の実態

○　歴史的仮名遣いに注意して音読する力は身に付いている。

○　叙述を根拠に，考えをまとめることに課題のある生徒が2割程度いる。

○　前時は，表現のしかたや文体の特徴に着目しながら，【資料】の音読を行った。

4　学習過程と授業の構想　※学習課題は2の□□□の中に書くこと。

| 階段 | 予想される学習活動・内容 | 間 | 授業の構想メモ |
|---|---|---|---|
| 導入 | 1　既習事項を振り返る。 | 5 | |
| | 2　本時の課題を確認する。<br><学習課題> | 3 | |
| 展開 | 3　課題を追究する。<br>（1）学習の見通しをもち，課題について個人で考える。 | 7 | |
| | （2）グループで互いの考えを共有・吟味する。 | 15 | |
| | （3）自分の考えをまとめる。 | 10 | |
| 終末 | 4　本時のまとめをする。<br>（1）本時の授業で，分かったことや自分の学び方について振り返る。 | 8 | |
| | （2）次時の学習内容を聞く。 | 2 | |

▼中学社会

【課題】

□次の1〜4の条件を踏まえ，学習課題(めあて)を設定し，ふくしまの
「授業スタンダード」にある教師の働きかけ，指導技術を基に，主
体的・対話的で深い学びの実現を目指した授業を，10分間で行いな
さい。

1　授業場面

　単元名「二度の世界大戦と日本」(歴史的分野)の授業において，生
徒の「問い」や「思い」を引き出し課題意識もたせながら，大正時代
に民主主義を求める社会運動はどのような形で展開したのかについて
考える学習課題を設定し，課題解決の計画や見通しをもたせる場面。

2　本時のねらい

　大正時代に，護憲運動，女性，労働者，差別された人々のそれぞれ
の立場から，どのような社会運動が広がっていったのか話し合うこと
を通して，大正デモクラシーについて多面的・多角的に考察すること
ができる。

3　生徒の実態

○　歴史的事象に対する興味・関心は個人差が大きい。

○　情報の収集や資料の読み取りに苦手意識をもつ生徒が多い。

○　社会的事象を機械的・表面的に記憶している生徒が多い。

4　学習過程と授業の構想　　※学習課題は2の□□□の中に書くこと。

| 段階 | 予想される学習活動・内容 | 時間 | 授業の構想メモ |
|---|---|---|---|
| 導入 | 1（資料の提示、既習事項の想起など） | 10 | |
| | 2　学習課題を把握する。 | | |
| | 3　学習課題を解決するための見通しをもつ。 | | |
| 展開 | 4　学習課題を追究する。 | 30 | |
| 終末 | 5　本時のまとめ、振り返りを行う。 | 10 | |

▼中学数学

【課題】

□次の1〜4の条件を踏まえ，ふくしまの「授業スタンダード」にある教師の働きかけ，指導技術を基に，主体的・対話的で深い学びの実現を目指した授業を，10分間で行いなさい。

1　授業場面

　単元名「空間図形」(第1学年，全18時間)の8時間目において，別紙資料の「立体の展開図」を扱い，角柱や円柱の展開図とその特徴を理解する授業である。その導入段階において，教材との出合い，学習課題の把握，課題解決の見通しをもつ，までの場面とする。

2 本時のねらい

　空間図形の性質を，平面上に表現したものを基に考えることかでき
る。

3 生徒の実態

○ 数学が好きだという生徒は比較的多いが，学力は二極化しており，
　上位生徒と下位生徒の学力差が大きい。

○ 前章の平面図形においては，意欲的に学習に取り組む生徒が多く，
　学習内容の定着もよかった。しかし，本章においては，空間図形を
　直線や平面図形の運動によって構成されるものと捉えることが難し
　い生徒が多く，そのような見方や考え方を難しいと感じている生徒
　が多い。

4 学習過程と授業の構想　　※学習課題は，2の□□□中に書くこと。

| 階程 | 予想される学習活動・内容 | 間 | 授業の構想メモ |
|---|---|---|---|
| 導入 | 1　問題を確認する。<br><br>　円柱と正三角柱の側面にひもの長さがもっとも短くなるようにして、AからBまでひもをかけました。ひもの長さが短いのは、どちらでしょうか。<br><br>2　課題を設定する。<br><br>3・問題を解決する。<br>(1) 見通しをもつ。 | 10 | |
| 展開 | (2) 問題を解決する。<br><br>(3) それぞれの解法を、全体で確認する。 | 25 | |
| 終末 | 4　学習のまとめをする。<br><br>5　本時の振り返りをする。 | 15 | |

▼中学理科

【課題】

□次の1～4の条件を踏まえ，学習課題を設定し，ふくしまの「授業スタンダード」にある教師の働きかけ，指導技術を基に，主体的・対話的で深い学びの実現を目指した授業を，10分間で行いなさい。

1　授業場面

　単元名「光と音」(第1学年)の1時間目の指導において，物体を見ることができるときの光が目に届くまでの道筋を，身近な現象と関連付けながら，問題を見いだし見通しをもって観察などを行い，その結果を分析して解釈し表現するなど科学的に探究する場面である。

2　本時のねらい

　光の進み方に関する身近な現象について，観察結果などから規則性や関係性を見いだして表現することができる。

3　生徒の実態

○　小学校では，第3学年で，日光は直進し，鏡などで集めたり反射させたりできることについて学習しており，8割以上の生徒が学習した内容を理解している。

○　小学校では，第6学年で，太陽は自ら強い光を放っていること及び月は自ら光を放たないが，太陽の光が当たっているところで太陽の光を反射して明るく見えることを学習しているものの，学習内容を理解している生徒は半数であった。

4　学習過程と授業の構想

| 段階 | 予想される学習活動・内容 | 時間 | 授業の構想メモ |
|---|---|---|---|
| 導入 | 1 身近な現象と関連付けながら、既習事項を確認する。 | 5 | |
| | 2 学習課題を設定する。 | 5 | |
| 展開 | 3 身のまわりの物が見える理由を考え、話し合う。 | 10 | |
| | 4 光の進み方に関する実験を行う。 | 10 | |
| | 5 実験結果をまとめる。 | 10 | |
| 終末 | 6 学習課題に対する結論をまとめる。 | 10 | |

▼中学英語

【課題】

□次の1～4の条件を踏まえ，ふくしまの「授業スタンダード」にある教師の働きかけ，指導技術を基に，主体的・対話的で深い学びの実現を目指した授業を，10分間で行いなさい。

1 授業場面

　1学年の生徒に，単元の第5時目(全8時間)において，一般動詞の過去形の疑問文と否定文を初めて指導する授業の導入場面。

2 本時のねらい(観点及び領域：知識・技能「話すこと［やり取り］」

　一般動詞の過去形の疑問文と否定文を適切に用いながら，過去の出来事について説明したり，たずねたりすることができる。

3 生徒の実態

○ 関心のある事柄について，英語でやり取りする言語活動に前向き

に取り組む生徒が多い。

○　英文を書くことに対して，苦手意識を持つ生徒が多く見られる。

4　学習過程と授業の構想　※学習課題は，2の□の中に書くこと。

| 過程 | 予想される学習活動・内容 | 時間 | 授業の構想メモ |
|---|---|---|---|
| 導入 | 1　口頭導入(オーラル・インタラクションやスモールトーク等)を通して、本時の主な言語材料の意味や使い方などを把握する。 | 8 | |
| | 2　学習課題をつかむ。 | 2 | |
| 展開 | 3　見通しを立て、言語活動に取り組む。 | 30 | |
| 終末 | 4　活動の振り返りをし、振り返りシートに本時のまとめを記入する。 | 10 | |

▼中学音楽

【課題】

□次の1～4の条件を踏まえ，学習課題(めあて)を設定し，ふくしまの「授業スタンダード」にある教師の働きかけ，指導技術を基に，主体的・対話的で深い学びの実現を目指した授業を，10分間で行いなさい。

1　授業場面

　題材名「心情や情景を思い浮かべながら，形式を生かして表情豊か

に歌おう」(第2学年)における2時間目,「早春賦」の音楽を形づくっている要素を知覚し,歌唱表現を工夫していく学習(導入から展開の前半)の場面。

2　本時のねらい

　「早春賦」の曲想や形式,歌詞の内容,拍子,強弱との関わりを知覚し,それらの働きを関連させながら歌唱表現を工夫することができる。

3　生徒の実態

○　1時間目は,「早春賦」を聴いたり,歌詞を読んだりする活動を通して,曲の背景や作詞・作曲者について調べたり,歌詞の内容をとらえたりする学習に取り組んでおり,どのように歌唱表現を工夫したらしよいかについて関心を持っている。

| 段階 | 予想される学習活動・内容 | 間 | 授業の構想メモ |
|---|---|---|---|
| | 1　「早春賦」を歌う。 | 5 | |
| 導入 | 2　前時を振り返り,本時で大切にしたい表現の工夫について確認する。 | 3 | |
| | 3　本時のめあてをつかむ。 | 2 | |
| | | | |
| 展開 | 4　音楽を形づくっている要素をもとに,表現の工夫について考える。<br>(1) 音楽を形づくっている要素をもとにした歌唱表現の工夫について全体で話し合う。 | 5 | |
| | (2) グループごとに拍子,強弱の変化など,表現を工夫する点について意識しながら歌唱する。 | 15 | |
| | 5　表現の工夫を生かした歌唱に取り組む。<br>(1) 表現を工夫した点を共有する。<br>(2) 全体で歌唱し,録音して鑑賞する。 | 15 | |
| 終末 | 6　本時のまとめをする。 | 5 | |

▼中学美術

【課題】

□次の1～4の条件を踏まえ，ふくしまの「授業スタンダード」にある
　教師の働きかけ，指導技術を基に，主体的・対話的で深い学びの実
　現を目指した授業を，10分間で行いなさい。

1　授業場面

　　題材名「わかりやすく情報を伝える」(第2学年)の1時間目において，
様々なピクトグラムを鑑賞し，情報をわかりやすく伝えるためにどの
ような工夫がされているのかを班で話し合う場面。

2　本時のねらい

　　ピクトグラムを鑑賞し，ピクトグラムに込められた意図や特徴，表
現の工夫について話し合うことを通して，情報をわかりやすく伝える
ための形や色彩などの工夫について考え，見方や感じ方を深めること
ができる。

3　生徒の実態

○　色の三要素や三原色，配色の工夫など色について学習している。

○　美術の学習に意欲的に取り組み，鑑賞では，自分が感じたことや
　考えたこと，自分の意見を記述することができるが，発表する場面
　では，うまく伝えられずにいる生徒が多い。

## 4　学習過程と授業の構想

| 段階 | 予想される学習活動・内容 | 時間 | 授業の構想メモ |
|---|---|---|---|
| 導入 | 1　ピクトグラムを鑑賞する。 | 8 | |
| | 2　本時のめあてを把握する。 | 2 | |
| | ピクトグラムがそれぞれ何を示しているかを考え、形と色彩の工夫を見つけよう。 | | |
| 展開 | 3　ピクトグラムがそれぞれ何を示しているかを考え、形や色彩などの特徴や表現の工夫について班で話し合う。 | 10 | |
| 終末 | 4　気付いたこと、考えたことを全体で共有し、ピクトグラムの意図や表現の工夫、形や色彩がもたらす効果について、全体で話し合う。 | 20 | |
| | 5　学習のまとめをし、次時の学習への見通しをもつ。 | 10 | |

▼中学保体

【課題】

□次の1〜4の条件を踏まえ，ふくしまの「授業スタンダード」にある教師の働きかけ，指導技術を基に，主体的・対話的で深い学びの実現を目指した授業を，10分間で行いなさい。

1　授業場面

　保健分野「傷害の防止」(第2学年)の「傷害の発生要因」(【資料】)において，交通事故や自然災害などによる傷害は，人的要因や環境要因などが関わって発生することを理解させるために，授業の導入で学習への興味・関心を高めながら学習課題を把握させる場面。

2 本時のねらい

　私たちの身の回りで起こっている傷害(けが)は，人的要因や環境要因などか関わって発生することを理解できる。

3 生徒の実態

○　男子15名，女子14名の学級である。全体的に課題追究の意欲が高い。積極的に発言できる生徒が多く，互いの発言を認め合う雰囲気がある。

○　保健の授業で学んだ内容はある程度理解しているが，知識を基に自己の生活を改善したり，実生活に生かしたりして，健康を保持増進する態度は十分に身に付いていない。

4 学習過程と授業の構想　　　※学習課題は，2の□□の中に書くこと。

| 段階 | 予想される学習活動・内容 | 時間 | 授業の構想メモ |
|---|---|---|---|
| 導入 | 1　既習事項を確認する。 | 2 | |
| | 2　学習課題を把握する。 | 8 | |
| | | | |
| 展開 | 3　傷害とその要因について学ぶ。<br>・　人的要因<br>・　環境要因 | 10 | |
| | 4　自身の生活で起こり得る傷害について考える。<br>(1) 自分の生活を振り返る。<br>(2) 事故や傷害が発生した要因とその対策について考える。<br>(3) 考えたことを伝え合う。 | 20 | |
| 終末 | 5　学習のまとめ・振り返りをする。 | 7 | |
| | 6　次時の学習内容を確認する。 | 3 | |

▼中学技術

【課題】

□次の1～4の条件を踏まえ，ふくしまの「授業スタンダード」にある
　教師の働きかけ，指導技術を基に，主体的・対話的で深い学びの実
　現を目指した授業の導入部分を10分間で行いなさい。

1　授業場面

　「A　材料と加工の技術」の「1　設計のしかたを知ろう」(資料)に
おいて，生活の中から問題を見いだして課題を設定し，その解決策に
ついて考え，製作品を構想する授業の導入場面である。次時からは構
想を具体化しながら製作に必要な図をかき，作業計画を立てていく。

2　本時のねらい

　生活の中の問題から課題を設定し，製作品の使用目的や条件を整理
しながら，解決策を構想することができる。

3　生徒の実態

○　材料や加工の特性等の原理・法則と材料の製造・加工方法等の基
　礎的な技術の仕組みについてはすでに学んでいる。

○　技術に込められた問題解決の工夫については，ペットボトル等を
　取り上げ，安全性や利便性，環境への負荷，経済性の視点から読み
　取ることで，技術が最適化されていることに気付く授業を終えてい
　る。

4　学習過程と授業の構想　　※学習課題は，3の□□□の中に書くこ
　と

| 段階 | 予想される学習活動・内容 | 順 | 授業の構想メモ |
|---|---|---|---|
| 導入 | 1　身の回りにある製品が様々なことを考えて設計されていることに気付く。<br><br>2　自分たちが生活している中で、「あったらいいな」「不便だな」と思うことを考える。<br><br>3　本時の課題を把握する。 | 10 | |
| 展開 | 4　生活の中の問題を解決するために、製作品を使う目的や条件を考える。 | 10 | |
| | 5　手本となる基本型の設計図や実物を見ながら、目的や条件に合わせて改良し、製作品の構想を立てる。 | 15 | |
| | 6　製作品の構想についてグループで話し合う。 | 10 | |
| 終末 | 7　本時のまとめと次時の見通しを持つ。 | 5 | |

▼中学家庭

【課題】

□次の1〜4の条件を踏まえ，ふくしまの「授業スタンダード」にある教師の働きかけ，指導技術を基に，主体的・対話的で深い学びの実現を目指した授業を，10分間で行いなさい。

1　授業場面

　題材名「日本の食文化と和食の調理」＜資料＞(第2学年)の2時間目において，地域の食文化を継承する大切さを理解させるために，住んでいる地域の郷土料理や多く生産されている食材について興味・関心を高め，これまでの生活経験や既習事項を想起させながら学習課題を把握させる場面。

2　本時のねらい

地域の食文化や地域の食材の良さに気付き，日常の食生活に取り入れる工夫を考える。

3　生徒の実態

○　第1学年の日常食の調理では，野菜・いもの調理，肉の調理，魚の調理を学習した。

○　学校給食で，郷土料理や行事食を取り入れた献立が，月1回以上は計画されている。

○　前時は，日本各地の郷土料理や行事食には，その地域でとれる食材を利用し，その土地の気候風土に合った方法で調理されていることを学習した。事前に，自分の住んでいる地域に昔から伝わる料理や多く生産されている食材について調査してきている。

4　学習過程と授業の構想　　※学習課題は，2の□□□の申に書くこと。

| 段階 | 予想される学習活動・内容 | 間 | 授業の構想メモ |
|---|---|---|---|
| 導入 | 1　調べてきた地域の料理や食材について共有する。 | 8 | |
| | 2　本時のめあてを把握する。 | 2 | |
| 展開 | 3　調べてきた郷土料理や食材や調理法をあげ，日常食へ取り入れるための工夫について話し合う。 | 30 | |
| 終末 | 4　本時のまとめをする。 | 8 | |
| | 5　次時は，「地域の食材を使った和食の調理計画」を立てることへの見通しをもつ。 | 2 | |

▼高校国語

【課題例1】

□次の学習指導案における指導計画の本時の指導案を作成しなさい。ただし，別添の資料を本時(50分)の内容とする。なお，記入に際して次の点に留意すること。

1　単元の目標及び単元設定の理由を踏まえた「本時のねらい」を設定すること。

2　生徒の理解を深めるために必要だと思われる内容は，教科書に記載がなくても積極的に加えてよい。

3　「本時のねらい」以外の欄の記入に際しては，以下の点に注意すること。

(1)　「思考・判断・表現」においては【読むこと】を育成する授業を設定する。

(2)　「学習内容・生徒の活動」は，主体的・対話的で深い学びの視点に立った生徒の活動を考慮して記入する。

(3)　「指導上の留意点」の文頭には◇の記号をつけ，指導上の重点や生徒への具体的な働きかけを記入する。

(4)　「評価」の文頭には◆の記号をつけ，具体的な評価の観点を記入すること。なお，その評価の観点を「知識・技能【知・技】」,「思考・判断・表現(読むこと)【思(読むこと)】」,「主体的に学習に取り組む態度【態】」のどれにあたるか分類し，評価の方法についても記入する。また，評価をAと判断する根拠となる生徒の具体例及びCと判断した生徒に対する具体的な指導や支援の手立ても併せて記入する。

(5)　「段階」における「導入」,「展開」,「まとめ」を分ける線を記入する。(線はフリーハンドでもよい。)

| 国語科（古典探究）学習指導案 | | |
|---|---|---|
| | 普通科　第2学年○組<br>指導者　職　○○　・　氏名　○○　○○ | |
| 日　時 | 令和○年○月○日（○）　　第○時限　（場所　○○○室） | |
| 単元名 | 清少納言の観察眼に迫ろう。<br>○教材：『枕草子』「二月つごもりごろに」（清少納言） | |
| 単元の目標 | ① 古典を読むために必要な文語のきまりについて理解を深めることができる。〔知識及び技能〕（2）イ<br>② 古典の作品や文章について、内容や解釈を自分の知見と結びつけ、考えを広げたり深めたりすることができる。〔思考力、判断力、表現力等〕Ａ（1）オ<br>③ 言葉がもつ価値への認識を深めるとともに、生涯にわたって古典に親しみ自己を向上させ、我が国の言語文化の担い手としての自覚を深め、言葉を通して他者や社会に関わろうとする。〔学びに向かう力、人間性等〕 | |
| 単元設定の理由 | 【教材観】<br>　『枕草子』は平安時代中期に清少納言によって書かれた随筆である。鴨長明の『方丈記』（鎌倉時代初期）、兼好法師の『徒然草』（鎌倉時代後期）とともに三大随筆と称されている。約三百の章段から成っており、類聚的章段、日記的章段、随想的章段に大別される。今回扱う「二月つごもりごろに」は、日記的章段に位置付けられる。叙述に即して内容を読解することで、作者の心情の変化や漢詩を翻案とした和歌のやりとりへの理解を深め、自分の考えを広げることへつなげていきたい。<br>【生徒観】<br>　実施クラスはほぼ全員が四年制大学への進学を希望しているが、古典に対する興味・関心には個人差がある。古典文法に苦手意識をもつ生徒も散見されるため、基礎事項の確認を徹底した上での授業展開が必要となる。『枕草子』は1学年次に類聚的章段の内容にふれているので、既習事項もふまえて、読解した内容を自分自身と関連付けて考えさせる授業展開も併せて構想していきたい。<br>【指導観】<br>　基礎的な語彙、文法事項に加え、当時の宮中での生活の様子や人間関係、漢詩との関わりについても丁寧に確認した上で読解を進めたい。その上で、「二月つごもりごろに」に書かれた内容について、生徒が主体的に読解する活動を行わせ、清少納言についての自分の考えを深めさせるとともに、古典を読む意義についても考えさせたい。 | |
| 指導計画 | 指導過程　（全4単位時間）<br>　① 『枕草子』と清少納言についての確認及び「二月つごもりごろに」全文の音読【1単位時間】<br>　② 「二月つごもりごろに」における重要語句と文法事項の確認及び内容の把握【1単位時間】<br>　③ 「二月つごもりごろに」における作者の心情の整理と作者の上の句への評価【1単位時間】…<br>　　**本時**<br>　④ 清少納言の観察眼についての考察【1単位時間】 | |
| その他<br>配慮する事項 | 国語便覧等を活用する。<br>一人一台端末も必要に応じて活用する。 | |

〈本時の指導案(用紙／他教科も，ほぼ同様のフォーマット)〉

〔本時の指導案〕　　　　　　　　　　　　　　　　　　受験番号

| 本時のねらい | | | |
|---|---|---|---|
| 段階 | 学習内容・生徒の活動 | 時間(分) | ◇指導上の留意点　◆評価【観点】(評価方法)※◆の次にAの具体的な姿の例と、Cへの手立ても記す。 |
| 導入 | | | |
| 展開 | | | |
| まとめ | | | |

【課題例2】

□次の学習指導案における指導計画の本時の指導案を作成しなさい。ただし，別添の資料を本時(50分)の内容とする。なお，記入に際して次の点に留意すること。

1　単元の目標及び単元設定の理由を踏まえた「本時のねらい」を設定すること。

2　生徒の理解を深めるために必要だと思われる内容は，教科書に記載がなくても積極的に加えてよい。

3　「本時のねらい」以外の欄の記入に際しては，以下の点に注意すること。

(1)　「思考・判断・表現」においては【読むこと】を育成する授業を設定する。

(2)　「学習内容・生徒の活動」は，主体的・対話的で深い学びの視点に立った生徒の活動を考慮して記入する。

(3)　「指導上の留意点」の文頭には◇の記号をつけ，指導上の重点や生徒への具体的な働きかけを記入する。

(4)　「評価」の文頭には◆の記号をつけ，具体的な評価の観点を記入すること。なお，その評価の観点を「知識・技能【知・技】」，「思考・判断・表現(読むこと)【思(読むこと)】」，「主体的に学習に取り組む態度【態】」のどれにあたるか分類し，評価の方法についても記入する。また，評価をAと判断する根拠となる生徒の具体例及びCと判断した生徒に対する具体的な指導や支援の手立ても併せて記入する。

(5)　「段階」における「導入」，「展開」，「まとめ」を分ける線を記入する。(線はフリーハンドでもよい。)

| 国語科（古典探究）学習指導案 | |
|---|---|
| | 普通科　第2学年○組<br>指導者　職　○○・　氏名　○○　○○ |
| 日　時 | 令和○年○月○日（○）　　第○時限　（場所　○○○室） |
| 単元名 | 清少納言の人物像に迫ろう。<br>○教材：『枕草子』「大納言殿参り給ひで」（清少納言） |
| 単元の目標 | ① 古典を読むために必要な文語のきまりについて理解を深めることができる。［知識及び技能］（2）イ<br>② 古典の作品や文章について、内容や解釈を自分の知見と結びつけ、考えを広げたり深めたりすることができる。［思考力、判断力、表現力等］A（1）オ<br>③ 言葉がもつ価値への認識を深めるとともに、生涯にわたって古典に親しみ自己を向上させ、我が国の言語文化の担い手としての自覚を深め、言葉を通して他者や社会に関わろうとする。［学びに向かう力、人間性等］ |
| 単元設定の理由 | 【教材観】<br>　『枕草子』は平安時代中期に清少納言によって書かれた随筆である。鴨長明の『方丈記』（鎌倉時代初期）、兼好法師の『徒然草』（鎌倉時代後期）とともに三大随筆と称されている。約三百の章段から成っており、類聚的章段、日記的章段、随想的章段に大別される。今回扱う「大納言殿参り給ひて」は、日記的章段に位置付けられる。叙述に即して内容を読解することで、作者の心情の変化や機転をふまえた当意即妙な反応への評価について理解を深め、自分の考えを広げることへつなげていきたい。<br>【生徒観】<br>　実施クラスはほぼ全員が四年制大学への進学を希望しているが、古典に対する興味・関心には個人差がある。古典文法に苦手意識をもつ生徒も散見されるため、基礎事項の確認を徹底した上での授業展開が必要となる。『枕草子』は1学年次に類聚的章段の内容にふれているので、既習事項もふまえて、読解した内容を自分自身と関連付けて考えさせる授業展開も併せて構想していきたい。<br>【指導観】<br>　基礎的な語彙、文法事項に加え、当時の宮中での生活の様子や人間関係、漢詩との関わりについても丁寧に確認した上で読解を進めたい。その上で、「大納言殿参り給ひて」に書かれた内容について、生徒が主体的に読解する活動を行わせ、清少納言についての自分の考えを深めさせるとともに、古典を読む意義についても考えさせたい。 |
| 指導計画 | 指導過程（全4単位時間）<br>① 『枕草子』と清少納言についての確認及び「大納言殿参り給ひて」全文の音読【1単位時間】<br>② 「大納言殿参り給ひて」における重要語句と文法事項の確認及び内容の把握【1単位時間】<br>③ 「大納言殿参り給ひて」における作者の心情の整理と大納言殿の発言への評価【1単位時間】<br>　　…本時<br>④ 清少納言の人物像についての考察【1単位時間】 |
| その他<br>配慮する事項 | 国語便覧等を活用する。<br>一人一台端末も必要に応じて活用する。 |

〈本時の指導案〉

高校国語課題例1と同様の内容

▼高校地歴(世界史)

【課題】

□次の学習指導案における指導計画の本時の指導案を作成しなさい。

　ただし，別添の資料の教科書p168～p170，資料集p136～p137を本時(50分)の内容とする。その際，次の点に留意すること。

1　単元設定の理由及び単元の目標を踏まえた「本時の目標」を設定する。

2 生徒の理解を深めるために必要だと思われる内容は，教科書に記載がなくても積極的に加えてよい。

3 「目標」以外の欄の記入に際しては，以下の点に注意すること。

(1) 「学習内容・生徒の活動」は，主体的・対話的で深い学びの視点に立った生徒の活動を考慮して記入する。

(2) 「指導上の留意点」の文頭には◇の記号をつけ，指導上の重点や生徒への具体的な働きかけを記入する。

(3) 「評価」の文頭には◆の記号をつけ，具体的な評価の観点を記入すること。なお，その評価の観点を【知識・技能】【思考・判断・表現】【主体的に学習に取り組む態度】のどれにあたるかを分類する。

(4) 「過程」における「導入」「展開」「まとめ」を分ける線を記入する。(線はフリーハンドでもよい)

| 地理歴史（世界史探究）学習指導案 | |
|---|---|
| | ○○科　第○学年○組<br>指導者：職・氏名 |
| 日　時 | 令和○年○月○日（○）　第○時限　（場所　○○○室） |
| 単元名 | 第12章 産業革命と環大西洋革命　3 フランス革命とナポレオンの支配 |
| 単元（題材）の目標 | ・フランス革命の主体や政治機構の変化，革命の目的や意義について理解する。【知識・技能】<br>・旧体制下の各身分が置かれていた状況を把握し，なぜフランス革命が勃発したのかを考察し，文章や言葉で表現できる。　　　　　　　　　　【思考・判断・表現】<br>・フランス革命の歴史的意義を考察することで多面的・多角的な視点を身につけ，さらに学びを深めようとする。　　　　　　　　【主体的に学習に取り組む態度】 |
| 単元（題材）設定の理由 | 【教材観】<br>　18世紀後半から19世紀前半にかけて，イギリスにおける産業革命，イギリスからのアメリカ独立戦争，絶対王政の変革を求めるフランス革命及び中南米諸国の独立運動といったように，ヨーロッパと南北アメリカ大陸の大西洋沿岸部で社会変革が連動して起こった。これらは各国・各地域で起こったことであると同時に，相互に連動して影響し合い，その後の国家形成につながっていった社会変革と位置付けられる。そのため，生徒に多面的・多角的に革命の起因・過程や影響を考察させることは，歴史的思考力を育成するのに有効な教材といえる。<br>【生徒観】<br>　世界史はじめ歴史に興味・関心の高い生徒が多く，授業にも真面目かつ熱心に取り組む生徒が多い。教員の発問やグループ学習においても，自らの意見や考えを積極的に発信する姿勢が見られる。単元の学習前調査においては，多くの生徒がフランス革命，マリーアントワネットやナポレオンを知っており，フランス革命についての歴史的知識はある程度身についているといえる。しかし，フランス革命が起きた背景や革命についての多角的・多面的な理解，フランス革命の歴史的意義等については理解が十分とは言えないため，興味関心を高め，さらに理解を深めたい。<br>【指導観】<br>　フランス革命はフランス一国だけの出来事ではなく，18世紀後半から19世紀前半にかけての大西洋を囲む国や地域での社会変革の一端であることを意識付けることで，歴史的事象が断片的なものでなく連動していることを理解する契機とする。そこで，この単元ではフランス革命勃発の起因や背景，その内容について資料を読み取り，考察・発表をすることにより，一方的な知識・理解ではなく，主題を探究する思考力・判断力や表現力を育てたい。また，革命の主体や政治機構の変化を探究することで，それに付随する問題・課題等への興味・関心の高揚を図りたい。 |
| 指導計画 | 1　産業革命　1時間<br>2　アメリカ合衆国の独立と発展　2時間<br>3　フランス革命とナポレオンの支配　2時間（本時はその1時間目）<br>4　中南米諸国の独立　1時間 |
| その他配慮する事項 | 教科書：『世界史探究　高校世界史』（山川出版社）<br>資料集：『エスカリエ　十三訂版』（帝国書院） |

〈本時の指導案〉
高校国語課題例1と同様の内容

▼高校地歴(日本史)
【課題】
□次の学習指導案における指導計画の本時の指導案を作成しなさい。
　ただし，別添の資料の教科書p257の18行目～p260の7行目と資料集
　p252～p253を本時(50分)の内容とする。その際，次の点に留意する
　こと。
1　単元設定の理由及び単元の目標を踏まえた「本時のねらい」を設
　定する。
2　生徒の理解を深めるために必要だと思われる内容は，教科書に記
　載がなくても積極的に加えてよい。
3　「本時のねらい」以外の欄の記入に際しては，以下の点に注意する
　こと。
(1)　「学習内容・生徒の活動」は，主体的・対話的で深い学びの視点
　に立った生徒の活動を考慮して記入する。
(2)　「指導上の留意点」の文頭には◇の記号をつけ，指導上の重点や
　生徒への具体的な働きかけを記入する。
(3)　「評価」の文頭には◆の記号をつけ，具体的な評価の観点を記入
　すること。なお，その評価の観点を【知識・技能】【思考・判断・
　表現】【主体的に学習に取り組む態度】のどれにあたるかを分類す
　る。
(4)　「過程」における「導入」「展開」「まとめ」を分ける線を記入す
　る。(線はフリーハンドでもよい)

| 地理歴史科（日本史探究）学習指導案 | | |
|---|---|---|
| | ○○科　第○学年○組 | |
| | 指導者　職・氏名 | |
| 日　時 | 令和○年○月○日（○）　　第○時限　（場所　○○○室） | |
| 単元名 | 議会政治の展開と日清・日露戦争　　朝鮮問題・日清戦争と三国干渉 | |
| 単元の目標 | ・日清戦争，日露戦争の前後における条約改正の実現，韓国併合や満州への勢力拡大などについて諸資料から情報を読み取り，日本の国際的地位の変化を理解している。　　　　　　　　　【知識・技能】<br>・議会が戦争を支持する一方で反戦論が存在しこと，戦争が国民としての自覚や意識を高めたことなどについて多面的・多角的に考察し，根拠を明らかに表現している。　　　　　　【思考・判断・表現】<br>・対外的な戦争が日本の近代化の過程の中でどのような意味をもったのかを考察し，主体的に追求しようとしている。　　　　　　　　　　　　　　　　　　　　　　　　【主体的に学習に取り組む態度】 | |
| 単元（題材）設定の理由 | 【教材観】<br>　明治政府は，欧米列強を模範として富国強兵を目指し殖産興業を推進し近代化につとめ，憲法の制定や議会の開設など，近代国家の指標となる仕組みを約20年で整えた。日清戦争は台湾を，日露戦争では南満州の権益を獲得し，韓国を併合した。日清・日露両戦争は，日本が近代的軍事力を用いて帝国主義国家に名を連ねた歴史的意義を有する出来事である。日清戦争から日露戦争までの流れを東アジアやヨーロッパ情勢，さらには日本国内の政治経済と関連付け多面的・多角的な立場から考察させることは，生徒の歴史的思考力を育成するのに有効である。さらに，現代の世界情勢や東アジア情勢について考えを深めさせる契機となる教材である。<br>【生徒観】<br>　多くの生徒は大学進学を志望しており，意欲的に真面目に取り組んでいる。人名や出来事などを単純に覚えることは得意である。授業での発問の反応から，多くの生徒は，中学校での学習の中で日清戦争・日露戦争についての基礎的知識は把握している。一方で，視点を変えたり知識を組み合わせたりしたなどに，自ら考察して表現することが苦手に感じる生徒が多い。この課題を克服できるような探究的な授業展開が必要である。<br>【指導観】<br>　中学校での学習内容を踏まえて，欧米列強の国際関係と東アジア情勢を関連付け，そのことが日本国内の政治経済にどのように影響していったのかなどに着目しながら，近代国家の成立について理解させたい。日清・日露戦争に至る背景とその後の影響について資料を使って検証や考察を行い，それを根拠に発表させることによって，主題を探究する思考力・判断力や表現する力を育成したい。また，現代の世界情勢や東アジア情勢を理解し，関心や興味を持つ一助としたい。 | |
| 指導計画 | 1　初期議会と条約改正の実現 | 1時間 |
| | 2　朝鮮問題・日清戦争と三国干渉 | 1時間　本時 |
| | 3　藩閥官僚と政党 | 1時間 |
| | 4　極東情勢と日英同盟・日露戦争 | 1時間 |
| | 5　大陸への膨張と桂園時代 | 1時間 |
| その他配慮する事項 | 教科書『日本史探究』　（実教出版）<br>資料集『新詳日本史』（浜島書店） | |

〈本時の指導案〉

高校国語課題例1と同様の内容

▼高校地歴(地理)

【課題】

□次の学習指導案における指導計画の本時の指導案を作成しなさい。

　　ただし，別添の資料の教科書p166～p169，データブックp40～p43を本時(50分)の内容とする。その際，次の点に留意すること。

1　単元設定の理由及び単元の目標を踏まえた「本時のねらい」を設定する。

2　生徒の理解を深めるために必要だと思われる内容は，教科書に記

載がなくても積極的に加えてよい。

3 「本時のねらい」以外の欄の記入に際しては，以下の点に注意すること。

(1) 「学習内容・生徒の活動」は，主体的・対話的で深い学びの視点に立った生徒の活動を考慮して記入する。

(2) 「指導上の留意点」の文頭には◇の記号をつけ，指導上の重点や生徒への具体的な働きかけを記入する。

(3) 「評価」の文頭には◆の記号をつけ，具体的な評価の観点を記入すること。なお，その評価の観点を【知識・技能】【思考・判断・表現】【主体的に学習に取り組む態度】のどれにあたるかを分類する。

(4) 「段階」における「導入」「展開」「まとめ」を分ける線を記入する。(線はフリーハンドでもよい)

| 地理歴史（地理探究）学習指導案 | |
|---|---|
| | ○○科　第○学年○組<br>指導者　職・氏名 |
| 日　時 | 令和○年○月○日 (○)　　第○時限　（場所　○○室） |
| 単元名 | 第1部第4章　人口，村落・都市　1節　人口 |
| 単元（題材）<br>の目標 | ・グラフや主題図の活用を通じて，増加する世界人口と世界各地の人口の増減や分布，年齢別構成，移動の特徴や空間的な規則性，傾向性などについて理解している。　　　　　　　　　　【知識及び技能】<br>・資料から読み取った人口の増減や分布，年齢別構成などに着目して，これらの地理的事象が生じる理由などの主題を設定し，それらを多面的・多角的に考察し，表現している。<br>　　　　　　　　　　　　　　　　　　　　　　　　　　　　　　　　　　【思考力・判断力・表現力】<br>・人口について，よりよい社会の実現を視野に，そこでみられる課題を主体的に追究している。<br>　　　　　　　　　　　　　　　　　　　　　　　　　　　　　　　　　　【学びに向かう力，人間性等】 |
| 単元（題材）<br>設定の理由 | 【教材観】<br>　自然環境の単元では人間が生活する場所について，資源と産業では人間が生きていく方法について学んだ。その知識をもとに，人間そのものの分布や数的変化を理解する意義は，現代世界の諸課題を地球的視野でとらえ探究していくうえでも極めて大きい。また各国・地域の人口動態を考察することから，その社会環境について理解できることもある。過去から将来にわたる人口について学び，生徒が自らもその一員と自覚することで，さまざまな課題を当事者としてとらえさせる契機となる教材である。<br>【生徒観】<br>　真面目に授業に取り組み，資料活用能力も高い。ペアワークなどでも互いの意見を交換し，相手の考えから学ぼうとする姿勢がみられる。事前アンケートでは，中学校で学んだ世界人口や人口の多い国といった基礎的知識は把握しているが，人口についての諸課題を他の単元と結び付けて探り，自ら考察して表現しようとする姿勢は弱い。時事問題に対しても興味・関心の度合いに個人差があり，教材に結び付けられない生徒も少なくない。<br>【指導観】<br>　世界の人口分布と人口増加を，数字だけでなく主題図やグラフを読み取ることで，空間的・時間的に理解させたい。また，将来の人口支持力に着目することで，持続可能な社会の在り方についても考察させたい。人口の構成と転換，人口ピラミッドの読み取りを通して多角的に考察し，複数の国や地域を比較して適切に表現する力を育成するとともに，次章の課題の発見につなげたい。 |
| 指導計画 | 1　世界の人口分布　　　1時間　　本時<br>2　人口の移動　　　　　1時間 |
| その他<br>配慮する事項 | 教科書『新詳　地理探究』（帝国書院）<br>資料集『データブック・オブ・ザ・ワールド 2023』（二宮書店） |

〈本時の指導案〉
高校国語課題例1と同様の内容


▼高校公民(政治・経済)
【課題】
□次の学習指導案をもとに，配付された教科書資料を用いて，本時の
　指導案を作成しなさい。ただし，資料の148ページから149ページを
　本時(50分)の内容とする。なお，記入に際して次の点に留意するこ
　と。
・「段階」における「導入」「展開」「まとめ」を分ける線を記入する
　こと。(線はフリーハンドでもよい)
・「◇指導上の留意点　◆評価規準【観点】(評価方法)」の欄では，
　「指導上の留意点」の記述の前(左)に◇印を，「評価規準【観点】(評
　価不法)」の記述の前(左)に◆印をつけること。

| 公民科（政治・経済）学習指導案 | |
|---|---|
| | ○○科　第○学年○組<br>指導者 職・氏名 |
| 日時 | 令和○年○月○日 (○) 第○時限　　(場所　○○○室) |
| 単元名 | 国際経済の動向と課題 |
| 単元の目標 | ○現代の国際政治・経済に関する諸資料から，課題の解決に向けて考察，構想する<br>　際に必要な情報を適切かつ効果的に収集し，読み取る技能を身に付ける。【知識及<br>　び技能】<br>○相互依存関係が深まる国際経済の特質について多面的・多角的に考察し，表現す<br>　る。【思考力，判断力，表現力等】<br>○現代の国際政治・経済について，よりよい社会の実現のために現実社会の諸課題<br>　を主体的に解決しようとする力を養う。【学びに向かう力，人間性等】 |
| 単元設定<br>の理由 | （1）生徒観<br>　生徒は中学校社会科及び高校公民科の「公共」において，選択・判断の手掛かりと<br>なる概念や理論について理解を深め，また現代の諸課題について，事実を基に概念な<br>どを活用して多面的・多角的に考察する学習活動を行ってきた。しかしながら，様々<br>な情報を相互に関連付けて総合的に考察し，当事者意識を持って，自分なりのことば<br>で表現する点で伸びしろがある。<br>（2）教材観<br>　本単元では，国際法や国際連合などの国際政治や貿易や国際収支などの国際経済<br>を幅広く扱い，国際社会における日本の役割について多面的・多角的に考察しつつ，<br>国際平和と人類の福祉に寄与しようとする自覚を深めさせることができる。<br>（3）指導観<br>　国内における政治・経済の単元で習得した知識（基本的人権，国民主権，平和主義，<br>経済成長，財政及び金融など）を活用させ，国際政治・国際経済に関する諸課題を日<br>本との関連という観点から総合的に考察させることで，他者と協働して持続可能な社<br>会を形成しようとする意欲を高めさせ，グローバル化する国際社会に主体的に生きる<br>公民として必要な資質を身に付けさせる。 |
| 指導計画 | ○第二次世界大戦後の国際経済・・・・・・1時間<br>○国際経済の動向・・・・・・・・・・・・1時間<br>○新興国の台頭・・・・・・・・・・・・・1時間<br>○発展途上国の課題と展望・・・・・・・・1時間 (本時)<br>○地球環境問題，資源エネルギー問題・・・1時間<br>○経済協力と日本の役割・・・・・・・・・1時間 |
| その他<br>配慮する事項 | 当該クラスには発達障がいの生徒も在籍しているため，授業のユニバーサルデザイン<br>に努め，発問・指示や板書などで特に配慮する。 |

〈本時の指導案〉
高校国語課題例1と同様の内容

▼高校数学
【課題例1】
□次の学習指導案をもとに，配付された教科書資料を用いて，本時の指導案を作成しなさい。ただし，資料の108ページの最初から109ページの最後までを本時(50分)の内容とする。なお，記入に際して次の点に留意すること。
・「段階」における「導入」，「展開」，「まとめ」を分ける線を記入すること。(線はフリーハンドでもよい。)
・「◇指導上の留意点　◆評価規準【観点】(評価方法)」の欄では，「指導上の留意点」の記述の前(左)に◇印を，「評価規準【観点】(評価方法)」の記述の前(左)に◆印をつけること。

| 数学科（数学Ⅰ）学習指導案 | | | | 普通科　第○学年○組<br>指導者　職・氏名 |
|---|---|---|---|---|
| 日　時 | 令和○○年○○月○○日（○） | | 第○時限 | ○年○組教室 |
| 単元名 | 第3章　2次関数　　第2節　2次方程式・2次不等式 | | | |
| 単元の目標 | 1　2次関数の値の変化やグラフの特徴について理解し，2次関数の最大値や最小値を求めること，2次関数のグラフを用いて2次不等式の解を求めることができるようにする。　【知識・技能】<br>2　2次関数の式とグラフとの関係について，コンピュータなどの情報機器を用いてグラフをかくなどして多面的に考察することができる。　【思考・判断・表現】<br>3　事象を2次関数の考えを用いて考察するよさを認識し，問題解決にそれらを活用しようとしたり，問題解決の過程を振り返って考察を深めたり，評価・改善したりしようとする。　【主体的に学習に取り組む態度】 | | | |
| 単元設定の理由 | 【教材観】<br>　中学校で扱った関数をもとに二つの数量の関係を振り返りながら，ここでも同様に関数の概念の理解を深め，2次関数を活用して問題を解決できるようにする。また，コンピュータなどを活用して様々なグラフをかき，2次関数のグラフの特徴を帰納的に見出したり，表，式，グラフを相互に関連付けて多面的に考察したりすることを通して，2次関数の式とグラフとの関係について理解を深める。<br><br>【生徒観】<br>　生徒の多くは理系の大学への進学を希望している。性質や法則を利用して，形式的に式を変形したり，計算したりすることはできるが，定理の意味を理解することや，定理を証明することは苦手とする生徒が多い。<br><br>【指導観】<br>　2次関数のグラフを活用しながら，2次関数の最大値・最小値を求めることができるようにすることや，2次不等式の解の意味を理解し，2次関数のグラフとx軸との位置関係から2次不等式の解を求めることができるようにする。生徒の興味・関心を喚起するとともに，日常的事象や社会の事象などを，2次関数を用いて考察することで，発展的・探究的な学習につなげられるようにする。 | | | |
| 指導計画 | 第3章　2次関数　　第2節　2次方程式・2次不等式<br>　1　2次方程式の解法　……… 1時間<br>　2　2次方程式の実数解の個数　……… 1時間<br>　3　2次関数のグラフとx軸の共有点　……… 3時間<br>　4　2次不等式　……… 4時間（本時1時間目）<br>　5　2次不等式の応用　……… 3時間 | | | |
| その他<br>配慮する事項 | 特になし | | | |

〈本時の指導案〉
高校国語課題例1と同様の内容


【課題例2】
□次の学習指導案をもとに，配付された教科書資料を用いて，本時の
　指導案を作成しなさい。ただし，資料の20ページの最初から21ペー
　ジの12行目までを本時(50分)の内容とする。なお，記入に際して次
　の点に留意すること。
・「段階」における「導入」，「展開」，「まとめ」を分ける線を記入す
　ること。(線はフリーハンドでもよい。)
・「◇指導上の留意点　◆評価規準【観点】(評価方法)」の欄では，
　「指導上の留意点」の記述の前(左)に◇印を，「評価規準【観点】(評
　価方法)」の記述の前(左)に◆印をつけること。

| 数学科（数学A）学習指導案 | | |
|---|---|---|
| | | 普通科　第○学年○組<br>指導者　職・氏名 |
| 日　時 | 令和○○年○○月○○日（○）　　第○時限 | ○年○組教室 |
| 単元名 | 第1章　場合の数と確率　　第1節　場合の数 | |
| 単元の目標 | 1　具体的な事象を基に順列及び組合せの意味を理解し，順列の総数や組合せの総数を求めることができるようにする。　　【知識・技能】<br>2　事象の構造などに着目し，場合の数を求める方法を多面的に考察することができる。　　【思考・判断・表現】<br>3　事象を場合の数の考えを用いて考察するよさを認識し，問題解決にそれらを活用しようとしたり，問題解決の過程を振り返って考察を深めたり，評価・改善したりしようとする。　　【主体的に学習に取り組む態度】 | |
| 単元設定の理由 | 【教材観】<br>　中学校で扱った起こり得るすべての場合を列挙する場合の数を基に，場合の数をもれなく重複なく数え上げる基本的な数え上げの原則を振り返りながら，ここでも同様に具体的な事象に関する場合の数を樹形図や表に整理して調べる方法を考察することを通して，順列・組合せの総数の求め方を考察し，場合の数の総数を求められるようにする。<br>【生徒観】<br>　生徒の多くは理系の大学への進学を希望している。性質や法則を利用して，形式的に式を変形したり，計算したりすることはできるが，定理の意味を理解することや，定理を証明することは苦手とする生徒が多い。<br>【指導観】<br>　nCr＝nCn-r などの関係式も，具体的な場合の数を求める過程で性質を見出し，一般化させる指導をする。さらに，円順列，重複順列，同じものを含む順列なども，公式を導く過程を振り返らせ，そこで働く数学的なものの見方・考え方に着目できるようにする。 | |
| 指導計画 | 第1章　場合の数と確率　　第1節　場合の数<br>　1　集合の要素の個数　………　2時間<br>　2　樹形図と場合の数　………　2時間<br>　3　順列　………　5時間（本時4時間目）<br>　4　組合せ　………　5時間 | |
| その他<br>配慮する事項 | 特になし | |

〈本時の指導案〉
高校国語課題例1と同様の内容

▼高校理科(物理)
【課題】
□次の学習指導案をもとに，配付された教科書資料を用いて，本時の
　指導案を作成しなさい。ただし，資料の356ページ～359ページを本
　時(50分)の内容とする。なお，記入に際しては次の点に留意すること。
・「段階」における「導入」，「展開」，「まとめ」を分ける線を記入す
　ること。(線はフリーハンドでもよい)
・「◇指導上の留意点　◆評価規準【観点】(評価方法)」の欄では，
　「指導上の留意点」の記述の前(左)に◇印を，「評価規準【観点】(評
　価方法)」の記述の前(左)に◆印をつけること。

| 理科（物理）学習指導案 | |
|---|---|
| | 普通科　第3学年〇組<br>指導者　職・氏名　〇〇〇〇 |
| 日　時 | 令和〇年〇月〇日（〇）　　　第〇時限　（場所　〇〇〇〇室） |
| 単元名 | 電子と光　電子 |
| 単元の目標 | 電子の歴史的な実験に触れながら，電子の電荷と質量について理解する。 |
| 単元（題材）<br>設定の理由 | 【教材観】<br>　学習指導要領には，「電子，原子及び原子核に関する現象を観察，実験などを通して探究し，原子についての基本的な概念や原理・法則を理解させる。」とある。配慮事項については「電子に関する歴史的な実験にも触れること」と示されている。この単元では，指導要領に示されている通り電子の発見に関する歴史的な実験にも触れながら電子の電荷と質量について理解することがねらいである。「電子」という言葉は，理科でよく使われるが，視覚的な現象としてそれを捉える機会はほとんどないため，観察を通して理解を深めさせることが求められる。また，電子のもつ電気量や質量が明らかになる歴史的な経過を学ぶことができる本単元は，物理の探究の過程，方法を学ぶ良い教材といえる。<br><br>【生徒観】<br>　本クラスは理系の物理選択者のクラスであり，非常に勤勉な生徒が多く，成績上位者も多い。理学部や工学部への進学を希望する生徒が多く，将来的に物理学を学び続ける生徒がほとんどである。受験生として，より一層学習意欲が高まっている。一方で，計算処理が遅い生徒や，筋道立てて問題を解くことに時間がかかる生徒もいる。<br><br>【指導観】<br>　本単元では，電子や陰極線について視覚的な理解が大切であるため，言葉だけの説明ではなく，プロジェクターでの投影を利用するなど視覚的に理解が得られるよう工夫をしていく。また，生徒の興味・関心を高めることができる内容となるよう，適宜，実験・」観察を取り入れる。さらに，計算処理に時間がかかる生徒もいるため，演習の時間を十分に取り入れる。物理の探究の過程や方法に興味・関心がわくよう，電子の発見から質量や電荷量特定までの歴史的な経緯も含めて指導していきたい。 |
| 指導計画 | 第1章　電子と光（総時数7時間）<br>　1　電子　　　　　　　　　　　　　　　2時間〔本時は1/2〕<br>　2　光の粒子性　　　　　　　　　　　　2時間<br>　3　X線　　　　　　　　　　　　　　　2時間<br>　4　ローレンツ力　　　　　　　　　　　1時間 |
| その他<br>配慮する事項 | 特になし |

〈本時の指導案〉

高校国語課題例1と同様の内容

▼高校理科(化学)

【課題】

□次の学習指導案をもとに，配付された教科書資料を用いて，本時の指導案を作成しなさい。ただし，資料の185ページ〜187ページを本時(50分)の内容とする。なお，記入に際しては次の点に留意すること。

・「段階」における「導入」，「展開」，「まとめ」を分ける線を記入すること。(線はフリーハンドでもよい)

・「◇指導上の留意点　◆評価規準【観点】(評価方法)」の欄では，「指導上の留意点」の記述の前(左)に◇印を，「評価規準【観点】(評価方法)」の記述の前(左)に◆印をつけること。

| 理科（化学）学習指導案 | | | |
|---|---|---|---|
| | | 普通科　第3学年〇組<br>指導者　職・氏名　〇〇〇〇 | |
| 日　時 | 令和〇年〇月〇日（〇）　第〇時限　（場所　〇〇〇〇室） | | |
| 単元名 | 第4章　化学平衡　3　電解質水溶液の化学平衡 | | |
| 単元の目標 | 電解質の水溶液でも化学平衡が成り立つことを知り，代表的な弱酸や弱塩基について，濃度や電離度・電離定数などの関係を学ぶ。また，化学基礎で学んだpHをさらに深く学習し，pHと電離定数との関係を知る。塩の加水分解，弱酸・弱塩基の遊離，緩衝液，難溶性塩の水溶液中の電離平衡についても学ぶ。 | | |
| 単元設定の理由 | 【教材観】<br>　難溶性塩の溶解度積を理解すると，ある難溶性塩の化合物がどのような条件で沈殿するかしないかを判断したり，ある難溶性塩の化合物だけを沈殿させる条件を考えたりすることができるようになる。また，ある難溶性塩の化合物だけを沈殿させる条件を考えさせることで，第3編の無機物質の金属イオンの分離の理解を助ける教材となる。<br><br>【生徒観】<br>　本クラスは，看護系の大学・専門学校を希望している生徒が多く，生物選択者が半分程度である。そのため，以前の学習した単元では，血液も緩衝液であることに大変興味を持った生徒が多かった。しかし，数学を苦手としている生徒も多数見受けられ，計算処理が遅く，指数計算の際，桁がずれている解答を見かけることが多々ある。<br><br>【指導観】<br>　本時は，化学平衡の総仕上げとなるので，グループで話し合いをすることで，酸性の溶液で硫化物イオンのモル濃度が少なくなる理由と塩基性溶液で硫化物イオンの濃度が大きくなる理由を各自が説明できるようにさせ，理解を深めさせたい。 | | |
| 指導計画 | 第4章　化学平衡（総時間.13時間）<br>　1　可逆平衡と化学平衡　　　　3時間<br>　2　平衡状態の変化　　　　　　3時間<br>　3　電解質水溶液の化学平衡　　5時間（本時は3／5）<br>　演習問題.　　　　　　　　　　2時間 | | |
| その他配慮する事項 | 特になし | | |

〈本時の指導案〉

高校国語課題例1と同様の内容

▼高校理科(生物)

【課題】

□次の学習指導案をもとに，配付された教科書資料を用いて，本時の指導案を作成しなさい。ただし，資料の245ページ〜247ページを本時(50分)の内容とする。なお，記入に際しては次の点に留意すること。

・「段階」における「導入」，「展開」，「まとめ」を分ける線を記入すること。(線はフリーハンドでもよい)

・「◇指導上の留意点　◆評価規準【観点】(評価方法)」の欄では，「指導上の留意点」の記述の前(左)に◇印を，「評価規準【観点】(評価方法)の記述の前(左)に◆印をつけること。

| 理科（生物）学習指導案 | | |
|---|---|---|
| | | 普通科　第3学年○組<br>指導者　職・氏名　○○○○ |
| 日　時 | 令和○年○月○日（○）　第○時限　(場所　○○○○室) | |
| 単元名 | 動物の反応と行動 | |
| 単元の目標 | 動物の反応と行動についての観察，実験などを通して，刺激の受容と反応，動物の行動について理解させ，それらの観察，実験などの技能を身に付けさせるとともに，思考力，判断力，表現力等を育成する。 | |
| 単元設定の理由 | 【教材観】<br>　動物は体外からの刺激に応じて反応し，行動する。光や音，化学物質などの情報が受容され，動物体内で伝えられ，反応が生じるしくみについて理解することは，動物の行動を理解する上で重要である。また，これらのしくみを理解するためには，これまでに学習した細胞内の構造や遺伝子発現のしくみなど，細胞・物質レベルの知識の活用が求められる。本単元の学習を通して細胞や物質レベルの現象が動物の行動などのマクロな現象につながることが実感できる教材である。また，本単元では生徒自身のからだに生じる身近な反応に関係する内容も多いため，自分の体についての科学的な理解にもつながる教材である。<br><br>【生徒観】<br>　本クラスの生徒は理系の生物選択者であり，多くの生徒が大学入学試験で生物の受験を必要とする。生物分野の学習に関する興味・関心は高く，授業に臨む姿勢も積極的である。その一方で，生物の学習方法が単なる暗記に偏ってしまう傾向があるため，授業の中で積極的に生徒が思考，判断，表現する機会をつくるなどして，幅広い学力を伸長させたい。<br><br>【指導観】<br>　生徒自身のからだに生じる反応と学習内容の関連性を伝えるなどして，興味・関心を高めつつ，生徒が主体的に学習に取り組もうとする態度を養う機会を作る。また，授業では一方的な講義形式の指導にならぬよう心がけ，グループワークやペアワークを取り入れるなどして生徒が主体的に取り組む授業を展開する。また，生徒の発表の機会を積極的に設け，表現力を伸ばすとともに，理解の深化を図る。 | |
| 指導計画 | 第5章・動物の反応と行動（総時間12時間）<br>　1　刺激の受容のしくみについて学ぶ。　　　　　　　　3時間<br>　2　ニューロンの構造と興奮のしくみについて学ぶ。　3時間〔本時は2/3〕<br>　3　情報の統合のしくみについて学ぶ。　　　　　　　2時間<br>　4　動物の反応のしくみについて学ぶ。　　　　　　　2時間<br>　5　動物の行動について学ぶ。　　　　　　　　　　　2時間 | |
| その他配慮する事項 | 特になし | |

〈本時の指導案〉

高校国語課題例1と同様の内容

▼高校理科(地学)

【課題】

□次の学習指導案をもとに，配付された教科書資料を用いて，本時の
指導案を作成しなさい。ただし，資料の92ページ～93ページを本時
(50分)の内容とする。なお，記入に際しては次の点を留意すること。

・「段階」における「導入」，「展開」，「まとめ」を分ける線を記入す
ること。(線はフリーハンドでもよい)

・「◇指導上の留意点　◆評価規準【観点】(評価方法)」の欄では，
「指導上の留意点」の記述の前(左)に◇印を，「評価規準【観点】(評
価方法)」の記述の前(左)に◆印をつけること。

| 理科（地学）　学習指導案 | 普通科　第1年〇組<br>指導者　職・氏名　〇〇〇〇 |
|---|---|
| 日　時 | 令和〇〇年〇〇月〇〇日（〇）第〇時限　　（場所：〇〇〇〇） |
| 単元名 | 第2編　移り変わる地球　第1章　地層の形成 |
| 単元の目標 | 変動する地球について，宇宙や太陽系の誕生から今日までの一連の時間の中で捉えなが<br>ら，地層や岩石に関する観察を行い，地質時代が古生物の変遷に基づいて区分されることを<br>理解するとともに，地球環境の変化に関する資料に基づいて，大気の変化と生命活動の相互<br>の関わりを見いだして理解し，表現する。 |
| 単元(題材)<br>設定の理由 | 【教材観】<br>　中学校では，第2分野「(2) 大地の成り立ちと変化」で，堆積岩の種類やでき方につい<br>て学習しており，本単元での続成作用と堆積岩の学習につなげたい。特に，続成作用によ<br>って岩石が硬くなることを，時間的なスケールに関連づけて理解させたい。<br><br>【生徒観】<br>　岩石や地層について興味・関心をもっている生徒は多くないが，学習に取り組む姿勢は<br>意欲的である。中学校1年生で学ぶ内容ということもあり，知識の定着度にはばらつきが<br>ある。学習した内容について表現したり，他者に説明したりすることには課題があり，手<br>立てが必要である。<br><br>【指導観】<br>　実験室にある岩石試料や，地域で採れる岩石の観察を行うことで，学習内容を身近なも<br>のと捉えさせ，主体的に学習に取り組ませたい。また，他者に自分の考えを説明する学習<br>活動を取り入れ，思考力，判断力，表現力の育成を図りたい。 |
| 指導計画 | 第2編　移り変わる地球　第1章　地層の形成 (総時間7時間)<br>1　堆積作用と堆積岩<br>　A　堆積の過程　　　　　　　　　　　1時間<br>　B　続成作用と堆積岩　　　　　　　　1時間 (本時)<br>　C　土砂災害　　　　　　　　　　　　1時間<br>2　地層の形成　　　　　　　　　　　　2時間<br>　A　地層　　　　　　　　　　　　　　0.25時間<br>　B　整合と不整合　　　　　　　　　　0.25時間<br>　C　地層の上下判定　　　　　　　　　0.5時間<br>　D　堆積構造と堆積環境　　　　　　　1時間 |
| その他<br>配慮する事項 | 特になし |

〈本時の指導案〉
高校国語課題例1と同様の内容

▼高校英語
【課題例1】
□次の学習指導案をもとに，配付された教科書資料を用いて，本時(50分)の指導案を作成しなさい。ただし，資料の102ページから111ページまでの単元について，本時では，単元の内容に基づいて，自分の考えなどを話して伝える活動を行うこととする。授業では，生徒が一人一台端末を使用する活動を設定すること。なお，記入に際しては次の点に留意すること。
・「段階」における「導入」「展開」「まとめ」を分ける線を記入すること。(線はフリーハンドでもよい)
・「◇指導上の留意点　◆評価規準【観点】(評価方法)」欄では，「指導上の留意点」の記述の前(左)に◇印を，「評価の観点」の記述の前(左)に◆印をつけること。

| 英語科（英語コミュニケーションII）学習指導案 | | |
|---|---|---|
| | | 普通科　第2学年○組<br>指導者　職・氏名 |
| 日　時 | 令和○年○月○日（○）　第○時限　（場所　○○○室） | |
| 単元名 | Lesson 9　The Sharing Economy: Something for Everyone?<br>*BIG DIPPER English Communication II* (SUKEN SHUPPAN) | |
| 単元の目標 | 聞いたり読んだりしたことを基に，基本的な語句や文を用いて，情報や自分の考えなどを話して伝えることができる。 | |
| 単元設定の理由 | 【教材観】<br>物を買わずに共有する仕組み「シェアリングエコノミー」について考える題材である。シェアリングエコノミーのメリットやデメリット，ファッションシェアリングの記事について聞いたり，読んだりしたことに基づいて，この話題に関する考えを深め，発表する機会を持ちたい。<br>　本単元では，社会的な話題について，情報や自分の考えを話して伝える力の育成を目指し，話すこと［発表］の領域で評価を行う。単元のまとめでは，学んだ内容を基に，様々なシェアリングのサービスを紹介したり，それについて自分の考えを話して伝えたりする活動を行う。<br>【生徒観】<br>大学進学を希望する生徒が多いが，短期大学や専門学校への進学，就職などを希望する生徒もおり，進路希望は多岐にわたる。英語学習に苦手意識を感じている生徒が多いが，全体的に，言語活動や発表活動に主体的に参加する雰囲気がある。<br>　本校CAN-DOリスト（話すこと　イ）の「社会的な話題について，使用する語句や文，事前の準備などにおいて，一定の支援を活用すれば，論理性に注意しながら，情報や考えを話して伝えることができる」ことを目指し，日頃からペアやグループで情報や考えを伝え合う活動を行っている。間違いを恐れず，基本的な語句や文で自分の考えを表現しようとする態度は身に付きつつあるが，発話の正確性や論理性には課題がある。<br>【指導観】<br>昨年度から，プレゼンテーションなどで発表する機会を学期ごとに設けている。学んだことに基づいて情報や考えを話す際には，教員からの発問を工夫して内容面での支援を行ったり，簡単なメモを準備する時間を与えたりしている。また，発表後には振り返りとして，自分の発表を書き起こしたりして，正確性を高める機会も設けている。<br>　ICT活用については，意見の共有や端末のアウトプット活動，振り返りなど，日頃から，一人一台端末の活用を工夫している。 | |
| 指導計画 | 1　単元の導入とPart 1の概要把握　　　　　　　　　　　　　　　…（1時間）<br>2　Part 1の概要把握とそれに基づいた表現活動　　　　　　　　…（2時間）<br>3　Part 2の概要把握とそれに基づいた表現活動　　　　　　　　…（2時間）<br>4　Part 3の概要把握とそれに基づいた表現活動　　　　　　　　…（2時間）<br>5　Part 4の概要把握とそれに基づいた表現活動　　　　　　　　…（2時間）<br>6　単元のまとめ（単元の内容に基づいて，自分の考えを話す活動）…（1時間）本時 | |
| その他配慮する事項 | 特になし。 | |

〈本時の指導案〉
高校国語課題例1と同様の内容

【課題例2】
□次の学習指導案をもとに，配付された教科書資料を用いて，本時(50
分)の指導案を作成しなさい。ただし，資料の154ページから163ペ
ージまでの単元について，本時では，単元の内容に基づいて，自分
の考えなどを話して伝える活動を行うこととする。授業では，生徒
が一人一台端末を使用する活動を設定すること。なお，記入に際し
ては次の点に留意すること。
・「段階」における「導入」「展開」「まとめ」を分ける線を記入する
こと。(線はフリーハンドでもよい)
・「◇指導上の留意点　◆評価規準【観点】(評価方法)」欄では，「指
導上の留意点」の記述の前(左)に◇印を，「評価の観点」の記述の前
(左)に◆印をつけること。

英語科（英語コミュニケーションII）学習指導案

普通科　第2学年○組
指導者　職・氏名

| 日　時 | 令和○年○月○日（○）　　第○時限　（場所　○○○組） |
|---|---|
| 単元名 | Lesson 10　To Work or Not to Work?: Humans and Robots<br>*Power On English Communication II*　(TOKYO SHOSEKI) |
| 単元の目標 | 聞いたり読んだりしたことを基に，基本的な語句や文を用いて，情報や自分の考えなどを話して伝えることができる。 |
| 単元設定の理由 | 【教材観】<br>　日本が誇るロボットやロボットの労働についての論説文を通して，ロボットと人類の共存について考える題材である。身近なロボットを例に出したり，画像や動画等も活用したりして，話題に関する生徒たちの興味関心を高めたい。<br>　本単元では，社会的な話題について，情報や自分の考えを話して伝える力の育成を目指し，話すこと［発表］の領域で評価を行う。単元のまとめでは，学んだ内容を基に自分のニーズに合ったロボットや社会の諸問題を解決するロボットについて考え，発表することとしたい。<br>【生徒観】<br>　大学進学を希望する生徒が多いが，短期大学や専門学校等への進学，就職などを希望する生徒もおり，進路希望は多岐にわたる。英語学習に苦手意識を感じている生徒が多いが，全体的に，言語活動や発表活動に主体的に参加する雰囲気がある。<br>　本校CAN-DOリスト（話すこと　イ）の「社会的な話題について，使用する語句や文，事前の準備などにおいて，一定の支援を活用すれば，論理性に注意しながら，情報や考えなどを話して伝えることができる」ことを目標し，日頃からペアやグループで情報や考えを伝え合う活動を行っている。間違いを恐れず，基本的な語句や文で自分の考えを表現しようとする態度は身に付きつつあるが，発話の正確性や論理性には課題がある。<br>【指導観】<br>　昨年度から，プレゼンテーションなどで発表する機会を学期ごとに設けている。学んだことに基づいて情報や考えを話す際には，教員からの発問を工夫して内容面での支援を行ったり，簡単なメモを準備する時間を与えたりしている。また，発表後には振り返りとして，自分の発表を書き起こしたりして，正確性を高める機会も設けている。<br>　ICT活用については，意見の共有や単元末のアウトプット活動，振り返りなど，日頃から，一人一台端末の活用を工夫している。 |
| 指導計画 | 1　単元の導入<br>　　Part 1 の概要把握とそれに基づいた表現活動　　　　　…（1時間）<br>2　Part 1 の概要把握とそれに基づいた表現活動　　　　　　…（2時間）<br>3　Part 2 の概要把握とそれに基づいた表現活動　　　　　　…（2時間）<br>4　Part 3 の概要把握とそれに基づいた表現活動　　　　　　…（2時間）<br>5　Part 4 の概要把握とそれに基づいた表現活動　　　　　　…（2時間）<br>6　単元のまとめ（単元の内容に基づいて，自分の考えを話す活動）…（1時間）本時 |
| その他配慮する事項 | 特になし |

〈本時の指導案〉
高校国語課題例1と同様の内容

▼高校保体(体育)
【課題】
□次の学習指導案をもとに，配付された教科書資料を活用し，本時(50分)の指導案を作成しなさい。ただし，資料の144ページから147ページを本時(50分)の内容とする。なお，記入に際して次の点に留意すること。
・「段階」における「導入」，「展開」，「まとめ」を分ける線を記入すること。(線はフリーハンドでもよい)
・「◇指導上の留意点　◆評価規準【観点】(評価方法)」の欄では，「指導上の留意点」の記述の前(左)に◇印を，「評価規準【観点】(評価方法)」の記述の前(左)に◆印をつけること。

| 保健体育科 (体育) 学習指導案 | | | |
|---|---|---|---|
| | | 普通科　第1学年3組 指導者　職・氏名 | |
| 日　時 | 令和〇年〇月〇日 (水)　第2時限　(場所：1・3教室) | | |
| 単元 (題材) 名 | (イ) 現代のスポーツの意義や価値　3オリンピックとパラリンピックの意義 | | |
| 単元 (題材) の目標 | (1)オリンピックムーブメントは，オリンピック競技大会を通じて，人々の友好を深め世界の平和に貢献しようとするものであること，また，パラリンピック等の国際大会が，障害の有無等を超えてスポーツを楽しむことができる共生社会の実現に寄与していることについて理解できるようにする。(2)スポーツの歴史的発展と多様な変化や現代のスポーツの意義や価値について，事実や理念を整理したり，自己のスポーツへの関わりを見いだしたりして，自己や社会にスポーツがもたらす影響について，それらを説明できるようにする。(3)スポーツの文化的特性や現代スポーツの発展についての学習に，主体的に取り組むことができるようにする。 | | |
| 単元 (題材) 設定の理由 | 【教材観】「する，みる，支える，知る」といった生涯にわたる豊かなスポーツライフを卒業後にも主体的に実践できるようにするため，スポーツから得られる恩恵とスポーツについての課題の双方から，多角的に思考し判断し表現する学習を通して，個人がスポーツ文化を創造する主体となっていることに気付く必要があることから設定した。【生徒観】男子18名，女子22名，計40名で，一部当性同で活動する者も見られるが，男女間で隔たりなく協働で活動しており，活気のあるクラスである。部活動への参加状況は，運動部が23名，文化部が9名，計32名である。自らの考えを進んで発言する生徒も多くおり，発言をしやすい雰囲気があるクラスである。しかし，自分の考えを述べたり，他者と意見を交換したりすることには苦手意識を持っている生徒もいる。【指導観】運動に関する領域において，具体的な知識と汎用的な知識との往還を図るなどして，知識を効果的に理解することができるようにするとともに，体育理論，体つくり運動及び保健の学習成果を関連させ，それぞれの領域の学習に生かすこととしていることから，その基盤となる体育理論で学ぶ知識を確実に身につけておくことが重要である。スポーツの発展には，一人一人のよりよい関わり方が重要であることから，対話的で深い学びになるような機会を設ける。 | | |
| 指導計画 | 1　スポーツの始まり変遷 2　文化としてのスポーツ 3　オリンピックとパラリンピックの意義：本時 | 4　スポーツが軽済に及ぼす効果 5　スポーツの高騰さとドーピング 6　スポーツと環境 | |
| その他 配慮する事項 | ・主体的・対話的で深い学びの視点に立った生徒の活動を考慮すること。 ・学習を深めるため，効果的にICTを活用すること。 | | |

259

〈本時の指導案〉

高校国語課題例1と同様の内容

▼高校保体(保健)

【課題】

□次の学習指導案をもとに，配付された教科書資料を活用し，本時(50分)の指導案を作成しなさい。ただし，資料の62ページから63ページを本時(50分)の内容とする。なお，記入に際して次の点に留意すること。

・「段階」における「導入」，「展開」，「まとめ」を分ける線を記入すること。(線はフリーハンドでもよい)

・「◇指導上の留意点　◆評価規準【観点】(評価方法)」の欄では，「指導上の留意点」の記述の前(左)に◇印を，「評価規準【観点】(評価方法)」の記述の前(左)に◆印をつけること。

| 保健体育科 (保健) 学習指導案 | | |
|---|---|---|
| | | 普通科　第1学年2組<br>指導者　職・氏名 |
| 日　時 | 令和〇年〇月〇日 (〇)　　第2時限　(場所　1-2教室) | |
| 単元 (題材) 名 | 安全な社会生活　　2　安全な社会の形成 | |
| 単元 (題材)<br>の目標 | (1) 事故を防止したり事故の発生に伴う傷害等を軽減したりすることを目指す安全な社会の形成には，交通安全，防災，防犯などを取り上げて，法的な整備などの環境の整備，環境や状況に応じた適切な行動などの個人の取組，及び地域の連携などが必要であることを理解できるようにする。<br>(2) 安全な社会生活に関わる事象や情報から課題を発見し，自他や社会の危険の予測を基に，危険を回避したり，傷害の悪化を防止したりする方法を選択し，安全な社会の実現に向けてそれらを説明できるようにする。<br>(3) 安全な社会生活についての学習に主体的に取り組むことができるようにする。 | |
| 単元 (題材)<br>設定の理由 | 【教材観】<br>　安全な社会生活について，自他や社会の課題を発見し，その解決を目指した活動を通して，安全な社会生活について理解を深めるとともに，応急手当を適切にすることや安全に関する原則や概念に着目して危険の予測やその回避の方法を考え，それらを表現することが必要であることから設定した。<br>【生徒観】<br>　男子23名，女子17名，計40名で落ち着きのあるクラスである。一部同性間で活動する者も見られるが，男女間で隔たりなく協働で活動している。自らの考えを進んで発表する生徒も5〜6名おり，発言をしやすい雰囲気があるクラスである。しかし，自分の考えを述べたり，他者と意見を交換したりすることは苦手意識を持っている生徒もいる。なお，自転車通学生が23名おり，他は電車やバス，徒歩で通学している。<br>【指導観】<br>　生徒の各段階においては，健康や安全に関わる様々な課題や特徴があるため，その関わりを踏まえて，適切な意思決定や行動選択及び社会づくりが不可欠であることを理解する必要がある。自他の健康や安全管理について，どのようなことに留意したらよいかをグループで話し合い，誰もが健康で安心・安全な生活を送れる社会の形成が必要であることを深く学べるようにする。 |
| 指導計画 | 1　事故の現状と発生要因<br>(2)　安全な社会の形成：本時<br>3　交通における安全 | 4　応急手当の意義とその基本<br>5　日常的な応急手当<br>6　心肺蘇生法<br>(配当時間は各1時間) |
| その他<br>配慮する事項 | ・主体的・対話的で深い学びの視点に立った生徒の活動を考慮すること。<br>・学習を深めるため，効果的にICTを活用すること。 | |

〈本時の指導案〉
高校国語課題例1と同様の内容

▼高校保体(スポーツ)

【課題】

□次の学習指導案をもとに，配付された教科書資料を活用し，本時(50分)の指導案を作成しなさい。ただし，資料の160ページから161ページ，164ページから165ページを本時(50分)の内容とする。なお，記入に際して次の点に留意すること。

・「段階」における「導入」，「展開」，「まとめ」を分ける線を記入すること。(線はフリーハンドでもよい)

・「◇指導上の留意点　◆評価規準【観点】(評価方法)」の欄では，「指導上の留意点」の記述の前(左)に◇印を，「評価規準【観点】(評価方法)」の記述の前(左)に◆印をつけること。

| スポーツ専攻科 スポーツⅡ (ソフトテニス) 学習指導案 | | 第2学年<br>指導者 職・氏名 |
|---|---|---|
| 日　時 | 令和○年○月○日 (○) | 第5時限　(場所 トレーニングルーム) |
| 単元 (題材) 名 | ソフトテニス | |
| 単元 (題材)<br>の目標 | (1) 勝敗を競ったりチームや自己の課題を解決したりするなどの多様な楽しさや喜びを深く味わい，状況に応じたボール操作や安定した用具の操作と連携した動きによって空間を作り出すなどの攻防を展開することができるようにする。<br>(2) 運動や運動実践につながる認識，体力や健康・安全，生涯スポーツの推進及び発展について，自他の「する，みる，支える，知る」などの多様な将来の関わり方について，自他の考えたことを言語化し，伝えたり探究したり，説明したりできるようにする。<br>(3) 生涯にわたってスポーツを実践していく際の公正，協力，責任，共生などに対する意欲を高めること，スポーツの推進及び発展に寄与する自己の姿勢や他者，地域社会との関わり方などのスポーツの価値を高めることに主体的に取り組むことができるようにする。 | |
| 単元 (題材)<br>設定の理由 | [教材観]<br>ソフトテニスは，コートでネットを挟んで相対し，用具を操作してボールを空いている場所に返球し，一定の得点に早く到達することを競い合うゲームである。入学年次では，ポジションの役割に応じた用具の操作やボールを打たないときの空いた場所を埋める動きによって，仲間と連携した「捕う，つなぐ，打つ」などの一連な流れで攻撃を組み立て，相手側のコートの空いた場所を巡る攻防を展開する運動である。また，日本独自の競技種目であり，生涯スポーツの1つとして大衆的競技スポーツとして定着し，本地域でも盛んに行われていることから，テニスに替えて本単元を設定した。<br>[生徒観]<br>男子11名，女子17名で，様々な運動種目においてトップアスリートを目指し本校に入学してきた生徒たちである。ソフトテニス競技経験者は男子5名，女子6名である。運動は好きだが，接触を伴う競技を苦手とし，ネット型を好んで選択している者もいる。男女が拮抗してなく活動する姿が見られるが，集団での話し合いや発言は苦手である。<br>[指導観]<br>基本的なボール操作や安定した用具の操作，仲間との連携した動きによって空いた場所を巡る攻防を展開する中で，勝敗を競い合う楽しさや喜びを味わわせることを目標とする。そのため，基礎体力・基本動作を身に付けるとともに，ダブルス形式でプレイすることからも，仲間への気づきを大切にし，社会的なスキルや人間関係スキルを高めることも重要である。また，生涯スポーツの視点を持てるよう考慮する。互いに助け合い教え合うことで相互の信頼関係を深めたり，課題解決のアイディアを伝え合ったりする時間を設定する。 | |
| 指導計画 | 1　基本動作・トレーニング・・2時間<br>2　簡易ゲーム・・・・・・・・4時間<br>3　振り返り・・・・・・・・・1時間<br>④　技能の上達・戦術・作戦・戦略・・1時間 《本時》 | 5　技術トレーニング・・・・・2時間<br>6　課題解決タスクゲーム・・・2時間<br>7　ゲーム・・・・・・・・・・4時間<br>計16時間 |
| その他<br>配慮する事項 | ・主体的・対話的で深い学びの視点に立った生徒の活動を考慮すること。<br>・学習を深めるため，効果的にICTを活用すること。<br>・ソフトテニスに特化した「技能の上達，効果的な練習法，戦術・作戦・戦略」についての内容とすること。 | |

〈本時の指導案〉
高校国語課題例1と同様の内容


▼高校音楽
【課題】
□次の学習指導案をもとに，配付された教科書資料を用いて，本時の
　指導案を作成しなさい。ただし，資料を本時(50分)の内容とする。
　なお，記入に際して次の点を留意すること。
・「段階」における「導入」，「展開」，「まとめ」を分ける線を記入す
　ること。(線はフリーハンドでもよい)
・「◇指導上の留意点　◆評価規準【観点】(評価方法)」の欄では，
　「指導上の留意点」の記述の前(左)に◇印を，「評価規準【観点】(評
　価方法)」の記述の前(左)に◆印をつけること。

| 芸術科（音楽Ⅰ）学習指導案 | ○○科　第○学年○組<br>指導者　職・氏名 |
|---|---|
| 日　時 | 令和○年○月○日（○）　第○時限　（場所　音楽室） |
| 題材名 | イタリア歌曲を味わいながら表現を工夫して歌おう。 |
| 題材の目標 | ・　「Caro mio ben」の曲想と音楽の構造や歌詞との関わりについて理解すると<br>　ともに，創意工夫を生かした歌唱表現をするために必要なふさわしい発声，言葉の発音，身<br>　体の使い方などの技能を身に付ける。(知識・技能)<br>・　「Caro mio ben」のリズム，速度，旋律，強弱，構成を知覚し，それらの働<br>　きを感受しながら，知覚したことと感受したこととの関わりについて考え，自己のイメージ<br>　をもって歌唱表現を創意工夫する。(思考・判断・表現)<br>・　「Caro mio ben」の歌詞の内容と曲の表現に関心をもち，主体的・協働的に<br>　歌唱の学習活動に取り組むことができる。(主体的に学習に取り組む態度) |
| 題材設定の理由 | 【教材観】<br>　「Caro mio ben」は，イタリア古典歌曲の中で，広く歌われている楽曲の1つ<br>であり，愛する女性への気持ちを切々と歌った愛の歌である。詞の内容を理解し，生徒それぞ<br>れが感じ取ったイメージをもとに音楽的根拠を明らかにしながら，表現豊かに歌うことで，音<br>楽に対する感性を深めさせたい。<br>【生徒観】<br>　実施クラスは，男子18名，女子22名で，音楽に対する興味・関心が高く，明るく活発な<br>雰囲気で活動に向かうことができる。イタリア語の歌曲に取り組むのは初めてである。歌唱の<br>授業では，意欲的に声を出して歌うことができるが，豊かで深い響きのある発声や発音など，<br>基本的な技能は十分に身に付いていない。また，音楽の諸要素を知覚し，音楽表現について主<br>体的に考えながら歌唱するという経験に乏しい。<br>【指導観】<br>　原語で歌うことを通じて，イタリア語の発音や発声に関心をもたせながら，基本的な歌唱の<br>技能を身につけるとともに，リズム，速度，旋律，強弱との関わりを理解しながら，歌唱表現<br>を工夫させたい。<br>　また，言語活動やICT活用を通して，音楽的特徴を生徒自らが発見し，集団として協調性<br>を育みながら，より豊かな歌唱表現を主体的に考えていくことができる力も身に付けさせた<br>い。 |
| 指導計画 | 指導過程（全3時間）<br>1　「Caro mio ben」の歌詞の内容や心情などに関心をもつ。・・・1時間<br>2　「Caro mio ben」の楽曲の構成を知り，曲想と音楽の構造や歌詞との関わり<br>　について理解する。・・・1時間<br>3　「Caro mio ben」の曲想と音楽の構造や歌詞との関わりについて考えたこと<br>　をもとに，歌唱表現を工夫する。・・・1時間（本時） |
| その他<br>配慮する事項 | 特になし |

〈本時の指導案〉
高校国語課題例1と同様の内容

▼高校芸術(美術)

【課題】

□次の学習指導案をもとに，配付された教科書等の資料を用いて，本時の指導案を作成しなさい。ただし，資料の①ページと②ページを本時(50分)の内容とする。なお，記入に際して次の点に留意すること。

・「段階」における「導入」「展開」「まとめ」を分ける線を記入すること。(線はフリーハンドでもよい)

・「◇指導上の留意点　◆評価規準【観点】(評価方法)」の欄では，「指導上の留意点」の記述の前(左)に◇印を，「評価規準【観点】(評価方法)」の記述の前(左)に◆印をつけること。

芸術科（ 美術 I ） 学習指導案

普通科　第1学年○・○組
指導者　職・氏名　○○　○○

| 日　時 | 令和○年○月○日 (○)　第○時限　( 美術室 ) |
|---|---|
| 題材名 | 「日本美術の魅力を味わおう」 (B鑑賞) |
| 題材の目標 | 1　余白や空間，色彩の効果などの造形的な特徴を基に，全体のイメージや作風，様式などで捉えることを理解する。【知識及び技能】<br>2　日本の美術作品から美意識や創造性などを感じ取り，作者の心情や意図と創造的な表現の工夫，日本の美術の歴史や表現の特質，美術文化などについて考え，見方や感じ方を深める。【思考力，判断力，表現力等】<br>3　主体的に美術作品の造形的なよさや美しさを感じ取り，日本美術の表現の特質などについて考え，見方や感じ方を深める鑑賞の創造活動に取り組もうとする。【学びに向かう力，人間性等】 |
| 題材設定の理由 | 【教材観】<br>　美術 I は，美術の幅広い創造活動を通して，造形的な見方・考え方を働かせ，美的体験を重ね，生活や社会の中の美術や美術文化と幅広く関わる資質・能力を育成することを目標としている。屏風絵，襖絵，掛け軸といった日本の伝統的な美術は，部屋の中で自然にまた楽しもうとする美意識の表れであると同時に，訪れる人へのもてなしの表現でもある。屏風の機能や役割についても考えさせながら，余白や空間，色彩などの効果について考察を深めさせたい。墨の濃淡で表現された「松林図屏風」と，顔料(群青と緑青)の濃淡で表現された「燕子花図屏風」の鑑賞を通して，表現の方法や形体，飾られている空間のイメージなどに着目し，心豊かな生活に対する作者の思いや願いなどとともに，それを表現するための創造的な表現の工夫などについて考えることで，日本美術の魅力を味わい，見方や感じ方を深めさせたいと考え本題材を設定した。<br>【生徒観】<br>　中学校までの美術の学習に関するアンケートから分析できる傾向として，領域では表現の学習(特に絵画)への偏重，内容では技能的な高まりへの関心があげられる。一方，鑑賞の学習の機会が少なく，多様な芸術文化への理解が乏しい状況にある。特に，日本の美術作品や美術文化などの創造的な鑑賞活動，生活や自分との関わりの中で作品やその役割などを捉えるといった体験が少なく，表現題材のまとめとしての相互鑑賞でも単調な感想が見られる。<br>【指導観】<br>　鑑賞活動は作品について享受する側面と，理解する側面の2つで成り立つ。1時間目では，襖絵や掛け軸を鑑賞し，実際に飾られている空間を意識させながら，表現の特質や工夫を感じ取る力や思考する力を育みたい。2時間目では，2つの屏風について造形的な視点で捉えさせ，特徴や印象を語り合ったり，自分の価値意識をもって批評し合ったりする活動を取り入れながら気付きを広げ，理解の深まりに繋がるよう促す。構図，余白，折りによる屏風の空間の広がりや奥行きの変化などに着目させながら，生活の中に美を意識していた当時の人たちの思いにも触れ，屏風の造形的なよさや美しさ，美意識や創造性などを感じ取り，表現の意図と工夫，日本の美術の歴史や表現の特質，美術文化について考えることで，見方や感じ方を深めさせたい。 |
| 指導計画 | 指導過程（全2時間）<br>1　襖絵，掛け軸の鑑賞・・・・・・・・・・・・・・・・・・・・・・・・・・・1時間<br>2　屏風の鑑賞「松林図屏風」長谷川等伯①，「燕子花図屏風」尾形光琳・・・1時間 (本時) |
| その他配慮する事項 | 指導案作成のための教科書等の資料①② |

263

〈学習指導案作成のための資料〉

松林図屏風　紙本墨画　六曲一双のうち左隻　156.8×356.0cm　安土・桃山時代　16世紀　　長谷川等伯蔵　東京国立博物館蔵　国宝

燕子花図屏風　紙本金地着色　六曲一双のうち右隻　151.2×358.8cm　江戸時代　18世紀　　尾形光琳　根津美術館蔵　国宝

〈本時の指導案〉

高校国語課題例1と同様の内容


▼高校家庭

【課題】

□次の学習指導案をもとに，配付された教科書資料を用いて，本時の
　指導案を作成しなさい。ただし，資料の5ページから7ページを本時
　(50分)の内容とする。なお，記入に際して次の点に留意すること。

・「段階」における「導入」，「展開」，「まとめ」を分ける線を記入す
　ること。(線はフリーハンドでもよい)

・「◇指導上の留意点　◆評価規準【観点】(評価方法)」の欄では，「指導上の留意点」の記述の前(左)に◇印を，「評価規準【観点】(評価方法)」の記述の前(左)に◆印をつけること。

| 家庭科（家庭総合）学習指導案 | ○○科　第2学年○組　指導者　職・氏名 |
|---|---|
| 日時 | 令和○年○月○日（○）　第○時限（場所　○○○室） |
| 単元(題材)名 | C持続可能な消費生活・環境　（2）消費行動と意思決定 |
| 単元(題材)の目標 | 自立して生活を営むために必要な，消費生活の現状と課題，消費行動における意思決定の重要性，消費者保護の仕組みなどについて理解するとともに，生活情報の収集・整理が適切にできる。また，消費者の権利と責任を自覚して行動できるよう，消費者問題や消費者の自立と支援などについて理解するとともに，契約の重要性や消費者保護の仕組みについて理解する。<br>　自立した消費者として生活情報を活用し，適切な意思決定に基づいて行動することや消費者の権利と責任を自覚して行動することについて，問題を見いだして課題を設定し，解決策を構想し，実践を評価・改善し，考察したことを論理的に表現するなどして，課題を解決する力を身に付ける。<br>　様々な人々と協働し，よりよい社会の構築に向けて，自立した消費者として生活情報を活用し，適切な意思決定に基づいて行動することや消費者の権利と責任を自覚して行動することについて，課題の解決に向けて主体的に取り組んだり，振り返って改善したりして，自分や家庭，地域の生活の充実向上を図るために実践しようとする。 |
| 単元(題材)設定の理由 | 【教材観】技術革新や情報化等の経済社会の変化に伴う消費生活の変化を背景に，様々な消費者問題が発生しており，深刻化している。また，成人年齢が18歳に引き下げられたことから，若年者の消費者被害の防止・救済や自主的かつ合理的に社会の一員として行動する自立した消費者を育成するため，効果的な消費者教育が必要である。以上のことから，消費生活の現状と課題，消費者の権利と責任，契約，消費者信用及びそれらをめぐる問題や消費者の自立と支援についての理解と，それらの課題の解決に向けて主体的に判断し，責任を持って行動することができる能力を育むため，この単元を設定した。<br>【生徒観】中学校までの既習事項を確認したところ，悪質商法についての名称を知っているという生徒が多かったが，契約や消費者の権利と責任についての正しい知識の定着はされていなかった。以上のことから，消費者問題や消費者の自立と支援についての理解や消費者としての権利と責任を自覚して行動する能力に課題があると考える。<br>【指導観】消費者問題や消費者の自立と支援についての理解や消費者としての権利と責任を自覚して行動する能力を育むため，ケーススタディやロールプレイングなどの演習を取り入れた実践的・体験的な学習活動を充実させる。契約については，売買契約を中心に具体的な事例を通して理解させ，問題のある販売方法などについては，その対応方法について考えさせる。消費者の権利と責任については，生徒の消費行動の分析から問題を発見させ，その解決に向けた考えをまとめたり発表させたりすることにより，社会への影響などを考えて行動する責任があることを理解させる。 |
| 指導計画 | 指導過程　第9章　消費行動を考える（全7時間）<br>　（1）消費行動と意思決定　　　　　　　　　　　　1時間<br>　（2）消費生活の現状と課題　　　　　　　　　　　2時間<br>　　①「買う」ことは「契約」，多様化する販売方法　　1時間＜本時＞<br>　　②適切な契約，支払い方法の多様化と消費者信用　1時間<br>　（3）消費者の権利と責任　　　　　　　　　　　　2時間<br>　（4）ライフスタイルと環境　　　　　　　　　　　2時間 |
| その他配慮する事項 | |

〈本時の指導案〉

高校国語課題例1と同様の内容

▼高校情報

【課題】

□次の学習指導案における指導計画の本時の指導案を作成しなさい。

　ただし，別紙の資料のp174を本時(50分)の内容とする。その際，次

の点に留意すること。
・「段階」における「導入」「展開」「まとめ」を分ける線を記入すること。(線はフリーハンドでもよい)
・「◇指導上の留意点　◆評価規準【観点】(評価方法)」の欄では，「指導上の留意点」の記述の前(左)に◇印を，「評価規準【観点】(評価方法)」の記述の前(左)に◆印をつけること。

| 情報科　学習指導案 | |
|---|---|
| | ○○科　第○学年○組<br>指導者　職・氏名 |
| 日　時 | 令和○年○月○日（○）　第○時限　　（場所　コンピュータ室） |
| 単元（題材）名 | アルゴリズムとプログラミング |
| 単元（題材）の<br>目標 | アルゴリズムを表現する手段，プログラミングによってコンピュータを活用する方法について理解し技能を身に付けること。　　　　　　　【知識及び技能】<br>目的に応じたアルゴリズムを考え，プログラミングによりコンピュータを活用するとともに，その過程を評価し改善すること。　【思考力，判断力，表現力等】<br>情報や情報技術を適切かつ効果的に活用するとともに，情報社会に主体的に参画する態度を身に付けること。　　　　　　　　【学びに向かう力，人間性等】 |
| 単元（題材）<br>設定の理由 | 【教材観】<br>　本時で取り扱う教材に至るまでに，アルゴリズムの定義や表記，基本制御構造やプログラミングの手順の学習，変数や配列への値の格納，順次・選択・反復構造の制御文を使用したプログラムを作成する学習を合計6時間で学習している。7時目である本時では，表計算ソフト上で目的のデータを探し出すという具体的な場面において，学習した内容を活用して，線形探索のアルゴリズムを用いて，該当データを取得するプログラムを作成する。<br>【生徒観】<br>　当該クラスの生徒（在籍40名）の多くは，大学入学共通テストを利用して大学への進学が想定される。前時までのレディネステストの結果，順次構造を使用したプログラムは80%，変数を使用したプログラムは65%，選択構造を使用したプログラムは38%，反復構造を利用したプログラムは42%の正答率であった。このことから，選択構造や反復構造を利用したプログラムに苦手意識を持つ傾向が伺える。<br>【指導観】<br>　上記のような実態から，選択構造を使用したプログラム，反復構造を利用したプログラムを丁寧に取り扱いたい。また，プログラムを実際に作成する前に，目的のデータを探し出すアルゴリズム全体を俯瞰させる場面を設け，最も単純なアルゴリズムはどのような処理になるかを考えさせたい。 |
| 指導計画 | アルゴリズムとプログラミング（全11時間）<br>　（1）アルゴリズムの基礎基本　　・・・　2時間<br>　（2）プログラミングの基礎基本　・・・　4時間<br>　（3）探索と整列のプログラム　　・・・　4時間（本時1時間目）<br>　（4）単元テスト　　　　　　　　・・・　1時間 |
| その他<br>配慮する事項 | 授業の教室はコンピュータ室（別紙資料）であり，以下の環境が整備されている。<br>①42台のデスクトップ型PCが設置され，かつ十分な台数の中間モニターも設置されている。<br>②授業者用メインPCは教室前方（ホワイトボード付近）に設置されている。<br>③授業における説明は，ホワイトボードと中間モニターを適宜併用して行う。<br>④授業における実習は，生徒座席に設置されているPCで行う。<br>⑤必要に応じて，書画カメラも使用して中間モニターに投影ができる。 |

〈本時の指導案〉
高校国語課題例1と同様の内容


▼高校農業(作物・園芸)
【課題】

□次の学習指導案をもとに，配付された教科書資料を用いて，本時の指導案を作成しなさい。ただし，資料108ページから109ページを本時(50分)の内容とする。なお，記入に際して次の点に留意すること。

・「段階」における「導入」，「展開」，「まとめ」を分ける線を記入すること。(線はフリーハンドでもよい)

・「◇指導上の留意点　◆評価規準【観点】(評価方法)」の欄では，「指導上の留意点」の記述の前(左)に◇印を，「評価規準【観点】(評価方法)」の記述の前(左)に◆印をつけること。

| 農業科（果樹）学習指導案 | |
|---|---|
| | 農業科　第2学年○組<br>指導者　職・氏名 |
| 日　時 | 令和○年○月○日（○）　第○時限　（場所　○○室） |
| 単元(題材名) | 第5章　リンゴ　　2　生育のすがたと栽培管理 |
| 単元(題材)の目標 | ・ リンゴの栽培・管理において、病害虫防除と生理障害の特徴・対策、せん定による結実への影響について理解するとともに、関連する技術を身につける。　　　　　　【知識及び技術】<br>・ リンゴの栽培・管理において、病害虫防除と生理障害の特徴・対策、せん定による結実への影響を見いだすとともに科学的な根拠に基づき適切な栽培技術を考察する。<br>　　　　　　　　　　　　　　　　　　　　　　　　　　【思考力・判断力・表現力等】<br>・ リンゴの生産の特性と栽培技術について自ら学び、病害虫防除と生理障害の特徴・対策、せん定による結実への影響を踏まえ、適切な栽培技術の活用に主体的かつ協働的に取り組む。<br>　　　　　　　　　　　　　　　　　　　　　　　　　　　【学びに向かう力、人間性等】 |
| 単元(題材)設定の理由 | 【教材観】<br>　本単元では、果樹生産における基礎的分野について発展させ、果樹ごとの特徴的な栽培管理について取り扱う。リンゴは福島県での主要な果樹であり、多く栽培されている。本校においてもリンゴの栽培面積が果樹部門における大半を占めるため、栽培管理を知り、適切に取り扱うための技術が求められる。このことから、リンゴの栽培管理に関する知識と技術の深化を図るため、この単元を設定した。<br>【生徒観】<br>　1年次より教科「農業と環境」を学習しており、農業の基礎について身につけている。総論において開花と結実や病害虫防除について学んできたが、各種果樹の特性や栽培技術については、深く学習していない。また、1年次の総合実習において、リンゴの栽培・管理を行ったが、他の果樹に関する作業も入ってくるため、一連の栽培・管理について学習できていない。そのため、知識や技術の差が生まれている可能性があることに留意する必要がある。また、授業に対する事前のアンケートでは、対話的な学びを通して理解が深まると回答する生徒が多く、思考を深める活動が理解の向上につながることが分かっている。<br>【指導観】<br>　授業ではねらいを明示し、リンゴの生理・生態や生育環境などの基礎的な知識と技術を習得させ、実際のリンゴの栽培・管理に活用できる能力と態度の育成を目指す。また、座学と実習を関連付け、対話的な学びを通して理解や定着を図るとともに、生徒の到達度を把握しながら主体的に学ぼうとする態度を育ませたい。 |
| 指導計画 | 第5章　リンゴ　　2　生育のすがたと栽培管理<br>　① 生育のすがた　　　　　　　　　　　　1時間<br>　② 結実の確保、摘果　　　　　　　　　　2時間（本時　1/2時間目）<br>　③ 土壌管理と施肥、病害虫の防除と生理障害　2時間<br>　④ 仕立て方、せん定　　　　　　　　　　2時間 |
| その他配慮する事項 | 前節で学んだこと等を想起させながら、生徒が主体的に取り組めるように配慮する。 |

〈本時の指導案〉

高校国語課題例1と同様の内容

▼高校農業(農業土木)

【課題】

□次の学習指導案をもとに，配付された教科書資料を用いて，本時の指導案を作成しなさい。ただし，資料104ページから106ページまでを本時(50分)の内容とする。なお，記入に際して次の点に留意すること。

・「段階」における「導入」，「展開」，「まとめ」を分ける線を記入すること。(線はフリーハンドでもよい)

・「◇指導上の留意点　◆評価規準【観点】(評価方法)」の欄では，「指導上の留意点」の記述の前(左)に◇印を，「評価規準【観点】(評価方法)」の記述の前(左)に◆印をつけること。

農業科（測量）学習指導案

農業科　第2学年○組
指導者　職・氏名

| 日　時 | 令和○年○月○日（○）　第○時限　（場所　○○室） |
|---|---|
| 単元(題材名) | 第5章水準測量　4水準測量の方法 |
| 単元(題材)の目標 | ・　水準測量の方法，精度，高さの基準，レベルや標尺などの器具の構造や点検法及び誤差の処理を踏まえて，野帳の記入，高低差や地盤高の算出方法を理解するとともに，関連した技術を身に付ける。【知識・技術】<br>・　各種事業の水準測量の活用に着目し，水準測量の方法，精度，高さの基準，レベルや標尺などの器具の構造や点検法及び誤差の処理を踏まえて，野帳の記入，高低差や地盤高の算出方法に関する課題を見出すとともに解決策を考え，科学的な根拠に基づき解決する。【思考力・判断力・表現力等】<br>・　水準測量の方法，精度，高さの基準，レベルや標尺などの器具の構造や点検法及び誤差の処理を踏まえて，野帳の記入，高低差の算出方法について自ら学び　各種事業の活用に主体的かつ協働的に取り組む。【学びに向かう力，人間性等】 |
| 単元(題材)設定の理由 | 【教材観】<br>　水準測量は地表面の高低差を知り，基準となる点からの標高や，建設工事に必要な土地の高低差を求める測量である。高い精度が求められることから，外業によって得た結果を野帳に記入し，高低差や地盤高を計算式によって正しく求めなければならない。この単元では水準測量の方法を理解し，高低差を求める知識と技能を学ぶことで，土木工事に必要な測量のスキルの習得をする。<br>【生徒観】<br>　第5章水準測量で水準測量の用語，器械・器具，レベルの検査・調整について既に学習している。また，「総合実習」では実際に水準測量を行い，高低差を算出している。しかし，「測量」に必要な数学の知識や理論を理解することや計算を苦手とする生徒が約6割おり，測定機器の操作はできるが，面積を自らの力で導き出すことができない。対話的な学習を取り入れることで，理解が深まり面積の計算ができることで，思考を深める活動が理解の向上につながっている。<br>【指導観】<br>　座学と実習を関連させて展開する。実習時に外業で測定した結果を正しく野帳に記入し，振り返りながら学習することで，水準測量への理解力が増すことを狙いとする。また，繰り返し計算練習を行い，数学や計算を苦手としている生徒への学び直しの時間や，習熟度が高い生徒はグループで教え合うなどの対話的な学びを通して理解や定着を図るとともに，生徒の到達度を把握しながら主体的に学ぼうとする態度を育ませたい。 |
| 指導計画 | 第5章　水準測量　4　水準測量の方法<br>①水準測量（昇降式）　2時間（1／2時間本時）<br>②水準測量（器高式）　2時間<br>③水準測量の誤差　　　3時間<br>④交互水準測量　　　　1時間 |
| その他配慮する事項 | 総合実習で学んだこと等を想起させながら，生徒が主体的に取り組めるように配慮する。 |

〈本時の指導案〉

高校国語課題例1と同様の内容

▼高校農業(食品科学)

【課題】

□次の学習指導案をもとに，配付された教科書資料を用いて，本時の指導案を作成しなさい。ただし，資料32ページから33ページを本時(50分)の内容とする。なお，記入に際して次の点に留意すること。

・「段階」における「導入」，「展開」，「まとめ」を分ける線を記入すること。(線はフリーハンドでもよい)

・「◇指導上の留意点　◆評価規準【観点】(評価方法)」の欄では，「指導上の留意点」の記述の前(左)に◇印を，「評価規準【観点】(評価方法)」の記述の前(左)に◆印をつけること。

| 農業科（食品製造）学習指導案 | | |
|---|---|---|
| | | 農業科　第1学年〇組<br>指導者　職・氏名 |
| 日　時 | 令和〇年〇月〇日（〇）　第〇時限　（場所　〇〇室） | |
| 単元（題材名） | 第2章　食品製造の基礎　2　身近な食品の科学　②　身近な食品に関する疑問 | |
| 単元（題材）の目標 | ・　食品の成分やその機能及びそれに基づく食品加工上の特性について理解するとともに，関連する技術を身に付ける。　　　　　　　　　　　　　　　　　　　　　　　　【知識・技術】<br>・　食品の成分やその機能及びそれに基づく食品加工上の課題に気づき，科学的な根拠に基づいて解決策を見いだす。　　　　　　　　　　　　　　　　　　【思考力・判断力・表現力等】<br>・　食品の成分やその機能及びそれに基づく食品加工上の特性について自ら学び，主体的かつ協働的に取り組む。　　　　　　　　　　　　　　　　　　　【学びに向かう力，人間性等】 | |
| 単元（題材）設定の理由 | 【教材観】<br>　本単元では，日常生活では食品に関して，なぜパンは膨らむのか，なぜ長期保存が可能なのかと疑問を持つことがある。この疑問の解決を通して，食品製造を理解するうえでの基礎知識を学び，より興味関心を持って教科の学習に取り組むためには最も適している。また，「食品化学」や「食品微生物」の学習と深く関連している。食品加工の際に食品成分の変化を利用することで様々な加工品を製造することができるため，重要な単元である。<br><br>【生徒観】<br>　生徒の約3割が食品関連の就職や進学を希望しており，専門分野に高い関心を持ち学習に取り組んでいる。1年次では「総合実習」を通し製菓・製パンについて学習しているため，実験的にパンが膨らむことやジャムのゲル化については理解できている。実習と関連付けた学習内容にすることで，単元である食品製造の基礎について知識の習得がみられる。しかし，事前アンケートでは，約3割の生徒が，食品成分の化学式，構造式，化学反応式を理解していないことが分かっている。<br><br>【指導観】<br>　本単元を指導するに当たっては，「食品化学」や「食品微生物」及び実習と関連付けながら学ばせることにより，身近な食品の科学について考察できるようになることをねらいとしたい。また，対話的な学習活動を通して，食品成分の変化と食品加工の関連を理解させるとともに食品加工の技術の習得につなげていきたい。さらに，専門用語などはなるべく簡便な言葉に置き換えて説明を行うことで，特定の内容に対する苦手意識を感じることがないよう考慮して指導を行う。 | |
| 指導計画 | 第2章　食品製造の基礎　2　身近な食品の科学<br>　①　栄養素の種類と働き　　　　　　　2時間<br>　②　身近な食品に関する疑問　　　　　5時間（3／5本時） | |
| その他配慮する事項 | 前節で学んだこと等を想起させながら，生徒が主体的に取り組めるように配慮する。 | |

〈本時の指導案〉

高校国語課題例1と同様の内容

▼高校農業(畜産)

【課題】

□次の学習指導案をもとに，配付された教科書資料を用いて，本時の
指導案を作成しなさい。ただし，資料80ページから82ページ18行目
まてを本時(50分)の内容とする。なお，記入に際して次の点に留意
すること。

・「段階」における「導入」，「展開」，「まとめ」を分ける線を記入す
ること。(線はフリーハンドでもよい)

・「◇指導上の留意点　◆評価規準【観点】(評価方法)」の欄では，
「指導上の留意点」の記述の前(左)に◇印を，「評価規準【観点】(評
価方法)」の記述の前(左)に◆印をつけること。

| 農業科（畜産）学習指導案 | | 農業科　第2学年○組<br>指導者　職・氏名 | |
|---|---|---|---|
| 日 時 | 令和○年○月○日（○）　第○時限　（場所　○○室） | | |
| 単元(題材名) | 第4章 家畜の飼育　1 養鶏　② ニワトリの品種と選び方 | | |
| 単元(題材)の<br>目標 | ・ ニワトリの形態や習性，生理・生態的な特性を理解するとともに，合理的な飼育管理技術を身に付ける。　　【知識・技術】<br>・ ニワトリの形態や習性，生理・生態的な特性に基づいて，飼育環境の課題を見つけ，科学的な根拠に基づって課題を解決する。　　【思考力・判断力・表現力等】<br>・ ニワトリの形態や習性，生理・生態的な特性について自ら学び，ニワトリの生産性，生産物の品質の向上に主体的かつ協働的に取り組む。　　【学びに向かう力，人間性等】 | | |
| 単元(題材)<br>設定の理由 | 【教材観】<br>　ニワトリの形態や習性，生理・生態的な特性を理解し，飼育技術を身につけていくことは，生産性の向上と生産物の品質向上を目指すにあたり重要である。また，飼育環境の改善を図り，合理的な飼育管理を行っていくことは，経営面の安定を図る上でも必須であることから，この単元を設定した。<br><br>【生徒観】<br>　1年次に「総合実習」を通し，採卵鶏の管理作業と見本鶏や有精卵のふ化実験の観察を通して，鶏の習性や種類，繁殖への興味・関心が高まっている。また「農業と環境」でも家畜の特性と飼育では，ニワトリの飼育管理の基本については学習しており，定期考査で約7割の生徒が理解していることが確認できている。しかし，事前のアンケート調査によると，約6割の生徒がニワトリの品種と特徴についてほとんど理解していないことが分かった。<br><br>【指導観】<br>　授業ではねらいを明示し，前時までの学習内容を振り返りながら，授業を展開していく。鶏に関する特性と飼育技術の習得及び飼育環境と生産性・品質の関連性についてや，GAP 及び HACCP に基づく家畜割管理の評価が行えるよう，動物福祉及び家畜衛生に関する法律，生産物の管理についても学習させたい。また，座学と実習を関連付け，対話的な学びを通して理解や定着を図るとともに，生徒の到達度を把握しながら主体的に学ぼうとする態度を育ませたい。 | | |
| 指導計画 | 第4章 家畜の飼育　1 養鶏<br>①ニワトリの特性　　　　　2時間<br>②ニワトリの品種と選び方　1時間 (本時)<br>③施設・設備とその利用　　2時間<br>④繁殖の整理　　　　　　　2時間 | ⑤種卵～ふ化　　　　　2時間<br>⑥育すう　　　　　　　2時間<br>⑦産卵鶏の飼育管理　　2時間<br>⑧肉用鶏の飼育管理　　2時間 | |
| その他<br>配慮する事項 | 総合実習で学んだこと等を想起させながら，生徒が主体的に取り組めるように配慮する。 | | |

〈本時の指導案〉
高校国語課題例1と同様の内容

▼高校工業(機械)

【課題】

□次の学習指導案をもとに，配付された教科書資料を用いて，本時の指導案を作成しなさい。ただし，資料の35ページから40ページまでを本時(50分)の内容とする。なお，記入に際して次の点に留意すること。

・「段階」における「導入」「展開」「まとめ」を分ける線を記入すること。(線はフリーハンドでもよい)

・「◇指導上の留意点　◆評価規準【観点】(評価方法)」の欄では，「指導上の留意点」の記述の前(左)に◇印を，「評価規準【観点】(評価方法)」の記述の前(左)に◆印をつけること。

工業科（機械）科（機械設計）学習指導案

機械科　第3学年○組
指導者　職・氏名

| 日　時 | 令和○年○月○日（○）　第●時限　（場所　○○○室） |
|---|---|
| 単元（題材）名 | 第7章　歯車　　2節　平歯車の基礎　　1　歯車の種類と歯の大きさ |
| 単元（題材）の目標 | ・　歯車各部の名称，モジュール・基準円直径・ピッチの関係，歯形曲線，歯のかみあい，転位などについて理解し，速度伝達比などを求める技術を身に付ける。　　　　　　　　　　【知識及び技術】<br>・　歯車各部の名称，歯形曲線，歯のかみあいなどについて理解し，平歯車の回転運動で動力を伝達できる原理を考察し，平歯車の設計に発展させることができる。　　　　【思考・判断・表現】<br>・　歯車の種類と特徴を把握し，平歯車の基礎的内容について自ら学び，機械要素としての活用に主体的かつ協働的に取り組む。　　　　　　　　　　【主体的に学習に取り組む態度】 |
| 単元（題材）設定の理由 | 【教材観】<br>　　私たちの生活を支える機械要素として，歯車は伝動装置に広く使用されている。歯車の種類や構造を理解することは，大小様々な動力機械の設計において重要なことである。この単元では様々な歯車の種類や形状を知り，実際に使用する際の速度伝達比について考え，機械要素として活用することができるようにする。<br>【生徒観】<br>　　これまでの機械科の学習をとおして，工業技術基礎や実習を中心に実際に歯車に触れ，その存在自体は理解している。また，機械製図では，平歯車の手描き製図も学習した。それらを踏まえ，加工するために工具や材料を回転させたり，移動させたりするといった動作は，歯車のかみ合いによるということは理解している。計算を苦手とする生徒もいるが，グループワーク等に積極的に取り組み，協働的な学びができるクラスである。<br>【指導観】<br>　　回転を伝達する方法の一つである歯車は，工作機械に最も一般的に使用されている。本単元の学習を展開するにあたっては，工作機械を例にあげ，歯車の重要な機械要素の一つになっていることを理解させ，歯車の種類や形状，基礎的な設計に関する計算等の学習をとおして，機械要素として活用できる能力と主体的に学習に学ぼうとする態度を育みたい。 |
| 指導計画 | 指導過程（全5時間）<br>　第7章　歯車<br>　　2節　平歯車の基礎<br>　　　1　歯車の種類と歯の大きさ　　　1時間　（本時）<br>　　　2　歯形曲線　　　　　　　　　1時間<br>　　　3　インボリュート歯形　　　　1時間<br>　　　4　歯のかみあい　　　　　　　1時間<br>　　　5　標準平歯車と転位歯車　　　1時間 |
| その他配慮する事項 | 前節で学んだこと等を想起させながら，生徒が主体的に取り組めるように配慮する。 |

〈本時の指導案〉
高校国語課題例1と同様の内容


▼高校工業(電気・電子)

【課題】

□次の学習指導案をもとに，配付された教科書資料を用いて，本時の
　指導案を作成しなさい。ただし，資料の42ページから43ページまで
　を本時(50分)の内容とする。なお，記入に際して次の点に留意する
　こと。

・「段階」における「導入」「展開」「まとめ」を分ける線を記入する
　こと。(線はフリーハンドでもよい)

・「◇指導上の留意点　◆評価規準【観点】(評価方法)」の欄では，
　「指導上の留意点」の記述の前(左)に◇印を，「評価規準【観点】(評
　価方法)」の記述の前(左)に◆印をつけること。

| 工業（電気・電子）科（電気基礎）学習指導案 | 電気・電子科　第1学年○組　指導者　職・氏名 |
|---|---|
| 日　時 | 令和○年○月○日（○）　第○時限　（場所　○○○室） |
| 単元(題材名) | 第2章　1節　直流回路　7　キルヒホッフの法則 |
| 単元（題材）の目標 | ・直流回路について電流、電圧、抵抗などとそれら電気的諸量の相互関係と量的に取扱う方法や電気的諸量を計算により処理する方法などを踏まえて理解するとともに、関連する技術を身に付ける。【知識及び技術】<br>・直流回路の電流、電圧、抵抗及び相互関係に着目して、直流回路に関する課題を見いだすとともに解決策を考え、科学的な根拠に基づき結果を検証し改善する。【思考力、判断力、表現力等】<br>・直流回路について自ら学び、電気の各種作用などを工業生産への活用に主体的かつ協働的に取り組む。【学びに向かう力、人間性等】 |
| 単元（題材）設定の理由 | 【教材観】<br>　直流回路について、電流と電圧及び消費電力などの視点で捉え、科学的な根拠に基づき工業生産に関連付けて考察し、実践的・体験的な学習活動を行うことなどを通して、直流回路を工業生産に活用することができるようにする。<br>【生徒観】<br>　前章や中学校で電気回路の要素について、量的な取扱いやそれらを計算により処理する方法について学んでおり、全ての生徒が自らの力で電気的諸量を導き出すことができる計算力を持っている。物静かで対話的な活動を苦手とする生徒が多いが、1人1台端末を活用することで主体的対話的な深い学びを実現することができるクラスである。<br>【指導観】<br>　授業では到達目標を明示し、キルヒホッフの法則に関する基礎的な知識と技術を習得させ、実践に活用できる能力と態度を育てたい。<br>　また、1人1台端末を活用し生徒同士で共有を図ることで知識や技術の定着を図るとともに、生徒の理解度を把握しながら主体的に学ぼうとする態度を育みたい。 |
| 指導計画 | 指導過程（全11時間）<br>　第2章　1節　直流回路<br>　　1　オームの法則　　　　　　　1時間<br>　　2　抵抗の直列接続　　　　　　1時間<br>　　3　抵抗の並列接続　　　　　　1時間<br>　　4　抵抗の直並列接続　　　　　2時間<br>　　5　電流・電圧・抵抗の測定　　2時間<br>　　6　電池の接続　　　　　　　　1時間<br>　　7　キルヒホッフの法則　　　　3時間（本時1時間目） |
| その他配慮する事項 | 前節で学んだこと等を想起させながら、生徒が主体的に取り組めるように配慮する。 |

272

〈本時の指導案〉
高校国語課題例1と同様の内容

▼高校工業(建築・土木)
【課題】
□次の学習指導案における指導計画の本時の指導案を作成しなさい。
　ただし，別添の資料の100ページから103ページを本時(50分)の内容
　とする。その際，次の点に留意すること。
・「段階」における「導入」「展開」「まとめ」を分ける線を記入する
　こと。(線はフリーハンドでもよい)
・「◇指導上の留意点　◆評価規準【観点】(評価方法)」の欄では，
　「指導上の留意点」の記述の前(左)に◇印を，「評価規準【観点】(評
　価方法)」の記述の前(左)に◆印をつけること。

〈本時の指導案〉
高校国語課題例1と同様の内容

▼高校商業(会計)
【課題】
□次の学習指導案をもとに，配付された教科書資料を用いて，本時の
　指導案を作成しなさい。ただし，資料の85ページ〜87ページ及び89
　ページを本時(50分)の内容とする。なお，記入に際して次の点に留
　意すること。
・「段階」における「導入」，「展開」，「まとめ」を分ける線を記入す
　ること。(線はフリーハンドでもよい)
・「◇指導上の留意点　◆評価規準【観点】(評価方法)」の欄では，
　「指導上の留意点」の記述の前(左)に◇印を，「評価規準【観点】(評
　価方法)」の記述の前(左)に◆印をつけること。

| 商業科 (簿記)　学習指導案 | |
|---|---|
| | ○○科　第○学年○組<br>指導者　職・氏名 |
| 日 時 | 令和○○年○○月○○日 (○)　第○時限　　(場所：○○○室) |
| 単元名 | 第10章　現金・預金などの取引　8. 小口現金 |
| 単元の目標 | 1. 小口現金の仕組みを理解し，その会計処理について習熟を図る。 |
| 単元設定の理由 | 【教材観】<br>　社会経験が乏しい高校生にとっては初めて知る言葉の意味や仕組みを理解しながら学ぶことが重要である。特に，現金は簿記の学習において一番身近な題材であり，ビジネス社会への関心を高めることができる単元である。しかし，小口現金は会計係と庶務係の立場で会計処理を行う分課制度を採用している。そのため，それぞれの立場で小口現金に関する適正な会計処理を行い小口現金出納帳への記帳が必要になる。このことを踏まえ，本単元を設定した。<br>【生徒観】<br>　目的意識をもって入学した生徒が多く，簿記への興味・関心が高い。基本的な学習習慣が身についており，家庭学習においても宿題のみならず，授業の予習や復習が行われている。しかし，控え目な性格の生徒も多く，自らの意見を積極的に発信する生徒は少ない。そのため，簿記の授業を通して基礎・基本を身につけさせるとともに，自らの考えや意見を発信できる表現力を身につけさせることが今後の課題である。<br>【指導観】<br>　小口現金の必要性を考え，定額資金前渡法のしくみと会計処理の流れを理解させる。会計係と庶務係の立場を明確にすることで，それぞれの会計処理が適正にできるように導いていきたい。基本仕訳の暗記で終わらないように，今まで学んだ簿記の原理に関する知識を活用しながら学習を深化させたい。 |
| 指導計画 | 第10章　現金・預金などの取引　全2時間<br>　1　小口現金・・・・・1時間　(本時)<br>　2　小口現金出納帳・・・1時間 |
| その他<br>配慮する事項 | ・主体的，対話的で深い学びを取り入れた授業を展開する。<br>・板書の方法や発問の仕方について工夫をする。 |

〈本時の指導案〉
高校国語課題例1と同様の内容

▼高校商業(ビジネス情報)
【課題】
□次の学習指導案をもとに，配付された教科書資料を用いて，本時の
　指導案を作成しなさい。ただし，資料の60ページ〜61ページを本時
　(50分)の内容とする。なお，記入に際して次の点に留意すること。
・「段階」における「導入」，「展開」，「まとめ」を分ける線を記入す
　ること。(線はフリーハンドでもよい)
・「◇指導上の留意点　◆評価規準【観点】(評価方法)」の欄では，
　「指導上の留意点」の記述の前(左)に◇印を，「評価規準【観点】(評
　価方法)」の記述の前(左)に◆印をつけること。

| 商業科（ 情報処理 ）学習指導案 | |
|---|---|
| | ○○科　第1学年○組<br>指導者　職○○　氏名　○○　○○ |
| 日　時 | 令和○年○月○日（○）　　第○時限　（場所　○○○室） |
| 単元名 | 第2章　コンピュータシステムと情報通信ネットワーク<br>　第2節　情報通信ネットワークのしくみと構成 |
| 単元（題材）<br>の目標 | ・情報通信ネットワークの役割について理解する。<br>・インターネットを利用した情報交換や情報共有の重要性について理解する。<br>・情報通信ネットワークの構成やしくみについて理解する。<br>・情報通信ネットワークにおける情報の伝達方法について理解する。 |
| 単元（題材）<br>設定の理由 | 【教材観】<br>　情報通信ネットワークの発展とともに、同一の情報を多くの人で共有することができ、世界中のどこにいてもインターネットを利用して情報交換ができるようになった。このため、情報通信ネットワークを経由して情報システムがサービスを提供するしくみや特徴、インターネットの基本的なしくみや接続形態を理解するとともに、情報を蓄積・管理し提供する方法について正しい知識を身につけることが必要であると考え、本単元を設定した。<br>【生徒観】<br>　情報処理への興味・関心は高く意欲的に学習している。指示された課題などに対して熱心に取り組む。一方で、全体的に受け身の傾向が見られ、主体的に考える場面や、少し難しい内容になると、教師の説明や正答例を待つ生徒が多い。<br>【指導観】<br>　情報通信ネットワークに関する知識の理解を深めるために、用語の説明だけで終わらず、具体的事例を挙げながら説明することに留意する。また、生徒同士での話し合い、発表等の言語活動を取り入れることにより学習の定着を図るとともに、生徒が身近な問題として捉え、日常生活でも意識し行動できるようにしたい。 |
| 指導計画 | 2節　情報通信ネットワークのしくみと構成<br>　1　情報通信ネットワークの役割　　・・・1／1時間（本時）<br>　2　情報通信ネットワークの構成　　・・・2時間<br>　3　インターネットのしくみ　　　　・・・3時間 |
| その他<br>配慮する事項 | ・言語活動（主体的・対話的で深い学び）を取り入れた授業展開をする。<br>・具体的な事例や教材を提示することにより、理解を深めさせるよう指導する。<br>・板書の方法や発問の仕方について工夫する。 |

〈本時の指導案〉

高校国語課題例1と同様の内容


▼高校水産(食品システム)

【課題】

□次の学習指導案をもとに，配付された教科書資料を用いて，本時の指導案を作成しなさい。ただし，資料66ページ32行目から68ページ23行目の「4　食品の水分活性と保存性」を本時(50分)の内容とする。なお，記入に際して次の点に留意すること。

・「段階」における「導入」，「展開」，「まとめ」を分ける線を記入すること。(線はフリーハンドでもよい)

・「◇指導上の留意点　◆評価規準【観点】(評価方法)」の欄では，「指導上の留意点」の記述の前(左)に◇印を，「評価規準【観点】(評価方法)」の記述の前(左)に◆印をつけること。

| 水産科（食品製造）学習指導案 | | |
|---|---|---|
| | | 水産科　第1学年○組<br>指導者　職・氏名 |
| 日　時 | 令和○年○月○日（○）　第○時限　（場所　○○室） | |
| 単元(題材名) | 第2章　食品の貯蔵及び加工　第3節　食品の貯蔵方法　第3　脱水による貯蔵法 | |
| 単元(題材)の目標 | ・　微生物の増殖と水分活性の関係を取り上げ、食品の貯蔵及び加工について理解するとともに、関連する技術を身に付ける。　　　　　　　　　　　　　　　　　　　　　　　【知識・技術】<br>・　微生物の増殖と水分活性の関係を取り上げ、食品の貯蔵及び加工について課題を発見し、その構造と取扱いに着目して合理的かつ創造的に解決する。　　　　　【思考力・判断力・表現力等】<br>・　微生物の増殖と水分活性の関係を取り上げ、食品の貯蔵及び加工について自ら学び、船舶の主機関の運転及び保守管理に主体的かつ協働的に取り組む。　　　　【学びに向かう力、人間性等】 | |
| 単元(題材)設定の理由 | 【教材観】<br>　　食品システム科の核となる科目であり、食品の安定供給と経済的で持続可能な社会の発展に貢献できるよう、技術革新が進む冷凍食品や食の安全・衛生管理、経営に必要な知識と技術を身に付けることが大切である。将来、食品関連産業に携わる者として、食品の安全性を長く保つ方法を理解し、実践することができる能力を身に付けるため、この単元を設定した。<br>【生徒観】<br>　　食品システム科の内容の中では、難しすぎない標準的な内容であり、実際にこの原理を使い食品を長く貯蔵している家庭もある。入学時の調査において、食品関連企業への就職、もしくは食品関連学校への進学を希望している生徒が多く、意欲的に学んでいこうとする姿が見られる生徒が多い反面、全く興味を示さない生徒も若干ではあるがいる。授業に対する事前アンケートでは、約8割の生徒が対話的な学習を通して理解が深まると回答しており、思考を深める活動が理解の向上につながることが分かっている。<br>【指導観】<br>　　食品システム科の専門の指導者として、大学での研究活動や産業界での職務経験で培った知識や技術を要所に交え、生徒が実感をもって学習できるような授業を心がける。<br>　　発問や板書の工夫、ワークシートの活用、生徒の発表方法の指導等を大切にし、思考力、判断力、表現力等を育むためにグループ学習などの言語活動を充実させ、授業内容の理解度の向上と知識の定着を図る。また、クラス内に生徒同士で教え合い学び合う雰囲気をつくることで周囲と協調して活動できる態度を養う。 | |
| 指導計画 | 第2章　食品の貯蔵及び加工　第3節　食品の貯蔵方法　第3　脱水による貯蔵法<br>　①　水分と微生物　　　　　　　1時間<br>　②　水分活性　　　　　　　　　1時間<br>　③　微生物の増殖と水分活性　　1時間<br>　④　食品の水分活性と保存性　　1時間（本時） | |
| その他配慮する事項 | 前節で学んだこと等を想起させながら、生徒が主体的に取り組めるように配慮する。 | |

〈本時の指導案〉

高校国語課題例1と同様の内容

▼高校福祉

【課題】

□次の学習指導案をもとに，配付された教科書資料を用いて，本時の指導案を作成しなさい。ただし，資料の1〜3ページを本時(50分)の内容とする。なお，記入に際して次の点に留意すること。

・「段階」における「導入」「展開」「まとめ」を分ける線を記入すること。(線はフリーハンドでもよい)

・「◇指導上の留意点　◆評価規準【観点】(評価方法)」の欄では，「指導上の留意点」の記述の前(左)に◇印を，「評価規準【観点】(評価方法)」の記述の前(左)に◆印をつけること。

| 福祉科（社会福祉基礎）学習指導案 | |
|---|---|
| | ○○科　第○学年○組<br>指導者　職・氏名 |
| 日　時 | 令和○年○月○日（○）　第○時限　（場所　○○○室） |
| 単元名 | 人間関係とコミュニケーション |
| 単元の目標 | (1) 人間関係の形成やコミュニケーション、社会福祉援助活動の意義や役割などについて理解するとともに、関連する技術を身に付ける。　【知識及び技術】<br>(2) 対人援助についての課題を発見し、職業人に求められる倫理観を踏まえ科学的な根拠に基づいて創造的に解決する。　【思考力、判断力、表現力等】<br>(3) 人間関係の形成やコミュニケーション、社会福祉援助活動などについて自ら学び、主体的かつ協働的に取り組む。　【学びに向かう力、人間性等】 |
| 単元設定の理由 | 【教材観】<br>　良好な対人援助を行うためには、人間関係の形成やコミュニケーション技術が必要不可欠である。ここでは、人間関係を構築するための技術や基本的なコミュニケーションの技法、また、社会福祉援助活動の概要に関する学習活動を通し、人間関係の形成やコミュニケーション及び社会福祉援助活動の意義や役割などとともに、援助活動に必要な組織のマネジメントの在り方について理解することで、よりよい対人援助の関わり方やそれらに伴う基礎的な技術を身に付けさせたいと考え、この単元を設定した。<br>【生徒観】<br>　卒業後は福祉施設への就職や福祉関係の上級学校への進学を希望している生徒たちである。そのため、福祉の学習には意欲的に取り組む姿が見られる。<br>　生徒に行った事前アンケートでは、対人援助をおこなう際、利用者との人間関係の構築が必要不可欠であることは、ほとんどの生徒が理解していた。しかし、半数以上の生徒は、コミュニケーションに対して不安や苦手意識をもっていることが分かった。このことから、人間関係を構築するための技法や基本的なコミュニケーションの在り方など、演習を取り入れた学習が必要であると考える。<br>【指導観】<br>　社会福祉基礎の目標を踏まえ、福祉の見方・考え方を働かせ、実践的・体験的な学習活動を行うことなどを通して「社会福祉の向上」という視点を重視したい。また、具体的な事例や演習をもとに考えさせることにより、対人援助やニーズについて考えさせ、相手の立場に立った利用者本位の支援の重要性について理解させるとともに、将来の生活や職業についてイメージが持てるようにしたい。 |
| 指導計画 | 指導と評価の計画（20時間）<br>1　コミュニケーションの基礎・・・・・・・・・・・・・・・2時間<br>　(1) コミュニケーションの意義と役割・・・・・・・1時間<br>　(2) コミュニケーションの手段と方法・・・・・・・1時間<br>2　支援における人間関係の形成・・・・・・・・・・・・・3時間<br>　(1) 傾聴・受容・共感の姿勢・・・・・・・・・・・1時間　＜本時＞<br>　(2) 利用者理解と支援者の自己理解・・・・・・・・2時間<br>3　社会福祉における支援活動の概要・・・・・・・・・・・5時間<br>　(1) 個人に対する支援活動とその方法・・・・・・・1時間<br>　(2) グループや家族に対する支援活動とその方法・・1時間<br>　(3) 地域を基盤としたソーシャルワーク・・・・・・1時間<br>　(4) チームワークとリーダーシップ・・・・・・・・1時間<br>　(5) 福祉・介護人材の養成とキャリア形成・・・・・1時間 |
| その他<br>配慮する事項 | 特になし |

〈本時の指導案〉
高校国語課題例1と同様の内容

▼特別支援(小学部)
※受験生は5.本時の目標と6.の個別目標，および指導過程を設定する
　と思われる。
【課題】
□小学部　算数科　学習指導案
日時：令和5年9月○日(○)2校時
場所：小学部3年1組教室
指導者：T1
1　単元名「ものの使い方を考えてなかまあつめをしよう」
2　単元設定の理由
　本学級は，知的障がいのある小学部第3学年男子1名，女子2名の計3
名で構成されている通常の学級である。コミュニケーション面におい
ては，教師からの言葉掛けを概ね理解し行動したり，簡単な音声言語
でやりとりしたりすることが可能な児童である。
　算数科では，これまで，色や形，大きさに着目して分類する学習を
行ってきた。ものの色や形に着目し，三角柱や四角柱等の積み木を分
類したり，大，小のキャラクターの絵を同じ大きさで分類したりする
ことができるようになってきた。学習中も，「同じだね。」「違うね。」
などと友達と話しながら取り組むことができる。男子1名については，
着目する部分について教師の言葉掛けや指差し等で促されることによ
り分類することができる。
　本単元では，身近なものを目的，用途及び機能に着目して観察する
ことで分類したり，共通点や相違点について考えたりするなど，分類
する方法を日常生活で生かすことができる資質・能力を身に付けるこ
とを目的とする。児童にとって身近なペンや鉛筆，クレヨン，箸，フ
ォーク，スプーン等を用いて使い方を考えることで，目的，陽と及び
機能に着目して分類する学習を行う。

　指導に当たっては，児童が目的，用途及び機能に分類しやすいよう，明らかに目的，用途及び機能が異なるものを用いるとともに，「書く」「食べる」等の目的に関する言葉を児童が発言できるよう発問の仕方を工夫する。また，目的，用途及び機能に着目して分類することができるよう，形や色，大きさが様々に違うクレヨンやフォーク等の実物を用意し，実際に使用することで，それぞれの目的，用途及び機能に児童が気付けるようにしたい。学習活動を通して，「書くもの」「物を食べるときに使うもの」等で分類し，目的，用途及び機能の属性の中から共通点や相違点を見分ける概念が形成されるようにしていきたい。

3　単元の目標

(1)　身近なものを目的，用途及び機能に着目して観察し，分類することができる。

(2)　身近なものの使い方を考えて分類する方法を日常生活で生かすことができる。

(3)　身近なものの形に関心をもち，算数で学んだことの楽しさやよさを感じながら学ぼうとしている。

4　指導計画(総時数6時間)

(1)　これはどのようなときに使うものかな　　　　　　　　1時間

(2)　書くときに使うものはどれかな　　　　　　　　　　　1時間

(3)　食べるときに使うものはどれかな　　　　　　　　　　2時間

(4)　書くときに使うもの，食べるときに使うものに分けよう　2時間

5　本時の目標

(1)

(2)

(3)

6 本時の指導で特に配慮を必要とする児童の実態と個別目標

| 氏　名<br>(性別) | 児童の実態 | 個別目標 |
|---|---|---|
| A<br>(男) | ○知的障がい、自閉症<br>○鉛筆やクレヨン、フォーク等の名称は理解しており、名称を聞いてロッカーから具体物を選ぶことができる。<br>○色への関心が強く、ものを観察すると色に着目してしまうが、教師の言葉掛けや指差し等の支援により、ものの使い方に着目することができる。<br>○自分の思い通りにならない場合や困難な状況になった時などに、学習意欲が低減し、学習に取り組めなくなることがある。 | |

○指導過程

| 段階<br>(時間) | 学習活動・内容 | 指　導　上　の　留　意　点<br>＊　評価 | 資料・準備物 |
|---|---|---|---|
| | | | |

280

▼特別支援(中学部)

※受験生は5.本時の目標と6.の個別目標，および指導過程を設定する
　と思われる。

【課題】

□中学部　生活単元学習　学習指導案

日時：令和5年9月○日(○)　3校時

場所：中学部第3学年1組教室

指導者：T1

1　題材名　「修学旅行に行こう」

2　単元設定の理由

　本学級は，知的障がいのある中学部第3学年男子2名，女子1名の計3名で構成される重複障がい学級である。男子1名は自閉症があり，人とのやりとりを苦手とし，物事を行う順序へのこだわりが強くなると，集団で行動することが難しくなる。他の2名は簡単な指示を聞いて行動したり，周囲の様子を見ながら活動に参加したりすることができる。これまで，校外学習や宿泊学習を通じて公共交通機関や公共施設の利用の仕方について学習しており，興味や関心をもって学習に取り組むことができている。

　年間指導計画から，中学校特別活動「旅行・集団宿泊的行事」，中学部社会科1段階「公共 施設と制度」，中学部国語科1段階「イ 情報の扱い方に関する事項」「B　書くこと」の内容を効果的に取り扱うため本単元及び指導形態を設定した。本単元における修学旅行においては，東京方面で1泊2日の学習を計画しており，学級集団でのグループ活動では，東京にある施設の見学，体験活動，路線バスでの移動などを予定している。修学旅行を通して活動や集団生活の在り方，約束事について考える学習につなげることができる。また，社会科「公共施設と制度」では，修学旅行先での活動や公共施設の利用の仕方などを調べ，考える学習につなげることができる。さらに，国語科の指導内容を基に，修学旅行で学んだことや楽しかった活動，感じたことなどを整理し，言葉などで表現する学習活動を展開することができると考える。

　　指導に当たっては，学級集団での活動や校外学習，宿泊学習での経験を振り返り，修学旅行の学習内容と関連付けて，主体的に学習に取り組むことができるようにする。旅行先での活動を考えることや活動の選択，体験して楽しかったことを発表する場面では，友達や教師の考えなどを共有し，自分の考えと比較する場を設けることで，様々な楽しみ方や公共施設等の利用の仕方があることを知り，修学旅行での経験の幅を広げることができるようにする。さらに，修学旅行で経験したことを基に，公共施設の正しい利用の仕方や楽しみ方，自分たちの今後の課題となることを整理する学習を通して，日常生活や社会生活につなげていく視点や方法に気付き，自分から生かそうとする意識をもつことができるようにしていきたい。

3　単元の目標

【中学校　特別活動　(4)　旅行・集団宿泊的行事】

(1)　豊かな自然や文化・社会に親しむことの意義を理解するとともに，校外における集団生活の在り方，公衆道徳などについて理解し，必要な行動の仕方を身に付けることができる。

(2)　日常とは異なる生活環境の中での集団生活の在り方や公共施設等の利用の仕方について考え，学校生活や学習活動の成果を活用するように考えることができる。

(3)　日常とは異なる環境や集団生活において，自然や文化・社会に親しみ，新たな視点から学校生活や学習活動の意義を考えようとしている。

【社会科1段階　イ　公共施設と制度(ア)】

(1)　身近な公共施設や公共物の役割を理解することができる。

(2)　公共施設や公共物について調べ，それらの役割を考え，表現することができる。

(3)　身近な社会に自ら関わろうとする意欲をもち，地域社会の中で生活することの大切さについての自覚を養おうとしている。

【国語科1段階　イ　話や文章の中に含まれる情報の扱い方(ア)B　書くこと　ア】

(1) 事柄の順序など，情報と情報との関係について理解することがで
き る。

(2) 見聞きしたことや経験したことの中から，伝えたい事柄を選び，
書く内容を大まかにまとめることができる。

(3) 言葉がもつ良さに気付き，図書に親しみ，国語で考えたり伝え合
ったりしようとする。

4 指導計画(総時数　15時間)

(1) 修学旅行の日程や行き先を知り，約束事について考えよう

2時間

(2) 東京で行きたい場所を調べ，やりたい活動について考えよう

4時間(本時1/4)

(3) 公共施設や公共交通機関(バス)の利用の仕方について考えよう

3時間

(4) しおり作りをしよう　　　　　　　　　　　　　　　　3時間

(5) 修学旅行当日　　　　　　　　　　　　　　　　(1泊2日)

(6) 修学旅行を振り返り，自分たちの生活に生かそう　　3時間

5 本時の目標

(1)

(2)

(3)

6 本時の指導で特に配慮を必要とする生徒の実態と個別目標

| 氏　名<br>(性別) | 生徒の実態 | 個別目標 |
|---|---|---|
| A<br>(男) | ○知的障がい、自閉症、病弱<br>○視覚情報を手掛かりにして、活動内容を選択し自分の意思を表現することができ、状況把握につなげることができる。<br>○学習内容が分からず、見通しをもつことができないと、座り込んだり寝転んだりして活動に参加できないことがある。 | |

○指導過程

| 段階<br>(時間) | 学習活動・内容 | 指 導 上 の 留 意 点<br>＊ 評価 | 資料・準備物 |
|---|---|---|---|
| | | | |
| | | | |
| | | | |

▼特別支援(高等部)

※受験生は5.本時の目標と6.の個別目標，および指導過程を設定する
　と思われる。

【課題】

□高等部　作業学習　学習指導案

日時：令和5年9月○日(○)　3校時

場所：作業学習室

指導者：T1

1　題材名　「文化祭で販売しよう」

2　単元設定の理由

　紙工班は，牛乳パックからパルプ(紙の原料)を抽出して紙をすき，
カレンダーや名刺，葉書などを製作する作業班である。1年生(6名)，2
年生(4名)，3年生(5名)の合計15名が学習しており，実態に応じて3班に
編成している。この班は通常の学級で学ぶ男子4名，女子2名の計6名
で構成されている。6名とも教師の言葉による指示は理解できるが，
集中を持続することが困難な生徒，集団の中で話すことが苦手な生徒，
筆記に困難がある生徒など実態は様々である。

　年間指導計画から，高等部の職業科1段階A職業生活「ア勤労の意義」
及び美術科1段階A表現，数学科1段階Dデータの活用，特別の教科道
徳のB主として人との関わりに関すること「礼儀」について，効果的
に取り扱うことができるため本単元及び指導形態を設定した。職業科

「ア動労の意義」では，文化祭に向けた活動や当日の販売に向けて，働くことが生計を維持するばかりでなく，自己実現を図る目的があることや，自ら仕事に励む大切さなどを理解することを体験から学ぶことができる。また，実際のカレンダー作りや販売を通して，美術科1段階A表現や数学科1段階Dデータの活用などについて，具体的に学ぶことができる。さらに，特別の教科道徳では，販売活動の機会から実践的な場面を用いることで，礼儀の意味や眸と場に応じた適切な言動などについて学ぶことができる。

　指導に当たっては，和紙を使った製品づくりと販売活動を通して，カレンダーに描かれている絵をどのようにするか，販売の仕事にはどのようなことがあるのか，さらにどのような気持ちで仕事に向き合っているのかを考えることで，自己のキャリア形成と関連付けながら，各教科等の主体的な学びにつながっていくようにする。また，商品の生産数について，昨年度の文化祭の生産や販売数のデータを読み取り，互いの考えを伝え合いながらデータの特徴について多面的に捉えることができるようにするため，ICTを活用することでデータを視覚的に分かるように工夫する。販売の際には，接客場面を取り上げながら，時と場に応じた適切な言動を考えたり，具体的な場面で生かしたりできるようにする。さらに，学んだ知識を相互に関連付けてより深く理解できるように単元を構成し，考えが深まっていくようにしていきたい。

3　題材の目標

【職業科1段階　A　職巣生活　ア　勤労の意義】

(1)　働くことで自己実現を図るなどの目的や社会の一員としての役割を果たすために，自らの仕事に励む大切さを理解することができる。

(2)　意欲や見通しをもって取り組み，その成果や自分と他者との役割及び他者との協力の仕方について考え，表現することができる。

(3)　作業等に達成感を得て，計画性をもって主体的に取り組もうとしている。

【美術科1段階　A　職業生活　ア　勤労の意義】

(1) 　形や色彩の特徴を理解し，材料や用具の特性の生かし方などを身に付け，意図に応じて表現方法を工夫して表すことができる。

(2) 　造形的な特徴などから全体のイメージで捉え，対象や事象を見つめ感じ取ったことや考えたこと，伝えたり使ったりする目的や条件などを基に主題を生み出し，構成を創意工夫し，心豊かに表現する構想を練ることができる。

(3) 　見たことや考えたことから目的に合った主題を生み出し構成を工夫したり，意図に応じて表現方法を工夫したり創造活動を楽しんで取り組もうとしている。

【数学科1段階　D　データの活用　ア】

(1) 　㋐数量の関係を割合で捉え，円グラフで表したり，読んだりすることができる。

　　　㋑円グラフの意味や用い方を理解することができる。

(2) 　データの特徴や傾向に着目し，問題を解決するために適切なグラフを選択して読み取り，その結論について多面的に捉え考察することができる。

(3) 　活動に関するデータの活用に進んで関わり，数学的に表現・処理したことを振り返り，多面的に捉えて粘り強く考え，学んだことを生活や学習に活用しようとしている。

【特別の教科道徳　B主として人との関わりに関すること　礼儀】

○　礼儀の意義を理解し，時と場に応じた適切な言動をとることができる。

4　指導計画(総時数23時間)

(1) 　文化祭に向けて計画を立てよう　　　　　　　5時間

(2) 　カレンダー作りをしよう　　　　　　　　　　10時間

(3) 　文化祭の販売に向けて準備をしよう　　　　　5時間(本時5/5)

(4) 　文化祭　　　　　　　　　　　　　　　　　　1時間

(5) 　文化祭を振り返ろう　　　　　　　　　　　　3時間

5　本時の目標

(1)

(2)

(3)

6　本時の指導で特に配慮を必要とする生徒の実態と個別目標

| 氏　名<br>(性別) | 生徒の実態 | 個別目標 |
|---|---|---|
| A<br>(男) | ○知的障がい、自閉症<br>○経験したことを思い出したり、具体的な言葉の意味を理解したりすると、抽象的な言葉についても粘り強く考えて表現することができる。<br>○伝えたい相手が目の前にいると時と場を考えずにすぐに自分の好きな話をしてしまうことがある。場面や状況のルールを丁寧に伝えると、言動や行動において、適切に対応することができる。<br>○筆記に困難さがある。口頭のやりとりでは自分の考えを表現でき、ＩＣＴを活用することで記録することができる。 | |

○指導過程

| 段階<br>(時間) | 学習活動・内容 | 指導上の留意点<br>＊評価 | 資料・準備物 |
|---|---|---|---|
| | | | |

▼養護教諭

【課題1】

□次の1，2の中から一つを選択し，その場面の指導を10分間で行いなさい。

1　小学6年生の体育科保健領域「病気の予防」(生活のしかたと病気①)で，担任とTTによる授業において，病気を予防するには，子供のころからの生活習慣が大きく関係していることについて，T2として話をする場面。(生活実態のアンケート調査は実施済み)〈資料1〉

2　中学2年生の保健室登校の女子。登校後，学習旅行の計画のため，5時間目の総合的の学習の時間のみ，教室に行くことを確認した。昼休みに友人が保健室に迎えに来て，教室へと誘ったところ，呼吸が乱れ，過換気症候群となってしまった場面。

【課題2】

□次の1〜4の条件を踏まえ，T2として10分間の場面指導を行いなさい。

1　授業場面

　小学6年生の体育科保健領域「病気の予防」の授業で，担任とTTによる授業において，病気を予防するには，子供のころからの生活習慣が大きく関係していることについて，T2として話をする場面。(生活実態のアンケートは実施済み)

2　本時のねらい

○　生活行動が主な要因となって起こる病気の予防には，健康に良い運動や生活の習慣を身に付ける必要があることを理解できるようにする。(知識)

○　生活行動が主な要因となって起こる病気を予防するために，資料を基に課題を見付け，その解決の方法を考えたり選んだりしてそれらを説明できるようにする。(思考力，判断力，表現力)

3　児童の実態

○　おやつに甘い飲み物やお菓子を摂っている児童が約4割と多い。

○　就寝時刻が23時以降の児童が約3割いる。

○　放課後や休日に1時間以上身体を動かす児童は約4割と半数以下である。

4　学習過程と授業の構想

| 段階 | 予想される学習活動・内容 | 間 | TT | 場面指導の構想メモ |
|---|---|---|---|---|
| 導入 | 1　自分の生活を振り返る。 | 5 | T1 | |
| | 2　めあてをつかむ。 | 2 | T1 | |
| | 生活習慣病にならないためには、今の生活をどのようにしたらよいか考えよう。 | | | |
| 展開 | 3　生活習慣病について知る。 | 10 | T2 | |
| | 4　自分の生活の課題を確認し、生活習慣病を予防するためにできることを考える。<br>（1）チェックシートに基づいて、自分の体調と生活について記入する。<br>（2）自分が考えた改善方法について、グループでアドバイスし合う。 | 18 | T1<br>T2 | |
| まとめ | 5　まとめをする。<br>（1）自分の生活改善目標を決める。<br>（2）発表する。 | 10 | T1 | |

◆個人面接(2次試験)

〈評価の観点〉

　　指導力や専門性，教育に対する情熱や使命感，倫理観　等

※学校種によっては，場面指導が行われる。課題は次の3種類から1つが書かれた紙が机上に置かれており，指示があったら読み上げ，その生徒にはどのようなことが考えられるか，どのように対応していくか等を質問される。

【場面指導課題1】

□A教諭は，授業中，何度注意しても私語をやめないB男とC子に対し，ついカッとなり「出て行きなさい。」と言った。するとB男が教室を飛び出してしまった。

　　あなたが後を追うと，B男は廊下の隅で泣いていたため，そのままにし，B男が授業の準備のため職員室に向かった。

　　教室に戻ると，B男が席に着いていないことに気づいたが，トイレにてでも行っているのだろうと考え，授業を始めた。

　　数分後，「B男らしき男の子が泣きながら道路を歩いていたが，学校では把握しているのか。」という電話が近所の方から入ったことを，教頭が知らせに来た。

【場面指導課題2】

□A教諭は，授業中，生徒Bと悪ふざけをしていた生徒Cを指導した。すると，生徒Cが生徒Bを指して「先生，こいつ最近調子にのっているんですよ。」と言ってきたため，A教諭は，「そうか。生徒Bは調子にのりすぎだな。」と話を合わせ，教室には笑い声が響いたが，生徒Bは無言でった。

　　翌日，学校に生徒Bの母親より，「昨日のA教諭の授業で息子がみんなから，『調子に乗ってる』とからかわれてとても傷ついた。もう学校に行きたくない，と言っている。先生も一緒になって言っていたそうだが，事実か。」との電話があった。

【場面指導課題3】

□ソフトボール部の活動中，打球が左目付近に当たったと，生徒Aが保健室に来室した。B養護教諭が生徒Aの目を洗い，打撲部を冷やし，「眼球には異状は無いけれども，念のため眼科に行った方がよい。」と生徒Aに話し，帰宅させた。

　　翌日，欠席した生徒Aの母親から，「本日，受診したところ，眼球に傷ができて出血しており，しばらく運動は控えるように医師から指導を受けた。なぜ，昨日のうちに連絡をくれなかったのか。」との厳しい口調の電話を教頭が受けた。

▼小学校教諭　面接官2人　20分

【質問内容】

□コミュニケーションを図るのが難しい児童への対応。

□授業中に他の児童に喋りかける児童の対応。

□不祥事をなくすため心掛けること。

□尊敬している人。

□福島の子どもの良さ。

□長所を30秒で。

□理想の教師像。

□気になっている教育問題。

□健康に気を付けていることは何か。


▼小学校教諭　面接官2人　20分

【質問内容】

□コミュニケーションを図るのが難しい児童への対応。

□授業中に他の児童に喋りかける児童への対応。

□不祥事をなくすため心掛けること。

　→なぜ不祥事が起きると思うか。

□ボランティア経験について。

□尊敬している人。

□福島の子どもの良さ。

□長所を30秒で。

□好きな言葉。

　→どのような場面でその言葉を思い出すか。

□理想の教師像。

□気になっている教育問題。

□受験しているのは福島県だけか。

□どこでも勤務可能か。


▼中学国語　面接官2人　20分

【質問内容】

□なぜ中学校教員を目指すのか。

□勤務地は出身地以外どこでも大丈夫か。

□他の地域を受験しているか。

□卒業単位は問題ないか。

□「○○検定(自身の所持していた検定)」とは何か。

□「(自身の卒業論文のテーマ)」とはどういう研究か。

□不祥事が相次いでいる中，今現在取り組んでいることは何か。

□気になるニュースは何か。

□大学では「○○部」だったとあるが，○○はずっと習ってきていたのか。

□信頼される教員として何が大切か。

　　→生活の中で，○○(自身が話したこと)は何に生きるか。

□好きな言葉は何か。

□同僚が体罰をしそうになっている。最初に発見したあなたならどのように対応するか。


▼中学英語　面接官2人　20分

【質問内容】

□あなたが中学校の教員を目指した理由。

□福島らしさを生かした英語の授業をどのように行うか。

　　→それは何かきっかけがあったのか。

□教員に大切な資質とはなんだと思うか。

　　→そう思うきっかけがあったのか(恩師の存在について)。

□○○地区に行きたいとは思うが，三地区どこに勤務になっても大丈夫か。

□体罰に関してどう思うか。

□福島県の子供の良さはなんだと思うか。

□生徒に英語の楽しさは何かと聞かれたらどう答えるか。

□最後に，教育ニュースに関して，何かあなたが関心を持っているトピックはあるか。

▼中学保体　面接官2人　20分

【質問内容】

□中学校の教員を志願した理由は何か。

□保健体育科の教員を志願した理由は何か。

□理想とする教師像はあるか。

□保健体育科でICTをどのように活用するか。

□先輩教員が体罰をしている場面に遭遇したらどうするか。

□いじめを発見した場合，どのような対応をとるか。

□福島県の教員を志願した理由は何か。

□不祥事を防止するために大切なことは何か。

□教育実習で学んだことは何か。

□障害のある生徒に対して，どのように関わるか。

□大学は卒業できそうか。

□県内どこでも勤務可能か。


▼特支社会　面接官3人　15分

【質問内容】

□自立活動の目標。

□教育的ニーズを整理せよ。

□学習指導要領の3観点とは。

□特別支援教員になろうと思ったきっかけ。

□特別支援の魅力。

□あなたのクラスの生徒が教員から不適切な指導があった，その時の
　対応。

□福島ならではの教育をどのように実践するか。

□TT間の意見が違う際の対応。

□障害児との関わり方。

□福島県の教育でどのような生徒を育むか。

□3地区異動できるか。

□不祥事の理由は何だと思うか。

□指導に不信感のある生徒に対して，どのように対応するか。

□信用失墜行為とは。

□他県の受験状況について。

□苦手な校務分掌。

### 2023年度

〈昨年度からの変更点〉

※小学校，特支小学部の1次試験で実施されていた体育，音楽実技は
廃止。

◆実技試験(1次試験)

▼中高音楽

【聴音課題1】

□旋律

【聴音課題2】

□和声(4声)

【演奏課題1】

□初見視唱と初見視奏(視奏はピアノで行い，一部即興を含む)

【演奏課題2】

□器楽(ピアノ)：作曲 J.S.バッハ インヴェンション第7番 e-moll
BWV778

【演奏課題3】

□自由曲1曲

※声楽，ピアノ又は他の楽器による演奏とする。ピアノ以外の楽器は
各自持参し，試験会場への楽器搬入及び終了後の搬出は各自で行う。

※伴奏を必要とする場合，自主作成した旋律の入っていない伴奏音源
及び再生機器を各自持参する。

※なお，市販の伴奏CDの使用や第三者を伴奏者として同伴することは

認めない。


▼中高美術
【課題】
□絵画や立体造形の作品表現を通して，描写力や構成力，発想力等を
　みる問題
※テーマやモチーフについては，当日発表。
※中学校受験者は，透明水彩用具一式，不透明水彩用具一式，鉛筆デ
　ッサン用具一式，画用紙止めクリップを準備すること。
※ 高等学校受験者は，鉛筆デッサン用具一式を準備すること。


▼中高保体
※新体力テストの中から次の3種目を実施する。
【課題1】
□反復横とび
【課題2】
□立ち幅とび
【課題3】
□長座体前屈
※「新体力テスト実施要項(12歳〜19歳対象)スポーツ庁」に沿って行う。
　ただし，テストの得点は別に定める。
〈留意事項〉
○運動のできる服装及び屋内用のシューズを持参する。
○縦15cm×横20cmの白布に志願校種及び受験番号を書き，運動着の
　胸部と背部に縫い付けておいてください。志願校種及び受験番号は，
　見やすいように油性ペン等で太く大きく，次の白布記入例のように
　書くこと。
〈白布記入例〉

```
┌─────────────┐
│  志望校種    │  縦15cm
│  受験番号    │
└─────────────┘
    横20cm
```

※志願校種は次のように略して，受験番号とともに(　)の指定の色で記入する。

・中学保体　　　　→　中(赤で)
・高校保体　　　　→　高(黒で)
・特支中学部保体　→　特中(赤で)
・特支高等部保体　→　特高(黒で)

〇熱中症が心配されますので，水分や塩分の補給を十分に行うこと。
(各自，水筒等を持参する)

〇当日の受付で，実技試験の班を確認し，自分の順番まで所定の場所で待つ。

〇疾病等身体的理由により受験できない実技種目がある場合には，申告書(志願校種，受験番号，氏名，理由，受けられない種目を明記すること。様式任意)を用意し，当日の受付及び当該種目実施時に，係員に当該申告書を提示する。


▼中学技術
【課題】
□ものづくり実技試験
※作業のできる服装を準備すること。


▼中学家庭
【課題1】
□食生活に関する実技試験
【課題2】
□衣生活に関する実技試験

※実習着(エプロン等)，三角巾，裁縫用具一式を準備すること。

▼高校家庭
【課題1】
□調理
　以下の調理及び食材の下処理より当日指定。調理は複数指定する場合がある。
　①ゆで物　②煮物　③蒸し物　④焼き物　⑤炒め物　⑥寄せ物
⑦汁物　⑧あえ物　⑨食材の下処理
※実習着，三角巾を準備すること。
【課題2】
□被服製作
　以下の4品より当日指定する1作品を製作する。
　①ハーフパンツ　②甚平　③シャツ　④女物ひとえ長着
※実技試験では，これらの作品を縮小したり，部分指定をしたりする
　場合がある。
※裁縫用具一式を準備する。

▼特支教諭
※特別支援学校中学部・高等部の実技は，それぞれ上記中・高等学校
　に準じる。

◆個人面接(2次試験)
〈評価の観点〉
　指導力や専門性，教育に対する情熱や使命感，倫理観　等
※学校種によっては，場面指導が行われる。課題は次の3種類から1つ
　が書かれた紙が机上に置かれており，指示があったら読み上げ，そ
　の生徒にはどのようなことが考えられるか，どのように対応してい
　くか等を質問される。

【場面指導課題1】

□体育の授業後，A子が担任Bに以下の話をしてきた。「バスケットボールのゲームで，球技が苦手なC男がミスをしたら，D男が責め立て，みんなの前でバカにしていた。わたしが「それ以上言ったらかわいそうだよ。」と言ったところ，D男は言うのをやめ，C男もゲームを続けた。それを聞いた担任は，子どもたちから話を聞くことをせずにしばらく様子を見ることにした。

　翌朝，「C男が学校に行きたくないと言っている。学校で何かあったのか。」とC男の母親から電話があった。

【場面指導課題2】

□A子は中学校へ入学してから文武両道を目標にして充実した生活を送っていた。親友からも信頼が厚く，バレー部では中心メンバーとして活躍した。しかし，2年生になると4月半ばから，午前中はいつも眠そうにしていて，授業にも集中できないでいた。また，放課後になると友達との会話もなく，急ぎ足で帰宅しようとする姿が見られた。大好きだったバレー部の練習は休みがちになった。そのことで顧問のB教諭は，無断で部活動を休むA子のことが心配になり担任Cへ報告をした。

　翌朝，報告を受けた担任CがA子に話しを聞いてみると「ちょっと疲れがあって。」とうつむきながら答えていた。

【場面指導課題3】

□最近，A子は給食の時間になると気分不快を訴えて保健室に来ている。B養護教諭は，その理由を聞いてみると，「近頃容姿が気になり，給食を食べたくない。でも担任Cには言わないで。」と言われた。B養護教諭は担任には報告をせず，しばらく様子を見ることにした。

　翌週，母親がA子の様子が気になって病院へ連れて行ったところ，軽い摂食障害であると診断された。母親は学校へ「A子について，学校では何も気になる様子はなかったのか。」と不信感を抱いて訴えてきた。

▼小学校教諭　面接官2人　15分
【質問内容】
□教育に必要な資質とは。
　→なぜそう思うのか。
□教員の不祥事についてどう思うか。
　→どうやって対策するか。
□併願しているか。
□福島の教員になったらしたいことは。
・圧迫された面接ではなかった。
・教員となった自分を想像してどのように貢献したいのか考えておく
　と良いと感じた。


▼中学保体　面接官2人　20分
【質問内容】
□教員の多忙化についてどう思うか，解消するためにはどうしたらよ
　いか。
□スマホばかり使って，勉強しないと保護者から相談を受けたらどう
　するか。
□ICTの活用を具体的に。
□なぜ福島か。
□教員に求められているもの，大切だと思うことを1つあげよ。
□教員の不祥事について，自分はどうしていきたいか。
□併願しているか。
□福島のどこでも勤務できるか。


▼高校理科　第1面接：面接官3人　12分，第2面接：面接官3人　10分
【質問内容】
(第1面接)
□大学時代の研究テーマについて。
　→履歴書に書いた内容について，評価方法や研究成果の説明を求め

　　られた。
□専門教科に関する口頭試問。
　　→本年度は「フェノールフタレイン溶液が塩基性で呈色する理由」
　　　「水の性質を構造と絡めながら複数説明」「中和滴定において，水
　　　酸化ナトリウム水溶液の標準溶液を調整できない理由」であった。
□友達のタイプについて。
　　→友達と接するときの役割について。
□不祥事のない職場づくりのために必要なことは何か。
□教員になるにあたって今まで努力してきたことは何か。
　　→具体的な努力の方法は。
□(過去の勤務経験より)一番学んだことは何か。
□(過去の勤務経験より)身に付けたことは何か。
□あなたの強みは何か。
　(第2面接)
□福島県を志願した理由について。
　　→何をきっかけに意思を固めたか，何に興味を持ったか。
□併願の有無，3地区勤務が必須であること，勤務地域はどこでも可
　能かなどの確認。
□教員の多忙化を解消するために何をするか。
□部活動での不祥事が後を絶たない理由は何か。

▼特別支援(高等部)　　第1面接：面接官3人　10分，第2面接：面接官3
　人　10分
【質問内容】
(第1面接)
□福島らしさをいかした多様性を力に変える教育と，福島で学び福島
　に誇りを持つことができる「福島を生きる」教育を実践する教員に
　ついてどのように取り組むか。
□特別支援の専門性。
□キャリア教育で1番重要なものは。

□保護者から子供が担当している先生に腕を叩かれたと報告された。
　どう対応するか。

(第2面接)

□予測不可能な社会でどのような生徒を育成するか。

□生徒の懲戒が記載されている法律は。

□20年間で3地区可能か。

□苦手な校務分掌の担当となった，どうするか。

□教員の不祥事の原因は。

□信頼関係を築くのがうまい方か。

□ストレス発散方法は何か。

□他県や一般企業を受験しているか。


▼養護教諭　面接官2人　20分

【質問内容】

□どのような養護教諭になりたいか。

□保健室経営において一番大切にしたいことは何か(理由も)。

□教員の不祥事はどうして起きると思うか。

□自分が不祥事を起こさないためにどのようにしていくか。

□健康診断で背中に内出血のある子どもがいた場合，どのように対応
　するか。

□これまで出会った先生とのエピソードで心に残っていることは何
　か。

□福島県以外に受験している自治体について(自治体，合格状況等)。
　→どちらも受かったらどうするか。

□福島県は広いため，県内の異動が大変だが，どこに異動になっても
　大丈夫か。

## 2022年度

◆実技試験(1次試験)

▼小学校教諭

【音楽課題】

□演奏

　次の曲を，ピアノで演奏する。

　バイエルピアノ教則本作品101より第92番(ヘ長調)

※楽譜は各自用意してください。

【体育課題】

□マット運動(開脚前転－前転－側方倒立回転－後転)

※運動のできる服装で，屋内用のシューズを持参してください。

※縦15cm×横20cmの白布に志願校種及び受験番号を書き，運動着の胸部と背部に縫い付けておいてください。志願校種及び受験番号は，見やすいように油性ペン等で太く大きく，次の白布記入例のように書いてください。

〈白布記入例〉

※志願校種は次のように略して，受験番号とともに(　)の指定の色で記入してください。

```
┌─────────┐
│ 志願校種  │  縦15cm
│ 受験番号  │
└─────────┘
    横20cm
```

・小学校　　　→　小(黒で)
・特支小学部　→　特小(赤で)

※健康管理を十分に行い，けがや事故に注意するとともに，熱中症が心配されますので，水分や塩分の補給を十分に行ってください。(各自，水筒等を持参してください。)

※疾病等身体的理由により受験できない場合には，申告書(志願校種，受験番号，氏名，理由を明記すること。様式任意。)を用意し，当日の受付及び当該種目実施時に，係員に当該申告書を提示してくださ

い。

※【音楽課題】と【体育課題】の共通事項

　受付で実技試験の班を確認し，さらに受験票と運動着に縫い付けられた白布の受験番号の確認を受けてください。運動着での来場も可能です。

▼中学音楽

【聴音課題1】

□旋律

【聴音課題2】

□和声(4声)

【演奏課題1】

□初見視唱と初見視奏(視奏はピアノで行い，一部即興を含む。)

【演奏課題2】

□器楽（ピアノ）：作曲 J.S.バッハ インヴェンション第10番 G dur BWV781

【演奏課題3】

□自由曲1曲

※声楽，ピアノ又は他の楽器による演奏とします。ピアノ以外の楽器は各自持参し，試験会場への楽器搬入及び終了後の搬出は各自で行ってください。

※伴奏を必要とする場合，自主作成した旋律の入っていない伴奏音源及び再生機器を各自持参してください。

※なお，市販の伴奏CDの使用や第三者を伴奏者として同伴することは認めません。

▼中学美術

【課題】

□絵画や立体造形の作品表現を通して，描写力や構成力，発想力等をみる問題

※テーマやモチーフについては，当日発表します。

※中学校受験者は，透明水彩用具一式，不透明水彩用具一式，鉛筆デッサン用具一式，画用紙止めクリップを準備してください。

※ 高等学校受験者は，鉛筆デッサン用具一式を準備してください。


▼中高保体

※新体力テストの中から次の3種目を実施する。

【課題1】

□反復横とび

【課題2】

□立ち幅とび

【課題3】

□長座体前屈

※「新体力テスト実施要項(12歳〜19歳対象)スポーツ庁」に沿って行う。ただし，テストの得点は別に定める。

〈留意事項〉

○運動のできる服装で，屋内用のシューズを持参してください。

○縦15cm×横20cmの白布に志願校種及び受験番号を書き，運動着の胸部と背部に縫い付けておいてください。志願校種及び受験番号は，見やすいように油性ペン等で太く大きく，次の白布記入例のように書いてください。

〈白布記入例〉

※志願校種は次のように略して，受験番号とともに(  )の指定の色で記入してください。

| 志願校種<br>受験番号　　縦15cm<br>横20cm | ・中学保体 → 中(赤で)<br>・高校保体 → 高(黒で)<br>・特支中学部保体 → 特中(赤で)<br>・特支高等部保体 → 特高(黒で) |
|---|---|

○熱中症が心配されますので，水分や塩分の補給を十分に行ってくだ

さい。

(各自，水筒等を持参してください。)

○当日の受付で，実技試験の班を確認し，自分の順番まで所定の場所
　で待ってください。

○疾病等身体的理由により受験できない実技種目がある場合には，申
　告書(志願校種，受験番号，氏名，理由，受けられない種目を明記
　すること。様式任意。)を用意し，当日の受付及び当該種目実施時に，
　係員に当該申告書を提示してください。

▼中学家庭

【課題1】

□食生活に関する実技試験

【課題2】

□衣生活に関する実技試験

※実習着(エプロン等)，三角巾，裁縫用具一式を準備してください。

▼高校家庭

【課題1】

□調理

　以下の調理及び食材の下処理より当日指定します。調理は複数指定
する場合があります。

　①ゆで物　②煮物　③蒸し物　④焼き物　⑤炒め物　⑥寄せ物

　⑦汁物　⑧あえ物　⑨食材の下処理

※実習着，三角巾を準備してください。

【課題2】

□被服製作

　以下の4品より当日指定する1作品を製作します。

　①ハーフパンツ　②甚平　③シャツ　④女物ひとえ長着

※実技試験では，これらの作品を縮小したり，部分指定をしたりする
　場合があります。

※裁縫用具一式を準備してください。

▼特支教諭
※特別支援学校小学部・中学部・高等部の実技は，それぞれ上記小・中・高等学校に準じます。

◆個人面接(2次試験)
［評価の観点］指導力や専門性，教育に対する情熱や使命感，倫理観等
※学校種によっては，場面指導が行われる。

【場面指導課題1】
□不登校で，全く登校できなかったA男は，新年度になり週に3日程度，保健室登校ができるようになった。A男は，徐々に明るい表情を見せるようになり，担任Bは安心し，養護教諭に任せる時間が増えていった。
　　ある日，担任Bが昼休みに保健室を訪れると，A男が養護教諭にわがままを言って困らせている場面に出くわした。かっとなった担任Bは，強い口調で「そんなに元気なら教室に行きなさい」と言った。次の日からA男は，また学校に来なくなった。

【場面指導課題2】
□A男は合唱コンクールの指揮者に推薦され，引き受けることになった。本番間近になっても，担任Bは他の仕事を優先させ，放課後や昼休みの合唱練習にはほとんど顔を出さずに，生徒だけに任せる時間が多かった。
　　ある日，指揮者のA男は担任Bに「みんなふざけていて全然やる気がありません」と打ち明けてきた。担任Bは「引き受けたからには責任をもってやり遂げなさい」と話し，その場を離れた。翌日の朝，A男の母親からA男が学校に行きたくないと言っていると連絡が入った。

【場面指導課題3】

□保健室によく来室するA子は最近休みがちである。B養護教諭が，その理由を聞いてみると，朝，登校しようとするとお腹が痛くなると打ち明けてきた。さらに話を聞いていくと，小声で担任Cの高圧的な指導をきっかけに，嫌悪感が増し，担任Cの全てが受け入れられない状態であることを打ち明けてきた。状況を改善したいB養護教諭は，誰にも相談することなく，担任Cに直接伝えた。すると担任Cは「A子はさぼり癖がついてますよ。それに人のせいにするなんて最低だ」と立腹してしまった。

▼小学校教諭　面接官2人　20分

【質問内容】

□小学校の先生を目指した理由。

□福島県を志願した理由。

□理想の教師像は。

□ICTを活用してどう授業するか。

□最近の気になるニュースは。

□言葉づかいが悪い児童への対応は。

□保護者からのクレームへの対応は。

□不祥事についてどう考えているか。

□いじめについてどう指導するか。

・「具体的に述べよ」と何回も言われた。

▼高校国語　第1面接：面接官3人，第2面接：3人　20分

【質問内容】

〈第1面接〉

□国語の知識等を問う紙が渡され，口頭で回答。全6問だが，4，5は飛ばした。

□漢字の読み，語の意味，漢文(白文)訓読，古文音読，古典作品の作者・題名・特色。

□国語の楽しさとは何か。
□文学を教わる意味は何か。
□好きなスポーツは何か。
□なぜそのスポーツが好きなのか。
〈第2面接〉
□併願しているか，全て受かったらどうするか。
□なぜ福島を志望したのか。
□福島の人事異動の仕組みを知っているか。
・第2面接は淡々と進められ，第1面接がメインのような印象。
・専門知識が問われるので，1次の専門試験対策が役に立つ。1次の参
　考書などあれば安心。難易度は比較的簡単。

▼高校日史　第1面接：面接官　10分，第2面接：3人　12分
【質問内容】
□1回目10分，教科について。
□2回目12分，志望理由など。
□なぜ福島を志望したか。
□他の自治体は受験しているか。
□教育実習で学んだこと。

▼特別支援(小学部)　第1面接：面接官　10分，第2面接：3人　10分
【質問内容】
□三地区で働くことができるか。
□教員のモラルの低下はなぜおきるか。
□自立活動の6区分を答えなさい。
□教師の専門性とは何か。
□信用失墜について規定されている法律は。
□併願しているか。
□就職は考えているか。
□やりたくない校務分掌の担当になったらどうするか。

□不登校児にはどのように対応するか。

□保護者と指導について意見が合わないが，どうするか。

□障害が重い子が自立や社会参加していくために，力を入れることはあるか。

▼特別支援(高等部)

※第1，第2面接ともに，受験者1人あたり9分の時間枠が設定されていたが，受験者1人が終わると，面接官が，受験者が触った椅子やドアノブを除菌シートで拭く作業もあり，実際は5分くらいずつで，想定したより，突っ込んだ質問はなかった。

【質問内容】

〈第1面接〉

・試験官男性3名(1人は支援学校校長，1人は教育庁特別支援教育課の方，1名は不明)

□自立活動の6区分27項目には，どのような内容が書かれているか。

□「学び続ける教師」として心掛けていることは何ですか。また，現在実践している具体的なことは，どのようなことか。

□クラス担任をしている生徒が7日間欠席し，また，その翌日にも家庭から欠席の連絡があった。あなたは，どのようにこのことを考え，どのように行動するか。

〈第2面接〉

・試験官男性3名(第1面接と異なり，私が会ったことのない人だった。)

□福島県の教員のモラル(規範意識)は低下していると，考えるか。

□不祥事を起こさないために，自分で心掛けていることは何か。

□ほかの都道府県の教員採用試験は受験しているか。

□教員以外の職種の採用試験は受けているか。また，これから受験する予定はあるか。

□採用された場合，20年以内に3地区で勤務することになるが，可能か。

□「信用失墜行為の禁止」はどのような法令に書かれているか。

▼特別支援(高等部)

【質問内容】

〈第1面接〉※特別支援教育に特化した内容。

□自立活動の6区分。

□重度障害者の自立についてどう考えるか。

□ICT化について。

□知的障害の2段階と3段階はなぜ分かれているか。

〈第2面接〉※教職全体的な資質を見られる内容。

□保護者のクレームにどう対応するか。

□どのように学び続ける教師になるか。

## 2021年度

◆個人面接(2次試験)

※学校種によっては，個人面接終了前に学校生活に関する事例問題が出題される(小・中学校，養護教諭など)。問題は3つの事例から1つが選ばれる。

【事例】

□4月中旬，A教諭は，担任しているB子から「集団登校をやめてもよいか。」との相談を受けたが，学校の決まりだからと言って詳しく話を聞くことはなかった。5月になると，B子は学校を休みがちになったが，声をかけると次の日は元気に登校したのであまり気にすることはなかった。

　5月下旬に，B子の保護者から「B子が集団登校で同じ班の上級生からいじめられていて，学校に行きたくない。隣のクラスのC子もいじめられている。担任は自分の話を聞いてくれないから相談できないと言っている。」と電話で苦情を受けた。

□A教諭は，4月に赴任した学校で，慣れないバスケットボール部の顧問となり，生徒まかせで部活動を行っていた。昨年まで顧問だった

副顧問のB教諭には，自分が部活動の指導は行うので大丈夫だと言って関わりを持たせないようにしていた。生徒の中には反抗的な態度をとるC男やD子もいたが，頭ごなしに叱りつける対応をしていた。

　しばらくして，匿名の保護者から「A教諭は，部活動の指導に熱心さが感じられず，顧問を変えてほしい。」との苦情の電話があった。

□小学校3年生のB子は，2年生まではむし歯科検診でむし歯が全くなかったが，3年生の歯科検診ではむし歯が3本，歯石も付着し歯茎が炎症を起こしているとの診断があった。A養護教諭は，B子とは入学当初から関わりがあったが，3年生になって親の手が離れたのかなと感じ，B子に対する保健指導や担任等への情報提供，相談などを行わないまま，いつものように歯科検診の結果を家庭に知らせ，治療を勧めた。

　長期休業が明けると，民生児童委員が来校し，校長との面談の中で「B子の家庭環境が変化し心配しているが，学校での様子を聞かせてほしい。」との依頼があった。

【質問内容】
□この事例の問題点を述べよ。
□自分が担任(A教諭)なら，この後どう対応するか。

▼小学校教諭
【質問内容】
□どんな教員になりたいか。
　→その実現のために今がんばっていることは何か。
□どんな授業をしたいか。
□居心地のよい学級づくりのためどのような取組をするか。
□いじめや暴力等の問題行為をなくすためどのような取組をするか。
□福島を志望する理由を述べよ。
□勤務地はどこでもよいか。

□単位は大丈夫か。

□併願先と福島の子どもの違いは何か。

▼小学校教諭

【質問内容】

□どんな小学校教員になりたいか。

□最近読んだ本は何か。

□子どもにとってよい授業とは，どのような授業か。

□学力定着しない子，やる気がない子にはどう対応するか。

□登校をしぶる児童にはどう対応するか。

　　→担任が嫌と言われたら，どう対応するか。

□尊敬する人はだれか。

□併願の有無について。合格したらどうするか。

□なぜ福島県を受験したのか。

□県内どこでも働けるか。

□免許は確実に取れるか。

□高校での部活動について述べよ。

▼小学校教諭

【質問内容】

□どんな教師になりたいか。

□保護者や地域の方々から信頼されるためにはどうすればよいか。

□いじめや暴力の増加について

□居場所づくりに向け，どのような取り組みを行うか。

□福島の教育の課題とは何か。

▼中学国語

【質問内容】

□なりたい教師像を具体的に教えて。

□尊敬してる人はいるか。どのようなところを尊敬しているか。

□教科担当としての専門性を高めるために現在していることはあるか，また今後していきたいことは何か。
□子どもに信頼される教員とはどんな教員か。
□学校現場で子どもと関わる上で気をつけなければいけないことは何か。
□文学のよさについて教えて。
□勤務地はどこでも大丈夫か。
□併願しているか。

▼高校数学
【質問内容】
□なぜ福島県を志望したか。
□失敗した経験で，今になって思うことはあるか。
□所属していた部活やサークルで役職はあったか。
□保護者と生徒に授業が分かりづらいと言われたらどうするか。
□中学と高校の免許を持っているが，なぜ高校を志望したか。
□なぜ一般企業を受けなかったのか。
□講師を経験していて行き詰ったことはあるか。
□今働いている高校のよさを教えて。
□三角形の内接円はどのようなときでも作れるか。
□関数$f(x)$が周期が$\pi$の周期関数であるとはどういうことかを，定義に基づいて説明せよ。

▼養護教諭
【質問内容】
□理想とする養護教諭像について述べよ。
□志願書に記載した資格について。
□不登校の児童生徒にはどう対応するか。
□養護教諭の仕事のやりがいについて述べよ。
□福島県の健康課題にどのように取り組むか。

□新型コロナウイルス感染症予防にどのように取り組むか。
□採用された場合，どの地区でも勤務可能か。
□あなたの長所は何か。その長所を養護教諭としてどう生かすか。


▼養護教諭
【質問内容】
□理想とする養護教諭像を述べよ。
□不登校の児童生徒への対応について述べよ。
□自分の専門性とは何か。どのように学びを深めているか。
□福島県の健康課題の中で取り組みたいことは何か。


▼養護教諭
【質問内容】
□福島県の健康課題は何か。そして，どう対応するか。
□給食時いつも残食が多い子どもにどう対応するか。
□感染症対策は何をしているか。どういう役割分担か。
□併願先と福島県両方合格したら，福島を選ぶか。
□養護教諭になったら一番何をしたいか。
□子どもの心に寄り添う，とはどのようなことか。


▼特別支援教育
【質問内容】
□福島県では求める教師として「学び続ける教師，実践的指導力のある教師，信頼される教師」をあげているが，あなたはどれが大切だと考えるか。またそのためにどうするか。
□どのような学級を作りたいか。
□恩師はどんなひとか。
□どうして特別支援教育を学んだか。
□新型コロナで学んだことはあるか，これからどういかすか。
□不祥事はなぜなくならないか。

□専門教科を指導していく自信はあるか，特別支援の子どもたちには
　どのように専門教科を指導するか。
□教員は上司の職務上の命令に従わなければいけないが，これはどの
　法規に書いてあるか。
□学校教育法第72条に書いてある特別支援教育の目的はどのような内
　容か。
□あなたの強みはなにか，どう生かすか。
□生きる力とはどのような力と考えるか，育成するためにどうするか。
□特別支援教育の指導で大切にしたいことはなにか。
□特別支援学校の教員になったら子どもたちと何がしたいか。
□保護者に病院ですすめられた療法を学校でも行ってほしいと言われ
　たら，どう対応するか。
□生徒の中には障害の特性上，言葉掛けのみでは行動することが難し
　い子がいるが，どうするか。

▼特別支援教育
【質問内容】
□学校教育法第72条を条文に沿って答えよ。
□保護者から作業療法で行っている事を授業で取り入れて欲しいとい
　う意見があったが，あなたはどう対応するか。
□生きる力で身につけたいことは何か。
□学び続ける教師になるため，どう取り組むか。
□20年で三地区赴任することは可能か。
□不祥事がなくならない原因は何か。
□他の自治体との併願状況について。
□感染症が明記されている法律は何か。

▼特別支援教育
【質問内容】
□学校教育法第72条に書かれている内容は，どのようなことか。

□特別支援学校教員を目指す理由と，特別支援学校教員の魅力を述べ
　よ。
□あなたの考える特別支援学校の理想とする生徒像は，どのような姿
　か。
□「生きる力」とは，どのようなことか。また，その「生きる力」を
　つけさせるために大切なことは何か。
□肢体不自由児に対する学校教育活動の中での配慮事項は，どのよう
　なことが考えられるか。
□「生徒が通院している病院の理学療法士と同じ指導を，学校でもし
　てほしい」と保護者から申し出があった場合，どう対応するか。
□あなたの強みは何か。また，その強みをどのように学校教育活動に
　活かしていきたいか。
□他の自治体の教員採用試験は受験しているか。
□教員以外の他の職種・職業の採用試験を受けているか，また，受験
　する予定はあるか。
□採用された場合，20年以内に3地区で勤務することになるが，可能
　か。
□知的の特別支援学校以外で，いわゆる「準ずる教育」を専門教科で
　できるか。また，「準ずる教育」をする際に，あなたが工夫や取り
　組んでいきたいことを述べよ。
□教員の不祥事が起こる原因は何か。また，不祥事に関して一番気を
　つけていきたいことはどのようなことか。
□法令や上司の命令に従う義務は，どのような法令に書かれているか。
□あなたが，クラス担任となった場合，どのようなクラスを目指して
　いきたいか。


◆集団討論(2次試験)
　コロナウイルスの影響により中止。

◆適性検査(2次試験)
　コロナウイルスの影響により中止。

### 2020年度

◆集団面接(1次試験)　面接官2人　受験者10人　30分
　▼高校農業
【質問内容】
□教師を農業で自覚した理由と福島県を選択した動機を述べなさい。
□生徒の事故指導能力の育成について，あなたはどう考え具体的にどのような指導を行うか。
・1人1回ずつ回答していく形式だった。
・1回のグループの人数が多い割には，面接時間が短かったので，いかに簡潔に分かりやすくまとめて話すかが重要だった。

　▼養護教諭
【質問内容】
□養護教諭の魅力とは何か。
□教育課題は何か。
□児童生徒と関わるときにどんなことに気をつけるか。
・「3つ質問します」と言われた。

◆個人面接(2次試験)　面接官3人　受験者1人　15分
　▼養護教諭
【質問内容】
□養護教諭を志望した理由。
□不祥事防止に対する考え方。
□働き方改革，効率よく働くにはどうしたらよいか。
□コミュニケーション能力の活用の仕方について。

□性の教育で注意することは何か。
□福島のどこでも働けるか。
□事後指導の工夫で挙げられること。
□発達障害の子どもに対して何に気をつけて接するか。

◆集団討論(2次試験)　面接官3人　受験者6人　50分
　▼小学校
　【テーマ】
□平成28年度の「子供の読書活動の推進等に関する調査研究」の結果
　によると，不読率は小学生が1割未満，中学生が約1～2割，高校生
　が約3～4割となっており，また，読書時間・読書冊数ともに，学年
　があがるにつれて減少傾向にあります。あなたは担任として，子ど
　もたちの読書習慣を形成するためにどのような取組をしていきます
　か。多面的・具体的に話し合いなさい。
※不読率(1か月で読んだ本の冊数が「0冊」と回答した割合)]

　▼中学校
　【テーマ】
□平成31年度全国学力・学習状況調査の質問紙調査によると，本県で
　は，難しいことでも失敗を恐れないで何事にも挑戦する児童生徒の
　割合が増えているという結果になっています。あなたは担任として，
　この姿勢をより多くの生徒に育んでいくために，どのような取組を
　していきますか。多面的・具体的に話し合いなさい。

　▼養護教諭
　【テーマ】
□厚生労働省の資料によると，大麻事件の全検挙人員の75％が20～30
　代の若年層で占めており，急増しています。このような状況を踏ま
　え，あなたは養護教諭として，子どもたちを薬物乱用から守るため

に，どのような指導をしていきますか。多面的・具体的に話し合いなさい。

◆適性検査(2次試験)　30分
　【検査内容】
　□YG検査
　・120問くらいの質問に「はい・いいえ・わからない」で答える。

## 2019年度

◆集団面接(1次試験)　面接官2人　受験者10人　30分
　※回答は1人1分程度で行うこと。
　〈配席図〉

▼中学保体
【質問内容】
□教員として大切なことはなにか。
□担任になった際には，どのような学級にしたいか。
□最近気になった教育に関するニュースはなにか。

▼高校化学
【質問内容】
□これからの教員に求められる資質・能力にはどういったものがある
　か。
・3問の質問がなされた。それぞれについて，受験番号の早い順，遅

い順，中間から回答するようにとの指示があった。

▼高校英語
【質問内容】
□今日において，保護者を含めた社会が求める教員とはどのような教員だと思うか。
□今日，「働き方改革」や教員の働き方などについて，さまざまな報道がなされている。このことについて，あなたはどのように考えるか。
□周りの人から見て，あなたはどのような人と思うか。

▼養護教諭
【質問内容】
□子どもとの関わりにおいて，大切にしていることはなにか。
□養護教諭の魅力はなにか。
□教育問題のなかで関心のあるものはなにか，その理由もあわせて述べなさい。

▼養護教諭
【質問内容】
□養護教諭として働く上で，もっとも大切にしたいことはなにか。
□養護教諭の魅力はなにか。
□今日，多くの教育問題があるが，その中で養護教諭になった際にもっとも力を入れたいことはなにか。

◆個人面接(2次試験)　面接官3人　受験者1人　15分
　▼中学保体
　【質問内容】
　□なぜ教員を目指したか。
　□なぜ福島県を受験したか。

□なぜ中学校教員なのか。

□なぜ体育科教員なのか。

□担任になった際，どのような学級にしたいか。

□いじめが起きたらどうするか。

□生徒との信頼関係を築くにはどうするか。

□授業をどのようなものにしたいか。

□体育の苦手な生徒にはどうするか。

　→そこではどんなことを重視して取り組むか。

□不登校生徒へどう対応するか。

□部活動について，どんなものでも顧問をすることはできるか。

□体罰について，どのように考えるか。

□アザのある生徒へどう対応するか。

□最近気になった教育に関するニュースはなにか。

□趣味はなにか。

□自己PR

□卒論について

□教育実習について

□学生時代に努力したことはなにか。

　→教員として，今後どう生かすか。

〈場面指導〉

□場面：A教諭は，バレーボールの部活動顧問をしている。昨日，練習中にふざけた部員がいたことに腹を立て，明日から部活動を休止することを告げた。

その後，ふざけた部員が謝罪に来たが取り合わず，また，他の部員が活動再開を願い出ても「ふざけた奴らの責任だ。」と言い放ち，3日間部活動を休止し続けた。

4日目の朝，部員の保護者から「A教諭の対応は，顧問として不適切ではないか。」との抗議の電話が学校にかかってきた。

　□この場面における問題点はなにと考えるか。

　□今後，あなたならどのように対応するか。

　　□なにを改善すべきだったか。


▼高校化学
【質問内容】
□福島県を志望する理由はなにか。
□勤務地の希望はあるか。
□教員として一番大切なことはなにか。
□高校・大学時代に所属していた部活動・サークル活動について
□教員の不祥事についてどう思うか。
□不祥事をする教員には無責任な発言が目立つが，それについてどう
　考えるか。
□出身地・出身高校について
□あなたがお世話になった教員や，目標とする教員はいるか。
□ドライアイスとマグネシウムの反応で生成されるものはなにか。
□イオン化傾向をLiからAuまで答える。
□放射性物質に使われる単位SvとBqの違いについて説明しなさい。
□2010年，ノーベル化学賞を受賞した根岸英一が研究した反応の名前
　はなにか。
□塩化カルシウムが凍結防止剤として優れている理由を説明しなさ
　い。
□理科以外の得意科目はあるか。
□趣味について，それを行う頻度はどれくらいか。また，一人でする
　か，友人とするか。
□友人関係について
□友人とはどんな話をするか。
□今の健康状態について
□普段から心がけていることはあるか。
〈場面指導〉
□場面：A教諭は，何度注意しても私語をやめないB子と，C子に対
　し，「出て行きなさい。」と怒鳴った。すると終業のチャイムと同時

にB子が廊下へ出て行った。A教諭が休み時間を終えて教室に戻ると，B子が席に着いていないことに気づいたが，トイレか保健室にでも行って遅れているのだろうと考え，授業を始めた。

5分ほどして「B子らしい児童が泣きながら歩いていたが，学校では把握しているのか。」という電話が近所の方から入ったことを，教頭が知らせに来た。

・志望票など提出書類からの質問が多くなされた。


▼養護教諭
【質問内容】
□養護教諭を目指したきっかけはなにか。
□気になる教育ニュースはなにか。
□養護教諭の専門性とはなにか。
□「チーム学校」における養護教諭の役割はなにか。
□個別に支援を要する児童生徒への対応
□保健室経営でもっとも大切にしたいことはなにか。
□保護者や子どもから信頼されるためにどうするか。
□勤務地の希望はあるか。
□保健室登校をしている子どもが，保健室に来室してきた時のあなたの顔はどんな顔か，実際にしなさい。
〈場面指導〉
□場面：A養護教諭は，用便に間に合わなかったB子の手当をした際，「恥ずかしいから担任には言わないで。」と言われたため，担任には知らせず，放課後，そっと洗濯済みの下着を手渡し下校させた。

その日の夕方，B子の母親から「娘が泣きながら学校での出来事について話をしてきた。このような場合，担任や養護教諭などから連絡があるべきではないのか。」と抗議の電話があった。

担任によれば，B子には以前にも同様な事案があり，その時も母親から，学校の対応に対する不満が聞かれたとのことであった。

□この場面における問題点はなにと考えるか。

◆集団討論(2次試験)　面接官3人　受験者7人　50分
　※はじめに，テーマについて5分間(養護教諭は1分間)の構想を行い，
　　その意見を一人2分間で発表する。その後，受験者間で30分の話し
　　合いを行う。
　※時間内に討論の内容をまとめること。
　※司会は立てずに行う。
〈配席図〉

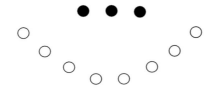

　▼小学校全科
【テーマ】
□本県では「ふくしまの『家庭学習スタンダード』」を作成し，家庭
　学習を充実させる取り組みを支援していますが，家庭学習の充実に
　は，保護者の理解と協力が不可欠です。
　そこで，保護者が家庭学習に理解を示し，進んで協力してくれるよ
　うになるためには，どんな手立てが必要であると考えますか。多面
　的，具体的に話し合いなさい。

　▼中学校教諭
【テーマ】
□Aさんは自閉症で，特別支援学級に在籍しています。あなたが新学
　期から指導する学級では，教育課程上，Aさんを交えた共同学習が
　行われることとなっています。
　教科担当として，障がいのある生徒を含めた「共に学ぶ」学習集団
　づくりをどのように行ったらよいか，多面的・具体的に話し合いな
　さい。

▼養護教諭

【テーマ】

□保健学習・保健指導を充実させるためには，他の教職員の理解や協力を得るとともに，全職員が同一歩調で組織的に指導にあたることが大切です。

　そこで，養護教諭の役割や取り組みを他の教職員に理解してもらうためには，どのような働きかけが大切であると考えますか。多面的・具体的に話し合いなさい。

・話題がテーマからそれている場合や，受験者の勤務経験の有無などで話し合いに偏りが生じている場合には，面接官からの助言がなされた。


◆適性検査(2次試験)　40分

【検査内容】

□YG性格検査


# 2018年度

◆集団面接 (1次試験)　面接官2人　受験者10人　30分

※質問に対して考える時間が与えられる(15〜30秒)。

※回答は1分以内で行うこと。

▼小学校教諭

【質問内容】

□体罰や交通違反など，教員の不祥事をなくすために大切なことはなにか。その理由も含めて述べなさい。

□理想の教師像はどのようなものか。その理由も含めて述べなさい。

□子どもの自己肯定感を高めるためにどのように取り組むか。

▼中学数学

【質問内容】

□理想の教師像はどのようなものか。その理由も含めて述べなさい。

□教員の不祥事をなくすためにあなたができることはなにか。

□子どもの自己肯定感を高めるためにどのように取り組むか。


▼高校地歴

【質問内容】

□保護者，地域の人々の存在を踏まえたうえで，理想の教師像はどのようなものか。

□学習意欲の低い生徒に対して，どのような指導をするか。

□遅刻を繰り返す生徒に対して，どのような指導をするか。

□教員の不祥事を防止するために教員がすべきことはなにか。


▼養護教諭

【質問内容】

□福島県では教員の不祥事が相次いでいるが，教員の不祥事を防止するために，学校としてどのようなことをしていけばよいか。

□理想の養護教諭像はどのようなものか。

□子どもの自己肯定感を高めるためにどのように取り組むか。


◆適性検査(2次試験)　40分

　【検査内容】

　□YG検査

　　自分の性格について，はい，いいえ，わからないの3択で答える

　　(120問)。

◆集団討論(2次試験)　面接官3人　受験者7人　45分

　※はじめに，テーマについて5分間の構想を行い，その意見を一人ず
　　つ発表(2分間)する。その後，受験者間で話し合いを行う。

　▼小学校教諭

【テーマ】

□これからの時代を生きる子どもたちに必要な思考力，判断力，表現
　力等を育成する観点から言語活動の充実が求められていますが，こ
　の基盤となるのは，「学び合う，親和的な学級集団」づくりです。

　　あなたが担任する学級が，子どもたちにとって自分の意見を素直
　に述べることができ，間違っても笑われたり冷やかされたりしない
　安心できる環境となるためには，どのような取組が必要だと思いま
　すか。多面的・具体的に話し合いなさい。

　▼中学校教諭

【テーマ】

□今日の我が国においては，都市化が進む一方で過疎化も進んでおり，
　そのために郷土に対する愛着や郷土意識が希薄になっていく傾向が
　見られます。生徒には，自分たちの力で，地域に住む人々とともに，
　地域社会をよりよいものに発展させていこうという自覚をもたせる
　ことが必要です。

　　あなたは，担任する生徒に対し，「郷土愛」を育んでいくために
　どのような取組をしていきますか。多面的，具体的に話し合いなさ
　い。

　▼養護教諭

【テーマ】

□近年，性情報の氾濫など，子どもたちを取り巻く社会環境が大きく
　変化してきているため，子どもたちが性に関して適切に理解し，行
　動することが課題となっています。このことから，学校における
　「性に関する指導」は重要性を増してきていると言えます。

　あなたは,「性に関する指導」を効果的に進めていくために, どのような取組が必要だと思いますか。多面的・具体的に話し合いなさい。

◆個人面接(2次試験)　面接官3人　受験者1人　15分
　▼小学校教諭
　【質問内容】
　□教員を目指した理由はなにか。
　□小学校を志望した理由はなにか。
　□信頼される教師とはどのようなものか。
　□子どもが本に親しむためにどんな取り組みをするか。
　□サークルでの挫折経験はあるか。
　□「授業スタンダード」に関する質問
　【場面指導課題】
　□あなたが担任するクラスのある児童の教科書がなくなったため, その児童の家庭に連絡して保護者にも探してもらったが, 見つからなかった。その後も, しばしばその児童の私物がなくなることがあり, 保護者からも「学校での子どもの様子が心配だ」と連絡を受けた。このとき, あなたは学級担任としてどのように対応するか。

　▼中学数学
　【質問内容】
　□子どもや保護者に信頼されるために, 教師にとって一番大切なことはなにか。
　□どんな教師になりたいか。
　□あなたの尊敬する人は誰か。
　□教員の業務量について問題視がなされているが, 部活動についてあなたはどう考えるか。
　□最近の教育問題で気になることはなにか。

□採用されたらやりたいことはなにか。

【場面指導課題】

□ある教諭は，学期末の生徒の成績処理を自宅で行うために，個人の USBメモリーに生徒の成績を入れて，車で自宅に帰った。帰宅する途中，スーパーに寄ろうと思い，USBメモリーの入ったカバンを助手席に置いて車を離れた。買い物から車に戻ると，車の窓が壊されカバンがなくなっていた。このような不祥事の防止のために，あなたは今後どのような対応をするか。

▼養護教諭

【質問内容】

□健康課題は誰が解決するのか。

【場面指導課題】

□応急手当が必要なある場面において，あなたはどのような対応をするか。

## 2017年度

◆集団面接 (1次試験)

　▼小学校全科　試験官2〜3人　受験者10人　時間30分

【質問内容】

□人の話を聞くとき，人と関わるとき，どのようなことに気をつけますか(理由も回答)。

□教師の魅力とは，どのようなものですか(理由も回答)。

□保護者や子供から信頼される教師とは，どのような教師ですか。

□保護者との連携について。

・会場には椅子だけが用意されていた。

・質問は3つ。

・回答は席の右端から，左端から，真ん中から行われる(先頭順不同)。

　▼高校地歴　試験官2人　受験者8人　時間30分

【質問内容】

□教員になろうと思った理由は何ですか。

□教員に必要な資質は何ですか。

□生徒指導について，遅刻，居眠りの多い生徒等への対応はどうしますか。

・全員に同じ質問をされた。


▼高校公民　試験官2人　受験者10人　時間30分

【質問内容】

□教師になろうと思ったきっかけは何ですか。

□家庭での学習が低下していますが，学習意欲を高めるには，どのようなことが必要ですか。

□長所と短所について。

□教員に求められる資質を1つ挙げなさい。


▼中学英語　試験官2人　受験者7人　時間30分

【質問内容】

□普段コミュニケーションをする上で，心がけていることは何ですか。

□教師の魅力とは，どのようなものですか。

□生徒や保護者から信頼を得るには，どうしますか。

・質問は2回繰り返し告げられ，30秒後に答える形式だった。

・回答は受験番号の昇順，真ん中から，降順だった。


▼高校英語　試験官3人　受験者10人　時間30分

【質問内容】

□指導力を高めるためには，どのようなことが必要ですか。

□教員の不祥事を防ぐために，どのような意識改革が必要ですか。

□家庭学習時間の確保は，どうすればよいと思いますか。

# 面接官
● ● ●
○○○○○○○○○○○
## 受験者

▼養護　試験官2人　受験者8〜9人　時間30分
【質問】
□コミュニケーションをとる上で，大切にしていることは何ですか。
□養護教諭の魅力とは，どのようなものですか。
□児童生徒，保護者等と信頼関係を作るために大切なことは，どのようなことですか。
・筆記試験を受けた同じ教室の32人を4班(1班8人)に分け，班で集団面接を受けた。
・面接会場は筆記試験の教室だった。また，試験官は筆記試験時の監督だった。
・質問は2回繰り返し読まれた後，考える時間を30秒与えられ，順に1分程度で答えていく方式だった。
・回答は受験番号の昇順，真ん中から，降順であった。
・最後に時間が余ったので，「言い足りなかった人はいますか？」と聞かれた。
・試験官の方々は優しく穏やかな話し方だった。

## 2016年度

◆集団面接(1次試験)　時間30分
※評価の観点は，人間的な魅力，教育に対する情熱や意欲，表現力等である。
▼小学校教諭　面接官2人　受験者7人　時間30分
【質問内容】

□子どもに「先生はどうして先生になりたいの？」と聞かれた。その時の対応を実際にやってみてください。

□学力以外に子どもに身に付けさせたい力は。

※

☆の受験者から順に2問質問に答える。

▼高校理科　面接官2人　受験者9人　時間30分

【質問内容】

□教員を目指した志望動機。

□教員の魅力とは何か。

□生徒の学習意欲を向上させる方法，家庭学習をさせる方法。

□遅刻をしてくる生徒に対して，どのような指導を行うか。

※グループ分けは受験番号順。

※質問は面接官1人につき2問，計4問。回答は左右両端，左右の3番目の人から…などランダムであった。

▼中学英語　面接官2人　受験者10人　時間30分

【質問内容】

□生徒に「どうして先生になったのですか」と聞かれたら何と答えるか。生徒に話すように話してください。

□理想の教師像。

□学力以外に子どもに身に付けさせたい力。

※質問1問につき2回読まれ，30秒ほど考える時間を与えられた。その後，1人1分で答える。回答の順番は，受験番号の早い順，中程から，遅い順…などランダムであった。

▼養護教諭　面接官2人　受験者8人　時間20分

【質問内容】

□子どもにどうして養護教諭になろうと思ったのか聞かれたらどのように答えるか。実際に子どもがいると思って答えよ。

□教師に必要な力。

□子どもたちに身に付けさせたい力。

◆個人面接(2次試験)

※評価の観点は，指導力や専門性，教育に対する情熱や使命感，倫理観等である。

▼小学校教諭　面接官3人　時間30分

【質問内容】

□学校担任のふるまい等についての質問

□家庭の状況が悪く手助けを期待できない中で，毎日宿題をしてこないA君への対応の仕方。

□免許や働く場所についての質問。

模擬授業の面接官が引き続き個人面接を行う。①→②の順に質問をされる。①は特に学校担任の振る舞いなどについて，②は主に免許や働く場所について質問した。②の最後に，紙面を読んで答える問題(場面指導)があった。

▼中学英語　面接官3人　時間15分

【質問内容】

□信頼される教師になるために心掛けること1つ。

□反抗的な態度をとる生徒に対してどうするか。

□最近読んだ本について。

□最近気になる教育問題について。

□教師としての専門性をどう高めるか。

□併願の有無。

　→すべて合格したらどうするか。

□組織的な生徒指導のために何が必要か。

□信頼される教師とは。

・質問に答えても特に深く突っ込まれず，淡々と次の質問に移ってい
　く。面接官は3人だが，1人しか質問しなかった。

◆場面指導(2次試験)

　※個人面接の中の一部として行われる。

　▼小学校教諭

　【課題】

□子どもCの新しい消しゴムが細かく刻まれていた。「B君にやられた
　と言っている」と保護者からの電話があった。どう対応するか。

　▼中学英語

　【課題】

□A教諭は新任で熱心な人気のある先生。ある日，担任するクラスのB
　子が「相談がある」と涙ながらに訴えていた。2人きりの教室で何
　度も相談を受けているうちに，A教諭とB子が男女関係にあるとう
　わさされるようになった。保護者からも校長にA教諭に対する抗議
　の電話がきた。

〈質問〉

○A教諭の問題点をいくつか挙げよ。

○このような事態にならないためには。

◆集団討論(2次試験)

※評価の観点は，協調性や社会性，表現力，論理性等である。

※メモなどに使用した用紙(課題用紙)は，討論終了後評価委員に提出する。

▼小学校教諭

【テーマ】

□震災後4年半が経過しましたが，福島県においては，平成26年度の不登校児童生徒数が，平成25年度に比べ100名以上増える憂慮すべき事態となっており，県教育委員会では，スクールカウンセラーやソーシャルワーカーを派遣するなどの取組を行っていますが，今後さらに対策が必要となっています。

　あなたは，担任する学級から不登校児童を出さないために，どのような学級経営をしていきますか。多面的・具体的に話し合いなさい。

▼中学校教諭

【テーマ】

□福島県ではこれまでにキャリア教育の指導者養成をねらいとした教員の研修を実施し，各学校ではキャリア教育の核となる体験活動を充実させるために，職場見学や職場体験を推進してきました。しかし，主体的に進路を決定する能力や望ましい勤労観，職業観をさらに育むことが求められています。

　あなたは，中学生に対して，どのようにキャリア教育を行っていくべきと考えますか。あなたの経験を踏まえながら，多面的・具体的に話し合いなさい。

▼中学英語　面接官3人　受験者6人　時間45分

※課題の紙(兼メモ用紙)を読み，5分で考えた後，受験番号順に意見を発表。そして討論の目的を説明された後，討論にうつる。司会はたてない。討論終了後，メモ用紙を置いて退室。

〈討論の目的〉グループとして話し合い，結論を出すことへの貢献度

を見る。


▼養護教諭

【テーマ】

□「平成26年度全国体力・運動能力，運動習慣等調査」結果によると，本県は，体力合計点の平均が全ての調査対象で全国平均を下回っています。体力・運動能力向上のためには，体育や保健体育の授業の充実とともに，保健学習・保健指導の充実と食育の推進が大切です。

　　あなたは児童生徒の体力向上を支援するため，養護教諭としてどのように取り組んでいきますか。多面的・具体的に話し合いなさい。


◆適性検査(2次試験)

▼小学校教諭　時間30分

【検査内容】

□YG検査

※120の質問に「YES」「わからない」「NO」で答える。


▼中学英語　時間45分

【検査内容】

□YG検査

※放送文を聞きながら質問の「はい」「いいえ」に丸をつけていくもの。

## ●書籍内容の訂正等について

　弊社では教員採用試験対策シリーズ（参考書，過去問，全国まるごと過去問題集），公務員試験対策シリーズ，公立幼稚園・保育士試験対策シリーズ，会社別就職試験対策シリーズについて，正誤表をホームページ（https://www.kyodo-s.jp）に掲載いたします。内容に訂正等，疑問点がございましたら，まずホームページをご確認ください。もし，正誤表に掲載されていない訂正等，疑問点がございましたら，下記項目をご記入の上，以下の送付先までお送りいただくようお願いいたします。

---

　① **書籍名，都道府県（学校）名，年度**
　　（例：教員採用試験過去問シリーズ　小学校教諭 過去問　2025 年度版）
　② **ページ数**（書籍に記載されているページ数をご記入ください。）
　③ **訂正等，疑問点**（内容は具体的にご記入ください。）
　　（例：問題文では"ア～オの中から選べ"とあるが，選択肢はエまでしかない）

---

〔ご注意〕
○ 電話での質問や相談等につきましては，受付けておりません。ご注意ください。
○ 正誤表の更新は適宜行います。
○ いただいた疑問点につきましては，当社編集制作部で検討の上，正誤表への反映を決定させていただきます（個別回答は，原則行いませんのであしからずご了承ください）。

## ●情報提供のお願い

　協同教育研究会では，これから教員採用試験を受験される方々に，より正確な問題を，より多くご提供できるよう情報の収集を行っております。つきましては，教員採用試験に関する次の項目の情報を，以下の送付先までお送りいただけますと幸いでございます。お送りいただきました方には謝礼を差し上げます。

（情報量があまりに少ない場合は，謝礼をご用意できかねる場合があります）。

◆あなたの受験された面接試験，論作文試験の実施方法や質問内容
◆教員採用試験の受験体験記

- - - - - - - - - - - - - - - - - - - - - - - - - - - - - - - - - - - - - - - -

| 送付先 | ○電子メール：edit@kyodo-s.jp |
| | ○FAX：03-3233-1233（協同出版株式会社　編集制作部 行） |
| | ○郵送：〒101-0054　東京都千代田区神田錦町 2-5 |
| | 　　　　　協同出版株式会社　編集制作部 行 |
| | ○HP：https://kyodo-s.jp/provision（右記の QR コードからもアクセスできます） |

　※謝礼をお送りする関係から，いずれの方法でお送りいただく際にも，「お名前」「ご住所」は，必ず明記いただきますよう，よろしくお願い申し上げます。

教員採用試験「過去問」シリーズ

# 福島県の
# 論作文・面接 過去問

編　集　Ⓒ 協同教育研究会
発　行　令和6年2月25日
発行者　小貫　輝雄
発行所　協同出版株式会社
　　　　〒101-0054　東京都千代田区神田錦町2‐5
　　　　電話　03－3295－1341
　　　　振替　東京00190－4－94061
印刷所　協同出版・POD工場

落丁・乱丁はお取り替えいたします。